완벽한 게임 시나리오를 위한

전투
전략
사전

완벽한 게임 시나리오를 위한

전투 전략 사전

야마키타 아쓰시 지음
장은정 옮김

북스힐

글머리에

수많은 엔터테인먼트 작품에 빠지지 않는 소재가 바로 '전투'다. 특히나 판타지 작품은 80~90%가 전투에서 벌어지는 일을 다룬다. 그런데 창작자들이 가장 힘들어 하는 부분도 바로 이 전투 장면이라고 한다.

판타지는 가공한 이야기지만 판타지 세계 속 전쟁은 중 · 근세 전투에서 많은 영향을 받았다. 또한 판타지를 특징짓는 마법 역시 제2차 세계대전 이후의 전쟁까지 폭넓게 검토해보면 전투의 효과나 운용 따위에서 비슷한 병과를 참고할 수 있다.

그래서 이 책에서는 세 가지 포인트를 설명하려고 한다.

1. **전사에 대한 지식:** 중 · 근세 전투에 등장한 전사들은 어떤 인물이었는가? 이에 필요한 지식을 정리해 소개한다. 겉모습이나 장비를 미루어보아 어느 시대에 무엇 때문에 생겨난 병과인지 따위를 분류했다.
2. **전투의 실체:** 전투의 실체란 전투의 종류, 전법, 전술 사상, 전략 사상 따위를 뜻한다. 이 책에서는 기본 지식을 폭넓게 소개한다.
3. **승리 방법:** 전투에 승리하기 위한 방법을 소개한다. 또 어떻게 하면 패배로 이어지는지에 대해서도 다루었다. 어떤 전투에서든 승리하는 방법은 다섯 손가락 안에 꼽을 정도다. '적보다 많은 병사를 모을 것', '강한 병사를 대적시킬 것', '적을 포위할 것', '적 진형의 약점을 찌를 것' 따위. 그러나 그것을 실천하기 위한 수단은 천차만별이다. 가령 적보다 많은 병사를 모으기 위해서는 적에게 아군의 병력 이동이 드러나지 않도록 속여야 하는데 그 방법은 무수히 많다. 이 책에서는 여러 가지 방법 중 대표적인 예를 뽑아 소개한다.

전쟁에 대한 지식을 습득한 뒤 전투 장면을 묘사하면 지식을 몰랐을 때보다 훨씬 사실감 넘치고 흥미진진한 장면을 탄생시킬 수 있다.

이 책을 통해 박력 넘치는 전투 장면을 묘사할 수 있기를 바란다.

책의 개요

전투의 시점

어떤 전쟁에서는 필승법이었지만 다른 전쟁에서는 패배의 경우가 종종 있다. 따라서 승리를 위해서는 전투를 다양한 시점에서 분석하고, 상황에 따라 달리 대응해야 한다. 이 책을 읽기에 앞서 알아두어야 할 네 가지 시점을 소개한다.

규모

최소 개인전(1 대 1)부터 파티전[1], 집단전(수십~수백 명), 회전(수천~수만 명), 전쟁(국가 대 국가), 세계대전(세계 여러 국가)까지 전투의 규모는 다양하다. 적과 아군의 규모가 다른 경우에는 더 많은 쪽을 기준으로 분류한다. 즉, 1 대 수 명이 벌이는 전투를 파티전이라 한다.

전투의 규모에 따라 크게 두 가지 요소의 영향력이 달라진다. 첫 번째는 개인의 능력이다. 소규모 전투일수록 개인의 능력차가 전투 결과에 큰 영향을 미친다. 이것은 설명이 필요 없는 명백한 사실이다. 두 번째는 후방 지원 능력이다. 대규모 전투일수록 큰 영향을 미친다. 1 대 1일 때는 한쪽이 쓰러지는 순간 승패가 결정되므로 후방 지원 능력은 아무 의미가 없다. 그러나 국가 대 국가 규모의 전쟁에서는 생산력이나 병참 같은 후방 지원 능력이 승패를 좌우한다.

무대

전투의 무대는 육상 외에도 수상, 수중(판타지 따위), 공중(판타지나 현대), 우주(SF) 등 다양하다. 이 책은 판타지 세계의 육상전을 기본으로 다루지만 해전 따위에 대해서도 간략히 소개한다.

같은 육상전이라 해도 지역의 기후에 따라 다르게 대응해야 한다. 예컨대 장비 하나를 고를 때도 신중해야 한다. 열대 지역에서 두꺼운 갑옷을 입으면 열사병에 걸려 죽을 수 있고 한랭지에서 금속 갑옷을 입으면 동상에 걸려 살이 갑옷에 붙어 떨어져 나갈 수도 있다. 전투 무대에 따라

1 온라인 RPG에서 특정 목적을 달성하기 위해 게임 내 다른 이용자와 모임을 구성해서 벌이는 전투.—역주

전투 노하우가 완전히 달라진다.

대상

대상에 맞는 공격을 해야 이길 수 있다. 예컨대 현재 주류인 소총 5.56 mm 탄은 인간에게 부상을 입혀 전투 불능 상태로 만들 수 있는 최소 크기의 탄환이다. 탄환이 5.56 mm보다 크면 휴대할 수 있는 탄환의 수가 줄어들고 더 작으면 적을 쓰러뜨릴 수 없다. 반면 사냥할 때에는 5.56 mm보다 큰 탄환을 사용해야 한다. 야생 동물을 죽이기에 5.56 mm 탄은 너무 약하기 때문이다. 따라서 인간보다 강한 생물(괴물이나 거인 따위)과 싸울 때는 5.56 mm 탄보다 큰 탄환을 사용해야 한다.

이처럼 적의 무장, 장갑(裝甲), 생태에 따라 공격방법도 바꿔야 한다.

적과의 조우

어떤 상황에서 적과 대치하는지에 따라서도 전투법이 달라진다. 양측 모두 전장에 부대를 배치하고 시작하는 회전(會戰), 이동 중인 적 부대와 우연히 충돌하는 조우전, 이동 중인 적 부대를 기다렸다가 맞는 복병전 외 다양한 대치 상황이 있다.

종류	설명
회전	두 부대가 전장으로 와서 각기 전투 준비를 하고 부대를 배치한 뒤 전투를 벌인다. 기본적으로는 수가 많은 쪽이 유리하나 그것을 뒤집을 만한 전술이나 무기가 승패를 결정짓기도 한다.
조우전	이동 중인 두 부대가 우연히 만나 전투를 벌인다. 양쪽 모두 전투 태세를 갖추지 못한 상태이기 때문에 먼저 전투 태세를 갖추는 쪽이 유리하다.
복병전	이동 중인 부대를 기다리다 기습한다. 기습에 성공한다면 당연히 기습한 측이 유리하다. 하지만 기습에 실패한다 해서 유리해지거나 불리해지지는 않는다. 다만 적이 복병을 눈치채고 기습 부대를 공격하면 복병한 측이 불리해진다.
방위전	이동해온 부대가 방위 부대를 공격한다. 방위 측이 방어하기 쉬운 지형에 있기 때문에 유리할 수밖에 없다. 공격 측이 방위 측의 3배는 되어야 비로소 싸워볼 만하다. 이를 공격자 3배의 법칙이라 한다.
공성전	방위전의 일종으로 이동해온 부대가 성벽이나 해자로 둘러싸인 성이나 요새도시를 공격한다. 성벽의 높이나 강도에 따라 다르지만 방어 측은 5배에 가까운 적을 상대할 수 있다. 공격 측에 공성 병기가 없다면 방어 측은 5배가 넘는 적의 공격도 이겨낼 수 있다.

이 책의 각 항목을 읽을 때 해당 항목이 앞의 네 가지 시점 중 어디에 영향을 미치는지, 전투

가 어떻게 달라지는지, 승리를 위한 방법론이 달라지는지를 검토하면서 읽는다면 더 폭넓게 응용할 수 있다.

책의 구성

이 책은 다음과 같이 구성되었다.

제1~3장에서는 다양한 병과를 중심으로 전투에 관계된 사람들을 정리했다.

제1장과 제2장에서는 고대부터 근세까지의 일반 병사를 소개했다. 그리고 전투 시 집단으로 행동하는 병사들의 장비와 전법을 소개했다.

제3장은 가공 병과를 다루었다. 싸움에 유리한 가공 병과를 만들면 이야기가 단조로워지지만 현실에 존재하는 병과에서 이점과 결점을 유추해 가공 병과를 설정하면 흥미로워진다. 이에 참고가 될 만한 정보를 정리했다.

제4장에서는 기본적인 개인 전투를 소개했다. 개인이 적과 싸울 때 눈여겨봐야 할 부분에 대해 다루고, 무장에 따라 싸움법이 다르기 때문에 각 무기의 방비 태세와 공격의 기본 패턴도 소개했다. 1 대 1 전투 장면을 묘사할 때 도움이 될 것이다.

제5장부터는 집단전을 다룬다.

제5장의 주제는 전술이다. 전투 중 지휘관이나 군사(軍師)[2]가 자신의 군을 유리하게 이끌기 위한 다양한 방책을 서술했다. 주인공이 이끄는 군을 유리하게 만들거나 혹은 적군을 방해하는 방법을 찾을 때 도움이 될 것이다.

제6장의 주제는 작전이다. 하나의 회전을 어떻게 구성할지, 맨 처음 어떻게 적을 맞아 어떤 진형으로 대치하고 어떻게 이길지 같은 작전 단계의 전투법에 대해 설명했다. 지휘관이나 군사 역할의 캐릭터를 묘사하는 데 도움이 될 것이다.

제7장의 주제는 전략 · 정략이다. 국가 수준의 전쟁을 판단하는 입장에 섰을 때 어떤 생각을 해야 하는지 정리했다. 주인공이 국왕이나 재상 또는 총사령관 같은 입장일 때 무엇을 검토하고 어떻게 결단해야 할지 결정하는 데 도움이 될 것이다.

마지막으로 자주 등장하거나 어려운 군사용어를 정리해 수록했다. 책을 읽을 때 참고하기 바란다.

---

2 사령관 밑에서 작전을 짜고 군대를 지휘하는 사람.—역주

차 례

제1장 보병 Infantry

제2장 기병 Cavalry

제6장 작전과 진형 Operations and Formations

제7장 전략과 정략 Strategy and Politics

제1장

Infantry 보병

판타지에 등장하는 전사들은 과연 어떤 인물일까?
이 장에서는 고대 그리스의 호플리테스부터
나폴레옹의 병사들까지 다양한 시대 속
보병의 모습과 역할을 소개한다.

001 Infantry

보병

+ 가장 오래된 병과 + 범용성 + 병력 수

전력의 기본 보병은 가장 오래된 병과로 대부분의 군에서 머릿수로나 전력으로 가장 큰 비중을 차지한다. 예외는 기마민족의 군 정도다. 고대부터 현대까지 병과를 살펴보면 기병이나 전차 따위는 특수한 경우이고 대부분은 보병이었다. 따라서 대다수 전쟁의 승패는 보병전의 승패로 결정된다.

보병에는 다음과 같은 장점이 있다.

- **낮은 비용:** 보병은 비용이 가장 덜 드는 병과다. 말이나 수레 따위가 필요 없다. 사람에게 무기를 들리면 보병이 된다(갑옷까지 입히면 더욱 좋다). 또한 특별한 훈련도 필요 없다. 인근에서 징병한 사람들에게 무기를 쥐어주고 정렬하면 보병 부대가 만들어진다(물론 이러한 병사는 잡병에 불과하다). 그래서 기마민족을 제외한 모든 군의 주력은 보병이었다.
- **높은 범용성:** 군사적 견지에서 보병의 최대 이점은 범용성이 높다는 점이다. 보병은 공격, 방어, 점령, 경계, 운송까지 다양한 용도로 활용할 수 있다. 예컨대 기병은 평원에서 공격할 때는 강하지만 성을 공격하거나 수비하는 데는 맞지 않다. 하지만 보병은 평원에서 공격할 때는 물론 공성전의 주 전력이고 성의 수비병으로도 활용할 수 있다. 전투는 다양한 상황에서 발생하기 때문에 범용성 높은 보병은 반드시 필요하다. 이것이, 보병이 군대의 주력인 이유다.

하지만 보병에는 다음과 같은 단점이 있다.

- **약병:** 보병은 징병한(즉, 돈이 들지 않는) 사람에게 제대로 된 훈련도 하지 않은 채 무기를 쥐어주는 경우가 대부분이기 때문에 사기가 낮고 전세가 불리해지면 금세 도망쳐버린다. 체계적인 훈련을 해서 사기 높은 보병을 만들려면 시간과 비용이 들기 때문에 비용이 들지 않는다는 보병의 이점이 사라진다. 기병에 비하면 훨씬 낮은 비용으로 보병 부대를 편성할 수 있지만 시간과 비용을 들일수록 병사 수는 줄어든다. 안타깝게도 우수하고 강한 병사와 수적으로 많은 병사는 양립할 수 없다.
- **애매함:** 범용성이 보병의 이점이지만 거꾸로 말하면 모든 면에서 애매하다고 할 수 있다. 돌격은 기병이 더 강하고 화력은 포병이 더 세다. 궁병처럼 원거리 공격도 못 한다(넓은 의미에

서 궁병을 보병에 넣기도 하지만 좁은 의미에서는 보병과 별도로 본다). 보병만이 할 수 있는 일은 점령 정도다(사람을 상대하기 때문에 보병이 아니고는 할 수 없다).

- **속도:** 걸어서 이동하기 때문에 기병에 비해 진군 속도가 떨어진다. 즉, 위급한 상황에서는 바로 투입한다 해도 시간을 맞출 수가 없다.

보병의 분화

보병은 크게 두 가지 대형으로 나뉜다. 밀집대형 보병과 산병(散兵)이다. 이들은 임무가 다르기 때문에 병과도 전혀 다르다.

- **밀집대형 보병:** 두꺼운 갑옷에 무기를 들고 전선을 만들어 전면에서 적과 싸운다. 적이 아군의 후방으로 가지 못하도록 막아준다. 따라서 절대로 적에게 당해 쓰러지면 안 된다. 이 역할은 판타지 세계의 소인수 전투에서 중전사(重戰士)의 임무로 그려진다.
- **산병:** 원거리 무기를 쓰며 가벼운 무장으로 재빠르게 이동해 적을 공격해서 적의 전선을 무너뜨린다. 즉, 적을 먼저 공격해 아군의 밀집대형 보병에게 유리한 환경을 만들어준다. 이 역할은 판타지 세계의 소인수 전투에서 경전사(輕戰士)나 궁병의 임무로 그려진다.

판타지 RPG(Role Playing Game) 따위에 등장하는 중전사나 경전사는 고대부터 이어져온 전쟁 속 보병의 두 가지 역할에서 유추해 만들었다.

따라서 사람들은 오래전부터 보병의 문제점을 개선할 방법을 연구해왔다.

- **중무장화:** 공격력이 약한 보병의 약점을 보완하기 위해 중무장을 한다. 이를테면, 박격포나 기관총 따위를 들게 한다. 판타지 세계에서는 마법을 부릴 수 있는 매직 아이템으로 대응할 수 있다.
- **기동화:** 이동 속도가 느린 보병의 약점을 보완하기 위해 차량으로 이동하는 기동 보병을 만든다. 판타지 세계에서는 보병을 마차에 태워 이동시키거나 무장을 마차로 옮겨 보병의 이동 속도를 높일 수 있다.
- **특화:** 범용성은 보병의 이점이지만 그만큼 개별 전장에서는 약하다. 개별 환경에 맞는 훈련으로 특정 환경에 강한 보병을 만들 수 있다. 이를테면, 산악 보병이나 시가전 전문 특수부대 따위가 있다.

중장 보병

✚ 백병전 **✚ 전선 유지 능력** **✚ 둔하고 느림**

전 세계 보병의 기본

중장 보병이란 몸통 갑옷, 갑옷 토시, 투구, 경갑 따위로 몸을 단단히 감싼 중장갑 보병으로 전 세계 군에 존재했다. 대다수는 큼지막한 방패도 지녔다.

중장 보병의 장점은 다음과 같다.

- **중장갑:** 활이나 투석기 같은 원거리 무기에 맞아도 쉽게 다치지 않아 적과 맞닥뜨렸을 때 적의 공격을 막아내기 쉽다. 그 덕에 생존율이 높다.
- **무게:** 중장 보병은 무게 그 자체가 무기다. 적과 충돌해도 절대 쓰러지지 않는다.
- **전선 유지 능력:** 두껍고 무거운 장갑 덕분에 전장에서 영토를 확보하고 진형을 유지하는 능력이 높다. 즉, 전장에서 전선을 지키는 능력이 높다. 쉽게 쓰러지지 않기 때문에 전선에 구멍이 뚫리는 일도 적다. 적이 뚫고 들어와 뒤에서 공격할 확률도 낮아 아군의 안전도가 높다.

물론 다음과 같은 단점도 있다.

- **둔하고 느림:** 무거운 갑옷 때문에 움직임이 둔하다. 따라서 도망치는 적을 쫓기 힘들고 자신이 도망칠 때도 쉽게 잡힐 수밖에 없다. 중장 보병은 전장에서 싸울 때보다(이때는 대개 부상에 그친다.) 전선이 붕괴되어 달아날 때 죽는 경우가 많다.
- **무기 조작의 어려움:** 손까지 갑옷에 덮여 있기 때문에 활이나 크로스보 같은 섬세한 작업이 필요한 무기는 잘 다루지 못한다. 이 점을 보완하기 위해 손만 드러내놓는(즉, 그곳이 약점이 되는) 중장 크로스보 맨 따위도 고려했으나 기동성이 떨어지고 원거리 무기와 맞지 않아 공성전 이외에는 그다지 사용하지 않았다.

중장 보병의 역할은 MMORPG(Massive Multiplayer Online Role Playing Game) 따위에서 헤이토[3]를 벌어 적의 공격을 막아내는 중전사계 캐릭터와 비슷하다❶.

---

3 MMORPG 따위에서 적 플레이어에 대한 적대심을 뜻하며 수치로 표시한다.—역주

실제 전투에서는 앞에서 싸우는 중장 보병의 전방보다 약점인 후방이나 옆을 노린다. 따라서 중장 보병은 적이 전선의 후방으로 가지 못하도록 막으며 전선을 유지해야 한다❷.

❶ MMORPG 전투

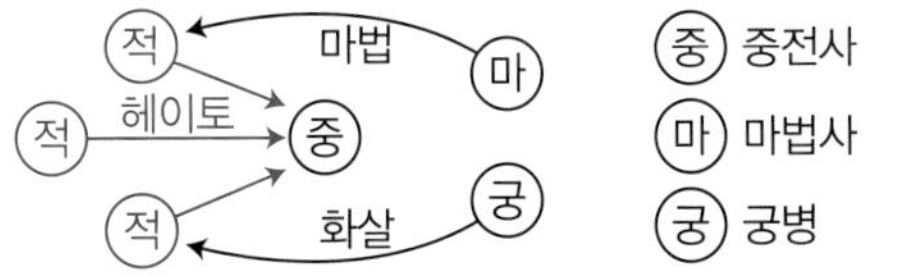

❷ 실제 전투

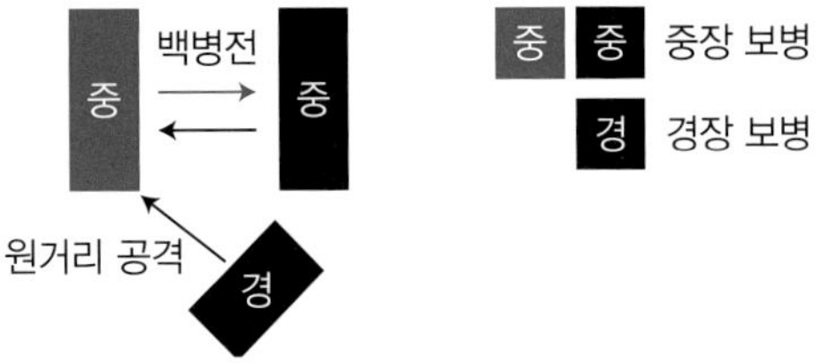

중장 보병이 전선을 조직해 적의 중장 보병을 저지한다. 일단 적과 맞붙으면 이탈하기 어렵기 때문에 경장 보병이 옆을 공격한다.

중장 보병 부대와 싸우기

중장 보병 부대와 싸우는 방법은 다음과 같다. 기본적으로 약점을 찔러야 아군의 손해가 줄어든다.

- **정면 공격:** 별다른 계획이 있지 않는 한 중장 보병과 정면에서 격돌하게 된다. 이 전투에서 승리하기 위한 방법은 두 가지가 있다.

  첫 번째는 적의 중장 보병보다 장갑, 무기, 체격 따위가 뛰어난 중장 보병을 배치한다. 그러나 일반적으로는 양측 중장 보병의 기세가 엇비슷해서 우열을 가리기 힘들다. 두 번째는 적의 공격력을 없앤다. 이를테면 독일 용병 란츠크네히트가 이용한 전법으로, 양손검으로 적의 창끝을 절단해 창을 겨누는 대열에 빈틈을 만들고 그 틈새로 할베르트[4]나 한손검 부대를 돌입시킨다.
- **옆 · 뒤 공격:** 중장 보병과의 전투에서 가장 유리한 방법은 옆이나 뒤에서 공격하는 것이다. 이때 긴 창이나 큰 방패 따위는 별 도움이 되지 않는다. 중장 보병의 옆이나 뒤를 어떻게 에워싸는지가 핵심이다. 일점돌파 배면 전개, 복병, 전선의 연장 같은 다양한 작전이 이용된다.
- **원거리 공격:** 원거리에서 중장 보병을 공격한다. 현실에서는 포병이 그 역할을 한다. 나폴레옹은 진군을 따라갈 수 있도록 소형화해서 수레바퀴를 단 포를 야전포로 많이 이용했다. 판타지 세계에서는 마법이 비슷한 역할을 한다. 적의 전선에 구멍이 뚫리면 그곳을 돌파해 옆이나 뒤를 공격할 수 있다.

4 미늘창.—역주

호플리테스

+ 고대 그리스 + 중장 보병 + 밀집전술

보병의 기초

고대 그리스의 보병인 호플리테스[5](그리스 중장 보병)는 중장 보병의 선조다❶. 유럽의 중장 보병은 모두 이 호플리테스에 뿌리를 두고 있다. 유럽은 호플리테스에 대항하기 위해 보병을 정비하고 호플리테스의 결점이 드러나면 개선했다.

판타지 세계 속 전투의 기본이 되는 중세 전투를 이해하기 위해서는 보병의 기준인 호플리테스에 대해 알아두면 좋다.

호플리테스는 호플론이라는 방패(지름 80~100 cm)를 가진 방어력이 높은 병사다. 투구, 흉갑, 경갑을 착용한다. 손에 쥔 창이 주 무기이고 검은 왼쪽 허리에 예비 무기로 찬다.

호플론은 왼쪽 팔꿈치를 들어 아래팔이 몸 앞에 수평이 되도록 유지한 상태로 든다. 이것이 호플리테스의 기본 방비 태세다. 커다란 호플론을 들면 얼굴의 왼쪽 아래부터

❶

후기의 호플리테스: 손에는 창, 허리에는 예비 무기인 검을 찬다. 투구는 아티카식 헬멧, 흉갑은 딱딱한 가죽, 경갑을 차고 방패인 호플론을 쥔다. 호플론은 아가이브 그립식으로 중앙 팔걸이에 팔꿈치까지 찔러 넣고 오른쪽 끝의 그립을 쥐어 고정한다.

❷

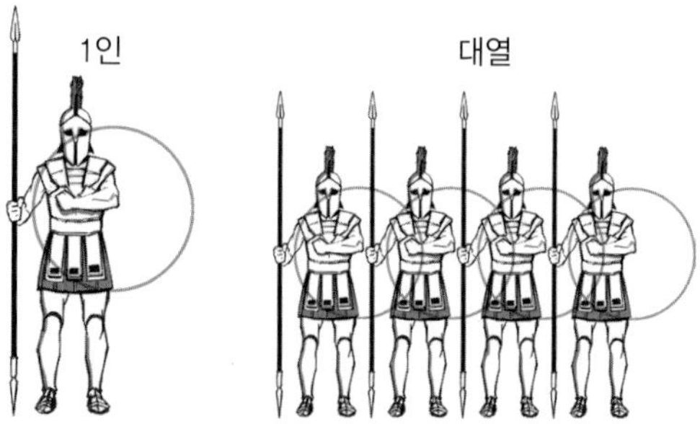

혼자서 호플론을 들면 방패의 왼쪽 절반(정면에서 보면 오른쪽 절반)은 몸을 막아주는 역할을 하지 못한다. 그러나 대열을 이루면 왼쪽 절반이 옆에 있는 아군을 지키는 방패가 된다.

5 복수형은 '호플리타이'다.—역주

왼쪽 넓적다리까지 덮인다. 호플론으로 가리지 못하는 부분은 청동 헬멧과 경갑으로 방어한다.

개인 전투를 할 때 호플론은 비효율적인 방패다. 호플리테스는 혼자 있을 때 방패가 없는 오른쪽(적이 보면 왼쪽)으로 적이 오지 못하도록 막아야 한다. 창으로 공격하기 힘들 만큼 적이 가까이 다가오면 호플리테스는 어떻게든 적으로부터 도망치거나 창을 던지고 예비 검을 빼드는 수밖에 없다.

대열을 지어 팔랑크스(Phalanx, 종횡으로 줄지어 선 밀집대형)를 구성하면 호플론의 진가가 드러난다. 호플론의 왼쪽 절반이 자신의 왼쪽에 선 아군 병사를 지키는 방패가 되기 때문이다❷. 이때 병사는 자신이 가진 방패와 오른쪽 전우가 가진 방패로 전신을 방어할 수 있다. 그리고 호플론 틈새로 창을 내찌르는 방법으로 안전하게 적을 공격할 수 있다.

호플리테스의 행동과 공략

맨 앞줄에 선 호플리테스는 벽을 만든다. 왼손으로 방패를 단단히 쥐고 적의 공격을 막아낸다. 오른손에 든 창은 겨드랑이 아래로 들고 적을 찌른다.

2열부터는 왼팔을 위로 쭉 들어 올린 뒤 머리 위로 수평이 되게 방패를 들어 방패 우산을 만든다. 이것은 날아드는 적의 화살을 막기 위해서다. 특히 2열은 1열이 방패로 앞을 막고 있으므로 1열의 머리 위도 막아준다. 뿐만 아니라 창을 들고 1열의 머리 틈새로 적을 향해 찔러 공격한다. 따라서 대열의 전면은 1열 인원의 두 배수가 되는 창으로 공격할 수 있다❸.

이렇게 대열을 지어 싸우는 동안은 부상자는 나와도 사망자 수는 적다. 치명적인 부분은 방패나 갑옷으로 보호하기 때문이다.

호플리테스는 뒤나 옆에서 들어오는 공격에 약하다. 방패로는 뒤나 옆을 방어하지 못할 뿐만 아니라 경갑도 뒷면은 뚫려 있기 때문이다. 그래서 대열의 일부가 붕괴되어 적이 뒤로 들어가면 패배하고 만다. 그뿐만 아니라 적에게 등을 보이며 달아날 때도 공격을 당하면 같은 이유로 사망률이 높아진다.

또, 호플리테스는 평지에 특화한 전력이다. 지면에 굴곡이 있으면 방패나 창을 가지런히 정렬하기 힘들기 때문에 틈이 생겨 상대가 전열을 뚫고 침입하기 쉽다.

펠타스타이

+ 고대 그리스 + 경장 보병 + 이동력

경장 보병의 활약

고대 그리스의 보병인 펠타스타이는 경장 보병의 선조에 해당한다❶. 펠타스타이도 호플리테스와 마찬가지로 그들이 지닌 무기인 펠타(초승달 모양의 작은 방패로 작은 원형 모양도 있다.)에서 그 이름이 나왔다.

헬멧은 쓰지만 갑옷은 입지 않는다. 투창과 소형 검을 들고 있지만 검은 유사시를 대비한 것일 뿐 기본적으로는 투창을 던지고 물러난다.

이처럼 펠타스타이는 원거리 무기를 중심으로 싸운다. 투창 대신 활이나 화살, 투석기를 쓰는 펠타스타이도 있다.

경장 보병은 기본적으로 산병으로 운용한다. 산병은 제대로 된 대열을 만들지 않기 때문에 정렬할 필요가 없어 재빠르게 움직일 수 있다.

펠타스타이는 다음과 같은 일을 한다.

❶

펠타스타이: 왼손에 예비창을 들고 오른손으로 던진다. 하지만 휴대할 수 있는 투창이 많아야 3~4개다.

1. 호플리테스가 정렬하기까지 시간을 번다. 적이 호플리테스의 대열을 흐트러뜨렸을 때도 마찬가지다.
2. 호플리테스끼리 충돌하기 직전, 아군 호플리테스 앞으로 나와 투창으로 적의 대열을 무너뜨린다❷. 창을 다 던지고 나면 바로 아군 호플리테스 뒤로 숨는다❸.
3. 아군 호플리테스 옆으로 나와 적이 아군 호플리테스 옆이나 뒤로 치고 들어오지 못하게 막는다. 여유가 있으면 적군 호플리테스를 원거리 공격해 대열을 붕괴시킨다.

즉, 펠타스타이는 군과 군의 정면충돌 이외의 모든 일을 맡는다.

펠타스타이의 최대 이점은 기동 속도다. 경장이라 방어가 약하다는 결점은 동시에 도망치는

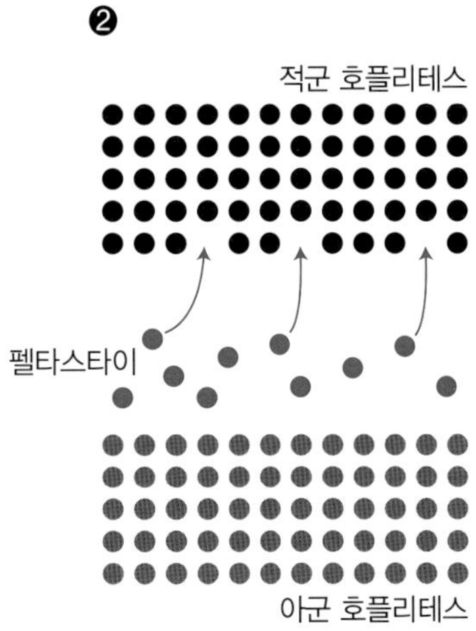

펠타스타이가 적군 호플리테스를 공격해 대열을 붕괴한다.

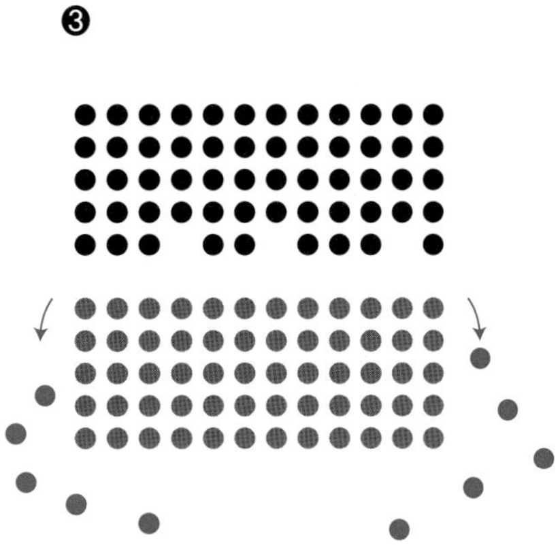

대열이 붕괴된 적군 호플리테스는 아군과의 충돌로 큰 피해를 입는다.

속도가 빠르다는 이점도 된다. 원거리 무기를 장비한 중장 보병이 다가왔을 때 금세 도망칠 수 있는 경장 보병은 제대로 전열을 이루어 이동하는 중장 보병에게 상당히 성가신 존재다.

중장 보병을 단숨에 파멸할 정도의 공격력은 없지만 대열 속에 있는 개개인을 살상할 정도의 공격력은 있기 때문에 대열을 붕괴시킬 수 있다.

펠타스타이는 호플리테스를 괴멸시킬 수도 있다. 펠타스타이가 진군하는 호플리테스 옆을 공격해 호플리테스가 반격할 낌새를 보이면 그대로 도망쳐버리는 것이다. 이것을 여러 차례 반복해 호플리테스를 괴멸시킨 예가 실제로 전쟁사에 기록되어 있다.

펠타스타이를 쓰러뜨리려면 방어에 취약하다는 점을 노려야 한다. 단, 이동 속도가 빠르기 때문에 중장 보병은 쫓아갈 수 없다. 따라서 기병으로 공격하는 것이 가장 좋다. 기병이 접근하면 펠타스타이도 이길 방도가 없다.

원거리 무기로 공격하는 것도 효과적이다. 다만, 펠타스타이는 흩어져 있기 때문에 밀집해 있는 호플리테스를 상대하듯 '적당히 저쪽을 향해 쏘면 누군가는 맞겠지.' 하는 방법은 통하지 않는다. 한 명씩 쓰러뜨려야 한다.

로마 중장 보병

✚ 중장 보병 ✚ 검 ✚ 범용성

로마군단의 중심

로마 제국은 유럽의 고대 · 중세사에서 최강의 제국이었다. 판타지 작품에서도 강력했던 시절의 로마 제국을 '강한 제국'의 모델로 삼는 경우가 많다. 로마 제국의 군은 로마군단이며 그 군의 중심이 바로 로마 중장 보병이다❶.

고대 그리스의 호플리테스에게 검은 예비 무기였으나 로마 중장 보병에게 검은 주 무기였다. 그들은 먼저 창을 투척해 적에게 접근하고 최전선에서 검을 빼서 싸웠다. 투창으로 적을 쓰러뜨리면 좋지만 그렇지 못하더라도 창이 적의 방패에 꽂히면 방패를 쓰기 어렵기 때문에 대적했을 때 유리해진다.

대열에서는 그림 ❷처럼 1열은 검, 2열은 창, 3열은 장창을 갖춘다. 3열부터는 장창을 들어야 적을 공격할 수 있다.

로마 중장 보병의 스큐툼(타원 혹은 직사각형 모양의 방패)은 센트럴 그립식이다(중앙의 손잡이를 쥔다)❸. 호플리테스의 방패보다 방향이나 위치를 바꾸기 수월해 개인 전투 때도 방패로 자신을 보호하기 쉽다. 검을 주 무기로 하기 때문에 접근전에도 강하다.

❶

전성기 로마 중장 보병: 머리에는 금속 헬멧(유럽에서 신장이 작은 편에 속하는 로마인이 조금이라도 신장을 커 보이게 하기 위해 술 장식을 붙인 것으로 알려졌다.), 몸통에는 로리카 세그먼타타에(플레이트 메일), 손에는 방패와 창(필룸), 허리에는 글라디우스(소형 검)를 찼다.

❷

❸

로마 중장 보병이 호플리테스와 싸우면 어떻게 될까? 평원에서 정면 승부를 하면 긴 창이 주 무기인 호플리테스가 이길 것이다. 그러나 지면이 고르지 않은 땅에서 맞붙는다면 호플리테스는 창끝을 정렬할 수 없기 때문에 로마병이 호플리테스 창 틈새로 공격해 이길 수 있다. 즉, 로마 중장 보병은 지면의 상태와 상관없이 전투력을 발휘할 수 있는 범용성이 높은 보병이다.

로마군단의 구성

로마군단의 구성은 시대에 따라 변했지만 대표적인 로마 제국 시대의 구성을 소개한다.

로마군단은 기본적으로 로마 중장 보병으로 구성된다. 중장 보병은 켄투리오(백인 대장) 1명과 웩실라리우스(기수) 1명, 병사 80명으로 구성된 켄투리아(소대) 단위로 모여 움직인다. 6개 소대가 모여 코호르스(대대)가 된다. 단, 제1 대대만큼은 160명의 병사로 이루어진 켄투리아가 5개의 정예 부대로 구성되었다(격전지로 보내지기 때문에 예비 병력을 많이 두었다). 제1~10 대대가 모인 것이 바로 로마군단이다.

로마군단은 레가투스(군단장)와 6명의 트리부누스(장교)가 지휘한다. 트리부누스는 레가투스의 참모로, 코호르스로 분견대(부대의 일부를 나누어 독립시킨 부대)를 편제할 때 지휘관으로 파견되기도 한다. 또, 정찰이나 전령으로 120명 정도의 기병이 부속되어 있다.

로마군단의 대형 중 가장 수비적인 유형이 귀갑(龜甲) 대형이다. 사각 대열로 2열 병사가 방패를 든 팔을 앞으로 뻗어 방비 태세를 갖춘다. 1열 병사는 이 방패와 방패 틈새로 양손에 쥔 창을 내뻗는다. 양 끝의 병사는 각각 바깥을 향해 방패를 든다. 중앙에 있는 병사는 방패를 머리 위로 들어 올린다. 이렇게 하면 군단 자체가 방패로 둘러싸여 투척 무기로는 공격해도 불가능한 걸어 다니는 성채가 된다. 진군할 때는 후미쪽에는 방패가 없지만 대열이 정지할 때에는 마지막 열의 병사가 뒤로 돌아 방패로 가린다.

귀갑 대형이 깨진 경우는 단 한 번뿐이었다. 로마군단이 대형을 유지한 채 적의 성채에 다가갔는데 성벽 위에서 끓는 기름을 부어 가운데 위치한 병사가 기름에 타버렸다고 한다.

006 Crossbowman

크로스보 맨

✚ 원거리 무기 ✚ 훈련 기간 ✚ 속성병

크로스보 맨의 우월성

중세 유럽의 원거리 공격병은 대부분 크로스보를 사용했다. 징병된 농민이 사용하기에 적절한 무기로, 판타지 속 일반병도 크로스보를 사용하는 경우가 많다.

크로스보를 사용하는 병과를 크로스보 맨이라고 한다❶. 크로스보에는 다음과 같은 특징이 있다.

- **훈련이 쉽다:** 크로스보는 다른 원거리 무기에 비해 간단한 훈련만으로도 사용할 수 있다. 그래서 무기만 있다면 유사시에 신속하게 병력을 채울 수 있다.
- **비교적 사정거리가 길다:** 장궁만큼은 아니지만 사정거리가 100~200 m 정도는 된다(실제 포물선을 그리며 날아가는 거리는 300 m 정도 된다). 단, 장궁보다 사정거리가 짧기 때문에 적의 장궁부대와 붙으면 일방적으로 당하고 만다.
- **위력이 안정적이다:** 크로스보의 화살은 50 m 이내에서는 철로 된 흉갑을 관통할 수 있다. 또한 사수의 힘에 따라 위력이 달라지는 활과 달리 위력이 일정하다.
- **사기에 별로 영향을 주지 않는다:** 원거리 무기이기 때문에 사기가 낮은 징집병이라도 쉽게 도망치지 않는다.
- **발사 속도가 늦다:** 크로스보는 용수철을 감아올려 화살을 설치하는 데까지 몇 분 정도가 걸린다. 위력이 클수록 감아올리는 데 더 많은 시간이 걸린다. 따라서 적이 돌진해왔을 때 첫 한 발을 쐈다면 다음 화살을 세팅하기도 전에 백병전에 이르고 만다. 즉, 연달아 쏠 수가 없다.
- **비싸다:** 크로스보는 복잡하게 만들어진 무기이기 때문에 활에 비해 가격이 비싸다.

❶

크로스보 맨: 헬멧을 쓰고 체인 메일(사슬 갑옷)을 걸친 모습으로, 뛰어난 장비를 갖춘 편에 속한다. 일반적으로는 헬멧에 퀼트 또는 가죽 갑옷 정도만 갖추었다.

◎ **백병전에 약하다:** 크로스보와 창을 동시에 지니기 어렵기 때문에 적이 접근해오면 승산이 없다. 더욱이 기병이 돌격해오면 순식간에 당하고 만다.

파비스: 크로스보 맨이 날아드는 화살을 막기 위해 사용했던 거치식 방패.

이처럼 크로스보는 결점도 많지만 훈련되지 않은 병사를 쉽게 동원할 수 있다는 최대의 이점 때문에 원거리 무기의 주역이 되었다.

크로스보 맨은 파비스(pavise)라는 거치식 방패를 반드시 지녀야 한다❷. 이것은 가슴 높이의 직사각형 판에 말가죽 따위를 붙인 것으로, 적으로부터 날아드는 화살을 막는 방패다. 이 방패로 가슴 아래를 완전히 가린 채 사격할 수 있다.

크로스보 맨은 훗날 '총병' 011 으로 변했다. 총병의 무기는 화승총이다. 화승총의 사정거리는 최대 200 m 정도, 발사 속도는 몇십 초에 1발 정도다. 사용 방법의 익힘은 크로스보와 비슷하고, 위력은 100 m 거리에서 흉갑을 관통할 수 있는 정도라는 점에서 크로스보와 동등하거나 성능이 조금 향상된 무기다.

특별한 크로스보

크로스보는 개인이 사용하는 소형 이외에 여럿이 사용하는 대형 크로스보와 차륜을 붙여 이동할 수 있는 초대형 크로스보도 있다(말 따위가 끌기도 한다).

야전에서 크로스보를 사용할 수 없는 건 아니지만 기동성이 떨어지고 발사 속도가 느리기 때문에(1회 사격에 몇 분이나 걸린다.) 보통은 사용하지 않는다.

공성전에서는 활약할 수 있다. 성을 공격할 때는 대형 투석기 따위와 병용하여 대형 크로스보를 사용한다. 방패가 소용없을 정도로 크고 강력한 화살을 쏴서 수비병의 사기를 꺾는다. 또한 불을 붙인 화살을 쏴서 적의 성곽을 불태우기도 한다.

롱보 맨

원거리 무기 | 엘리트 | 긴 육성 기간

총보다 강한 롱보

중세 영국의 전설적 영웅인 로빈 후드도 롱보를 사용했다고 한다. 이를 사용하는 병사를 롱보 맨이라 한다. 판타지 작품에서는 엘프의 무기로 알려져 있으며 롱보를 사용하는 병사도 종종 등장한다.

롱보는 7세기경 웨일스에서 처음 등장했으며, 웨일스 합병전쟁에서 잉글랜드에 큰 손해를 입히기도 했다. 잉글랜드는 웨일스를 합병한 뒤 웨일스 궁병을 아군 병사로 만들었다. 그들은 스코틀랜드 독립전쟁에서 잉글랜드 병력으로 크게 활약했다.

롱보는 사용자의 신장과 길이가 같아 가장 이상적이며 90 cm나 되는 화살을 날릴 수 있다. 재질은 주로 주목(朱木)이다. 흥미롭게도 주목은 잉글랜드에서 자생하지 않기 때문에 이탈리아나 스페인 같은 남유럽에서 들여와야 했다. 그만큼 주목으로 만든 활의 성능이 좋았기 때문이다.

잉글랜드 롱보 맨: 갑옷을 입지 않고 헬멧만 쓴다. 명령을 잘 들을 수 있도록 귀 부분은 뚫려 있다. 발밑에 비스듬히 꽂혀 있는 말뚝은 기마 돌격을 막기 위한 장치다.

롱보의 효과는 절대적이다. 크로스보보다 10배나 빠른 속도로 화살을 쏠 수 있으며 사정거리도 최대 500 m로 크로스보를 압도한다. 100 m 떨어진 곳에서 두께 9 cm인 나무를 관통했다는 기록도 있다. 화승총보다 훨씬 위력적인 무기다.

물론 적이 근접해오면 롱보 맨은 연약한 존재가 된다. 갑옷이라고 해봐야 가벼운 퀼트가 전부다. 사슬로 된 갑옷인 체인 메일을 입은 병사도 소수에 불과했다. 헬멧도 명령을 잘 들을 수 있도록 뚫려 있다. 그래서 적이 다가왔을 때를 대비해 다음과 같은 방법으로 롱보 맨을 사수했다.

- **하마(下馬) 기병:** 잉글랜드의 하급기사나 종병들은 롱보 맨과 함께 싸우기를 마다하지 않았다. 그들은 말에서 내려 롱보 맨의 전면을 지켰다. 대신 롱보 맨은 하마 기병을 활로 지원했다.
- **이동하기 어려운 지형:** 롱보 맨을 땅이 질퍽해 이동하기 힘든 지형에 배치한다. 미리 이 지형으로 이동한 롱보 맨은 활을 쏠 수 있도록 발밑을 다진다. 적은 발이 빠지는 땅을 지나가야 하기 때문에 기마병이라 한들 보행이 어려워 활의 표적이 될 수밖에 없다.
- **말뚝:** 백년전쟁 중 아쟁쿠르 전투(1415년)에서 잉글랜드 왕 헨리 5세는 롱보 맨에게 각자 1.8 m 길이의 말뚝을 1개씩 준비하도록 명했다. 말뚝 끝을 뾰족하게 만들어 그 끝이 정면을 향하도록 기울여서 땅에 꽂았다. 이것은 기병의 돌격을 막기 위해 창병이 수행했어야 할 방어를 대신한 셈이다. 이는 '야전축성' 086 의 첫걸음이 되었다.

롱보 맨의 영광과 좌절

아쟁쿠르 전투에서 잉글랜드의 롱보 맨은 배나 되는 프랑스 병사들을 무찔렀다. 이때 크로스보는 롱보의 적수가 되지 못했다.

그러나 롱보 맨에게는 치명적인 약점이 있다. 바로 훈련 기간이 길다는 점이다. 롱보 맨 한 명을 키우는 데 몇 년은 족히 걸린다. 따라서 전쟁에서 병사를 잃으면 바로 충원할 수가 없다. 무리해서 투입해봤자 미숙한 병사는 도움이 되지 않는다.

하지만 크로스보 맨은 조금만 훈련해도 제 몫을 해낸다. 그래서 전투에서 병사를 잃어도 금세 병력을 메울 수 있다.

아쟁쿠르 전투에서 잉글랜드군은 프랑스군을 압도했지만 전투가 거듭될수록 주력이었던 롱보 맨이 격감했다. 그에 비해 프랑스의 크로스보 맨은 줄기는커녕 점점 늘어났다. 전쟁이 길어지면서 잉글랜드의 기세는 꺾이고 패배하고 말았다. 전쟁에서 빨리 훈련시킬 수 없는 병과는 일시적으로 영광을 얻는다 해도 최종적인 승리는 얻지 못한다는 결론을 보여준 셈이다.

그러나 개인 전투력으로 보면 롱보 맨은 강력한 원거리 병과다. 속사와 저격 어느 쪽도 밀리지 않으며 개인의 기량만 높다면 화살을 쏘는 것만으로도 강력한 공격을 할 수 있어 비용 대비 효과도 좋다.

008 Slinger

슬링거

✚ 최저 비용 | ✚ 보조병력 | ✚ 의외로 유효한 산병

최저 비용 전력

슬링거(투석병)는 보병 중에서도 비용이 가장 적게 드는 전력이다. 이름 그대로 돌을 던져서 적을 공격하는 보병으로 마치 아이들 싸움을 연상케 한다. 하지만 우습게 여겨서는 안 된다. 주먹만 한 돌에 맞으면 뼈가 골절되거나 잘못하면 죽을 수도 있다.

단, 돌은 손으로 던져봤자 수십 미터밖에 날아가지 못한다. 명중시킬 수 있는 거리는 20 m 정도가 한계다. 이 정도로는 부족하기 때문에 스태프 슬링을 사용한다. 투석기에는 크게 두 종류가 있다. 슬링(sling)과 스태프 슬링(staff sling)이다. 스태프 슬링을 사용하면 사정거리가 50~100 m 정도로 늘어난다.

슬링(투석끈)	스태프 슬링(투석기)
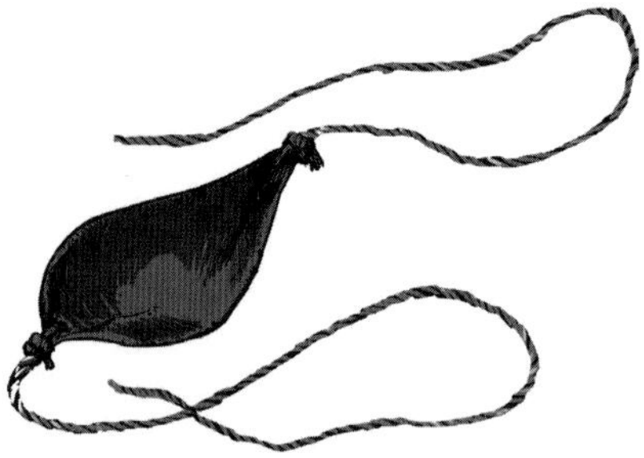	
2 m 정도의 끈 중앙에 돌을 장착할 수 있는 부분을 만든다. 끈의 한쪽을 손가락으로 동여 잡고 다른 한쪽 끝을 같은 손으로 쥔다. 돌을 올려놓고 빙빙 돌리다가 한쪽 끈을 놓으면 돌이 멀리까지 날아간다(100 m 정도). 1회 사격하는 데 10~20초 정도 걸린다. 손으로 던질 때보다 정밀도가 떨어지기 때문에 개인을 노리기보다 적의 대열을 노리고 던진다.	1~2 m 길이의 막대기 끝에 슬링을 붙인 것. 슬링 한쪽 끝은 막대기에 고정되어 있고, 다른 한쪽은 빠지게 되어 있다. 스태프를 돌리다가 멈추면 슬링 한쪽 끈이 빠지면서 돌이 날아간다. 슬링과 비슷한 거리 수준으로 날아가며, 1회 사격에 수 초~10초 정도 걸린다. 슬링보다 빨리 던질 수 있다. 이것 역시 손으로 던질 때보다 정밀도는 떨어진다.

슬링거의 방어력

슬링거는 군에서 보조병력에 지나지 않는다. 사정거리도 짧고 위력도 롱보 맨이나 크로스보 맨보다 약하며 명중률도 떨어진다. 또 슬링을 휘두르려면 넓은 공간이 필요하기 때문에 밀집대형에서는 사용할 수 없다.

그러나 압도적인 이점이 있다. 바로 상당히 낮은 비용으로 운용할 수 있다는 점이다.

슬링거는 갑옷을 갖춰 입을 필요가 없기 때문에 평상시 의복을 입는다. 스태프 슬링을 사용하려면 양손이 필요하기 때문에 방패도 필요 없다. 그리고 스태프 슬링도 슬링을 막대기에 고정시킨 것이 전부다. 즉, 다른 병과의 10분의 1 이하의 비용으로 장비를 마련할 수 있다.

적으로서 슬링거는 상당히 골치 아픈 존재다. 갑옷도 제대로 갖춰 입지 않은 슬링거쯤은 롱보 맨이나 크로스보 맨이 원거리에서 쓰러뜨릴 수 있고, 또한 백병전 부대가 다가가기만 해도 달아난다. 그리고 전장에는 슬링거보다 적에게는 위력적인 병과가 많다. 슬링거를 상대하느라 다른 병과를 방치하는 것은 굉장히 위험한 일이다. 즉, 슬링거가 약한 병력이기는 하나 먼저 쓰러뜨려야 할 병력이 많기 때문에 슬링거를 향해 본격적으로 달려들 수는 없다. 그러나 슬링거는 전투에 방해가 된다. 때문에 다가가 쫓아내는 정도로 대응해야 한다.

슬링거보다 우선 공격해야 할 병력이 많다는 점은 슬링거에게 최대 방어책이다. 즉, 슬링거는 다른 병과와 병용할 때 비로소 의미 있는 병과다. 한 번 던지고 재빠르게 도망가는 것이 슬링거의 전법이다. 결코 대열을 만들어서는 안 된다. 산병이 슬링거를 제대로 활용하는 방법임을 기억하자.

Column

일본의 투석 기술, 인지우치

일본에서는 투석 기술을 인지[印地], 인지우치[印地打ち]라고 한다. 투석할 때는 돌을 던지기 쉽게 지름 9cm 정도의 납작한 돌을 사용한다. 슬링에 해당하는 도구는 일본에도 있었고 실제 사용했다. 때로는 수건이나 얇은 숄(여성이 어깨에 둘러 늘어뜨린 천으로 패션용 외에 벌레를 쫓는 데도 사용했다.) 따위를 사용하기도 했다.

최근 연구를 통해 일본에서는 돌의 형상으로 보아 유럽의 투석기보다 잘 날아가고 비거리도 화살과 비슷한 투석 기술이 센고쿠 시대부터 왕성하게 사용되었음이 밝혀졌다. 일본의 성이나 요새에 가면 투석을 위한 돌이 대량 있는 것을 볼 수 있다. 성이 공격을 당하면 위에서 돌을 던져 방어했던 것이다.

용병

✚ 임시 고용 ✚ 보병 ✚ 도적

경제적인 공격 병력

중세는 기병이 꽃핀 시대다. 그러나 기병만으로는 전쟁을 할 수 없다. 공성전이나 도시 점령 같은, 보병만이 할 수 있는 임무가 많기 때문이다. 그래서 경제적인 이유로 용병을 많이 이용했다. 용병에는 다음과 같은 이점이 있다.

- **필요한 때만 비용이 든다:** 용병은 고용한 기간에만 비용이 발생한다. 상비병에게는 비용이 상시 드는 반면, 용병은 필요한 때만 대량으로 고용하고 필요 없어지면 해고할 수 있다. 어찌 보면 현대의 비정규직과 비슷하다.
- **농노가 줄지 않는다:** 영주에 속한 농노가 징병되었다가 죽으면 노동인구가 줄어 영내 생산력이 떨어진다. 그러나 용병은 농노가 아니기 때문에 죽어도 인구수에 영향을 미치지 않는다.
- **농번기에도 쓸 수 있다:** 농번기에 농노를 징병하면 영내 생산량이 떨어진다. 하지만 용병을 고용하면 영향을 받지 않는다.

그러나 용병은 다음과 같은 행동을 취하기도 한다. 용병의 단점을 모아봤다.

- **도망:** 용병은 직업 군인이기 때문에 죽거나 부상을 당하면 큰 손해를 본다. 따라서 이기고 있을 때는 (죽을 가능성이 낮고 이기면 보너스를 기대할 수 있기 때문에) 용감하게 싸우지만, 패배하면 (보너스도 없고 패배하면 도망치기가 어렵기 때문에) 제일 먼저 도망친다.
- **약탈:** 돈이나 여자 때문에 싸우는 용병은 적국을 점령했을 때 값나가는 물건을 약탈하거나 여자를 능욕한다. 적국에서 약탈을 벌이면 적국 경제에 타격을 입히기 때문에 공격 수단의 하나가 될 수도 있다. 하지만 자국에서의 반란이나 적국을 점령하여 자국으로 편입하려고 할 때 약탈을 벌이면 주민의 원성을 사는 데다 재건하는 데도 꽤나 많은 비용과 시간이 든다.
- **도적화:** 용병은 일이 없어지면 도적으로 쉽게 얼굴을 바꾼다. 따라서 자국 내에서 해고하는 것은 위험하다. 그래서 용병단 계약 중에는 '용병단은 계약 종료 시 타국으로 나갈 것'이라는 조항이 들어 있는 경우도 많다.

란츠크네히트

'스위스 용병' 010 은 우수했지만 주 단위로 고용되었으며, 더욱이 대다수는 프랑스가 선약을 한 관계로 신성 로마 제국에서는 고용할 수 없었다. 그래서 신성 로마 제국의 황제 막시밀리안 1세는 독일인을 키워 스위스 용병과 같은 용병대를 만들고자 했다. 그것이 란츠크네히트(독일 용병)다. 이들은 스위스 용병 다음으로 강력한 용병이었다.

란츠크네히트는 호구를 직접 준비했기 때문에 흉갑과 투구 정도만 갖춰 입었다. 대신 매우 화려한 의장을 입어 주위의 빈축을 샀다. 그들의 무장은 다음 표와 같이 다양했다.

무장	설명
창	전선을 치기 위해 사용한다. 스위스 용병의 창보다 짧다. 4 m 정도다.
양손검	적의 창 방비 태세를 끊고 백병전으로 몰고 가기 위해 사용한다.
장창	백병전 요원이 사용. 할베르트를 쓴다.
한손검	난전에서 쓴다. 카츠발게르(katzbalger)라는 길이 50~70 cm의 직검.
크로스보	손에 호구를 차지 않아 쓸 수 있다.
화승총	손에 호구를 차지 않아 쓸 수 있다. 돈이 많은 용병단만 갖췄다.

란츠크네히트 한 부대는 약 400명이다. 그중 100명은 도펠졸트너(Doppelsoldner)라는 정예군으로 츠바이핸더(양손검)를 지녔다. 그들은 앞으로 나가 적(스위스 용병이 최대의 적이었다.)의 창끝을 절단했다. 스위스 용병의 창끝을 절단한 뒤 예비무기만 들고 있는 적을 할베르트나 카츠발게르로 습격했다.

란츠크네히트는 츠바이핸더나 카츠발게르 같은 투박한 검을 들고 있어 공격력이 높은 데다 크로스보 맨이나 총병도 있어 원거리 전에도 대응할 수 있다. 그러나 방어력은 약해서 장시간 전선을 유지하는 역할에는 맞지 않는다. 단, 몸이 가벼운 만큼 이동력은 높다.

란츠크네히트는 적을 옆이나 뒤에서 공격하는 기습이나, 창이나 파이크로 방어 대형이 만들어진 쪽으로 돌진해 창을 절단하고 방어를 무너뜨리는 공격 따위에 적합하다. 그 대신 기병의 반격에는 취약하다.

스위스 용병

✢ 용병 ✢ 창 방어 태세 ✢ 방어 병력

절대적인 신용

용병 중에는 신용할 수 없는 도적과도 같은 병사가 있는가 하면 절대적인 신용을 자랑하는 용병도 있다. 스위스 용병은 후자의 대표다❶.

스위스는 산이 많아 농업에 불리한 토지였기 때문에 예로부터 타국에 나가 돈을 벌기 위해 용병을 업으로 삼는 이들이 많았다. 그로 인해 스위스는 돈을 벌어들임과 동시에 강력한 군사력을 지녔다. 이는 스위스를 침략하려는 나라를 주저하게 만들기에 충분했다.

스위스 용병은 지방(주) 단위로 모집된다. 어떤 나라가 스위스의 어느 주에 용병 파견을 의뢰하면 그 주는 다른 나라에 용병을 파견하지 않는다. 즉, 스위스 용병이 참가하는 전투는 모두 같은 지방 출신뿐이다. 그러니 적의 병력에 같은 지방 출신은 있을 수 없다. 이것이 스위스 용병이 높은 결속력을 자랑하는 비결 중 하나다.

16세기에 이르자 스위스 용병은 최강의 용병으로 자리매김했다. 또한 (임금이 지불되는 한) 고용주에게 충실한 것으로도 유명했다. 실제로 프랑스 혁명 때 마지막까지 루이 16세를 지키다가 90 %가 전사 혹은 포로로 살해되었고, 신성 로마 황제의 로마 약탈 때도 바티칸 위병의 80 %가 전사했다. 이처럼 스위스 용병은 죽음을 감수하고 고용주를 지켜냈다.

❶

스위스 용병: 장비는 상반신을 덮는 플레이트 메일과 길이가 6 m나 되는 파이크(pike)가 있다❷. 매우 긴 창을 양손으로 다루기 때문에 방패는 들지 않는다. 또 건틀릿(팔의 호구)이나 슬리브(정강이 호구) 따위는 선두 병사는 착용하지만 전원이 착용하지는 않는다(그림에서도 착용하지 않았다).

❷

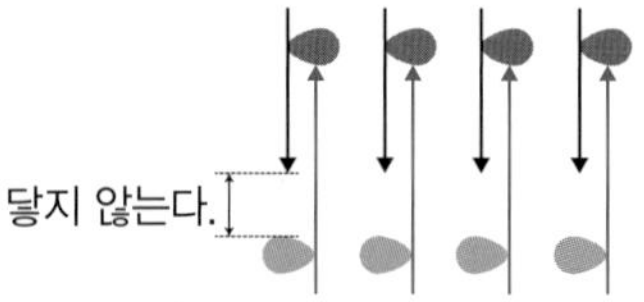

스위스 용병의 파이크는 적의 것보다 길기 때문에 적의 창이 닿지 않는 위치에서 공격할 수 있다.

기병에 대한 파이크병의 방어 태세: 파이크는 무거워서 손에 든 채로는 기마 충돌 시 버틸 수가 없다. 이를 위해 1열은 파이크 하단을 지면에 붙이고 다리로 눌러 고정한다. 그리고 웅크린 자세로 양손으로 파이크를 지지하며 창 방어 태세를 만들고, 돌진해오는 적의 기마에 명중하도록 창끝을 조정해 기다린다. 2열부터는 1열로 인해 속도가 떨어진 적을 찌르기 위해 서서 어깨 높이로 파이크를 든다.

스위스 용병 부대의 전투

스위스 용병 부대의 상대편 기병 공격 시 기본 전술은 그림 ❸과 같다. 정면에서 보면 병사 1명당 4~5개의 장창이 정면으로 나와 있는 상태로, 다가가는 것조차 쉽지 않다.

보병들이 공격해 오면 파이크를 어깨에 짊어지고 진격하는 푸시 오브 파이크(push of pike, 파이크의 돌진)가 있다. 이렇게 하면 적의 백병전 무기가 닿지 않는 곳에서 적을 찌를 수 있다. 단, 파이크가 길기 때문에 적이 바짝 다가오면 통상의 창과 같은 백병전이 불가능하다. 이러한 상황을 대비해 백병전용 검은 따로 장비한다. 다만 기본적으로 스위스 용병은 파이크로 싸우기 때문에 검으로 싸워야 하는 백병전에 몰리면 이미 패배한 것이나 다름없다. 검은 패배가 패사로 이어지는 것을 막기 위한 방어 무기일 뿐이다.

스위스 용병은 기병이 공격하면 방어하는 전력이기 때문에 상반신 호구만 착용한다. 말 위에서는 보병의 하반신에 무기가 닿지 않는다. 또 이 시대의 활, 스태프 슬링, 투창은 기본적으로 활 수준의 궤적을 그리며 날아가기 때문에 투척 무기의 공격은 대각선 위로 올라가게 된다. 따라서 상반신에 갑옷을 입고 있으면 완벽하다고 할 수는 없지만 상당 부분 보호할 수 있다.

스위스 용병으로 대표되는 파이크병은 밀집 대열을 만들어 싸우는 것이 절대 조건이다. 파이크 1개가 적을 향해 있다면 적 기병은 옆으로 비켜 피하면 된다. 그러나 수많은 파이크가 적을 향해 있으면 기병은 돌진하지 못한다. 즉, 파이크병은 혼자서는 활약할 수 없다.

스위스 용병에는 파이크병 외 할베르트병이 있다. 길이 3 m 정도의 할베르트를 들고 파이크병 대열의 옆이나 뒤에서 들어오는 공격을 막는다. 이들은 경장 보병 역할을 한다. 할베르트병은 산병으로 운용하므로 개인 전투에도 대응할 수 있다. 현재도 바티칸을 지키는 스위스 위병대는 손에 할베르트를 쥐고 있다(의례적인 무장의 모습을 보여주고 있다).

011 Harquebusiers

총병

✚ 총 | ✚ 전술의 변화 | ✚ 갑옷의 간소화

총의 등장과 전술의 변화

유럽에서는 중세 말 무렵에 화승총이 발명되면서 새로운 병과인 총병이 등장했다❶. 총병은 기사 같은 중장갑 병사에게 심각한 피해를 입혔다. 두꺼운 갑옷을 입어도 총탄을 막아낼 수 없었기 때문이다.

❶
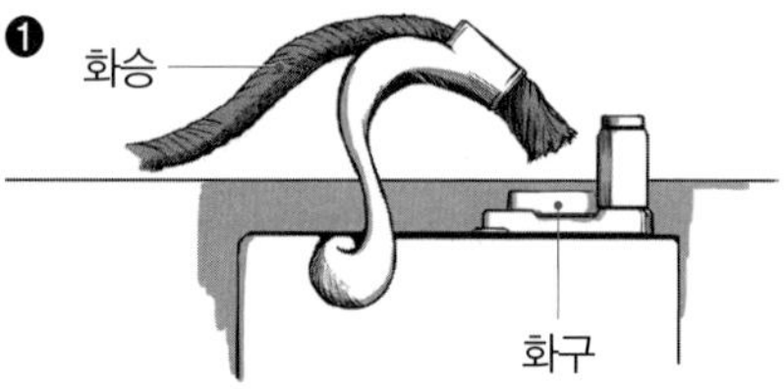

단, 당시의 화승총은 현대의 총에 비하면 성능이 좋지는 않았다.

- **명중률이 낮다:** 구형 탄환은 직진 안정성이 낮아 명중률이 낮다.
- **위력이 쉽게 떨어진다:** 탄도 특성이 낮아 100 m 정도 날아가면 속도가 떨어진다.
- **연기가 난다:** 흑색 화약을 사용하기 때문에 연기가 많이 발생한다(탄환 1발에 손 폭죽 여러 발분). 2발, 3발 연달아 발사하면 연기 때문에 적이 잘 보이지 않는다. 이것은 19세기 말 무연 화약이 발명될 때까지 총의 결점이었다.
- **밀집할 수 없다:** 화승의 불이 사방으로 튀기 때문에 총병은 최소한 2~3 m 떨어져서 사격을 해야 한다. 따라서 총병을 밀집시켜 화력을 집중하기란 불가능하다.
- **발사 속도가 느리다:** 매회 화약과 탄환을 새로 장착해야 하기 때문에 1분에 1발 정도밖에 쏠 수 없다. 나중에 종이 탄피(약통)에 화약을 넣는 방법이 개발되어 1발 쏘는 데 30초로 시간이 단축되었다.
- **비가 오면 사용하지 못한다:** 비가 오면 화승이 젖어 발사할 수 없다.

하지만 총은 결점을 감수할 만큼 강력한 무기였다. 수십 미터 정도의 거리에서도 플레이트 메일을 관통할 수 있다(탄환이 크기 때문에 단거리일 때는 현대 소총 이상의 타격을 준다). 그리고 무엇보다 어마어마한 굉음이 난다. 이 소리에 적은 사기를 잃고 말은 놀라서 기병을 떨어뜨리기도 했다.

초기에는 총에 대항하고자 두꺼운 장갑을 착용했다. 그러나 인간이 착용할 수 있는 범위의 갑옷으로는 총탄을 막을 수 없다는 사실을 깨닫고 오히려 갑옷을 간소화했다. 또한 전장의 무기는 총뿐이 아니기 때문에 간소화된 갑옷이 오히려 유용했다.

총의 진보가 전술의 진보로

화승은 다루기 어려운 재료다. 그래서 화승이 필요 없는 총을 만들기 위해 다양한 방법이 고안되었는데 17세기에 플린트록(Flint-lock. 부싯돌을 사용한다.) 방식이 널리 퍼졌다❷.

플린트록 방식의 소총도 화승총처럼 화약과 탄환을 총구에서 긴 막대기로 밀어 넣은 뒤 화약 접시에 화약을 조금 넣어 불을 붙이는 방식으로, 작은 구멍을 통해 총신 속 화약에 불을 붙여 탄환이 발사된다.

❷

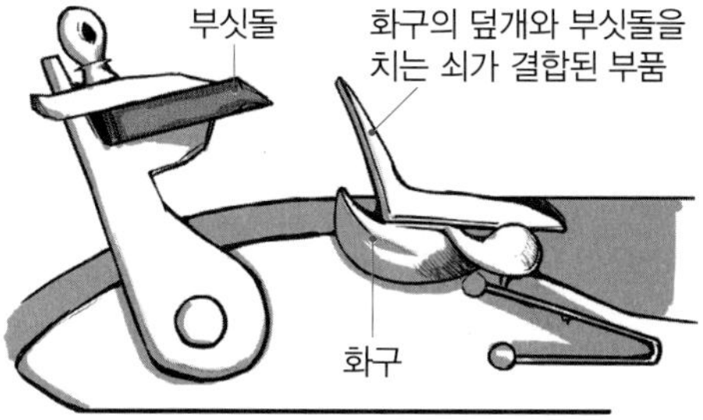

화승총과 다른 점은 불을 붙이는 방식이다. 화승총은 직접 심지에 붙인 불을 화약 접시의 화약에 접촉시키는데, 플린트록 방식의 소총은 부싯돌을 금속에 마찰시켜 불꽃을 내고 그 불꽃으로 화약에 불을 붙인다. 플린트록 방식의 이점은 다음과 같다.

- **비가 와도 사용할 수 있다:** 화약 접시 덮개가 닫혀 있기 때문에 비의 영향을 받지 않는다.
- **밀집해서 사용할 수 있다:** 화승이 필요 없기 때문에 인화 우려 없이 밀집 사격이 가능하다.
- **발사 속도가 화승총보다 빠르다:** 화약 접시 덮개가 자동으로 여닫히기 때문에 그만큼 발사 속도가 빠르다.

물론 결점도 있다. 부싯돌을 부딪치거나 방아쇠를 당기고 나서 한 박자 늦게 발사되기 때문에 총신이 흔들려 명중률이 떨어진다.

따라서 저격용으로는 적합하지 않으나 집단 간에 사격하는 전쟁에서는 상관없다.

플린트록 방식의 가장 큰 이점은 총병이 밀집 사격을 할 수 있다는 점이다. 화선(火線) 밀도가 올라가고 적 부대를 향해 한 번에 쏘는 탄알의 총량이 화승총 시대의 2배 이상, 더불어 발사 속도가 상승된 점을 감안하면 화력이 3배 정도 강하다.

전열 보병

✚ 총검　✚ 대육군　✚ 나폴레옹

총검의 발명

총병(플린트록 방식 소총을 든 보병)은 공격력은 높지만 취약한 병과였다. 분명 총은 화력이 크고 갑옷을 입은 적을 떨어진 거리에서 공격할 수 있다(그렇다고 하지만 사정거리는 100 m 정도다). 하지만 총병은 백병전으로 들어가면 자신의 몸조차 지키지 못한다. 그렇다고 해서 총병에게 백병전용 무기를 들리는 것은 무리다. 그렇지 않아도 무거운 총에 총탄과 화약까지 들고 걷는 총병에게 창과 검까지 쥐어준다면 무게에 못 이겨 걸을 수 없을 것이다. 기병 돌격으로부터 총병을 지키기 위해서는 창병 같은 수비대가 필요하다.

이 문제는 17세기에 만들어진 총검으로 해결되었다. 총 끝에 단검을 붙이면 단창이 된다는, 그야말로 콜럼버스의 달걀 같은 발상이다. 더군다나 새로운 기술도 필요 없다. 그러나 이 발상이 떠오르기까지 200년 이상이나 걸렸다.

이전까지 총병은 파이크병의 수비가 필요했으나 총검이 발명되면서 파이크병도 총병이 되었다. 즉, 같은 수의 병력을 가지고 총을 2배로 운용할 수 있게 되었다. 총검은 파이크보다 짧다. 그런 만큼 약하지만 전원이 백병전용 무기를 가짐으로써 전체적으로는 그때까지와 비슷한 수준의 방어력을 유지할 수 있다. 즉, 총검은 부대의 방어력과 이동력은 그대로 유지한 채 공격력은 2배가 되는 대발명이었다.

❶
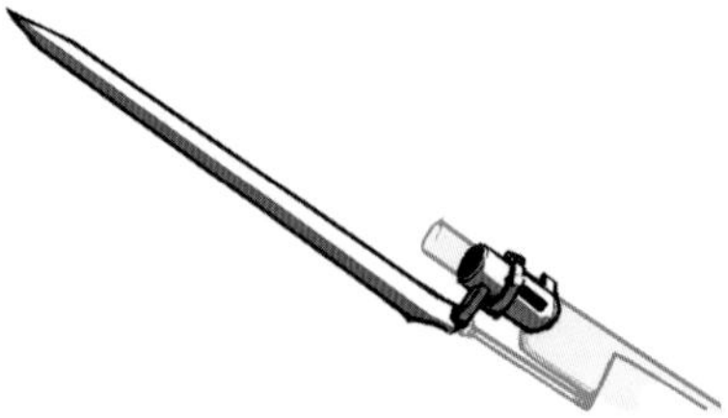

❷

초기 총검은 총구에 끼워 박는 단검이었는데(당시 총은 총구가 컸기 때문에 손잡이를 끼워 넣을 수 있었다.) 그렇게 하기에는 준비가 번거로웠다. 그래서 그림 ❶처럼 총구 밖에 끼워 넣는 총검을 만들었다. 이렇게 하면 총검을 장착한 채 발포할 수 있다. 뿐만 아니라 단검을 빼서 나이프로도 사용할 수 있게 만들었다❷. 이것이 현재 총검의 모습이다.

전열 보병의 등장

이 총검을 장착한 총병이 새로운 시대의 보병이 되었다. 그들을 전열 보병이라고 한다. 중장 보병의 후계자로(갑옷은 입지 않았다.) 전장에서 전선을 이루고 진격하여 적의 보병을 치는 것이 그들의 임무다.

전열 보병은 호령에 따라 진격한다(전원이 같은 속도로 대열을 유지한 채 나아간다)❸. 적으로부터 100 m 정도 떨어진 위치에서 속도를 늦추고 50 m 앞에서 선두 열이 일제히 사격한다❹. 가로 1열씩 사격과 장전을 하며 이를 반복한다❺❻. 그리고 적이 혼란에 빠지거나 사기가 떨어지면 돌격하여 총검으로 백병전을 펼친다. 실제 전장에서는 혼란에 빠진 쪽이 항복하거나 도망치는 경우가 많았다.

17~19세기에 활약한 전열 보병은 다음 세 가지가 등장하면서 자취를 감추었다.

- **가시철사:** 19세기 후반에 가시철사로 '철조망' 064 이 만들어지면서 보병, 기병의 돌격이 상당히 곤란해졌다.
- **라이플과 후장식(後裝式) 소총:** 19세기 중반에 실용화된 두 가지 발명품. 라이플의 등장으로 사정거리가 대폭 늘어나고, 후장식 소총의 발명으로 사격 속도가 압도적으로 빨라지자 전열 보병은 사격의 표적이 되면서 급속도로 자취를 감추었다.
- **기관총:** 20세기 초에 기관총이 실용화되면서 집단으로 진격하는 전열 보병의 전법이 통하지 않게 되었다. 기관총 앞에서 전열을 갖추는 것은 죽여 달라는 것이나 다름없다. 이는 러일 전쟁과 제1차 세계대전에서 많은 병사가 희생되면서 증명된 사실이다.

단, 현대에도 근접 전투에서는 총검을 사용하기도 한다. 서브머신건[6] 사격보다 총검의 일격이 빠른 전장(옥내 같은 좁은 장소)도 있기 때문이다. 그래서 현대에도 보병 훈련의 일환으로 총검술을 가르치며, 현대 자동 소총에도 총검을 장착할 수 있다.

---

6 개인 휴대용 기관총.—역주

산병

✚ 밀집대형 제압 병기 ✚ 우수한 보병 ✚ 국민군

기관총에 대한 대처

19세기 이전의 전쟁은 전열을 갖춘 보병(이것을 '밀집대형'이라고 한다.)이 주를 이루었으며, 산병은 경장 보병이 취하는 대형에 지나지 않았다. 보병이 밀집대형을 취하는 데는 다음과 같은 이유가 있다.

- 적이 아군의 후방으로 이동하기 힘들다.
- 한곳에 가하는 공격력을 높인다.
- 명령이 쉽게 전달된다.
- 주위에 아군이 많이 있어 좀처럼 사기가 떨어지지 않는다.

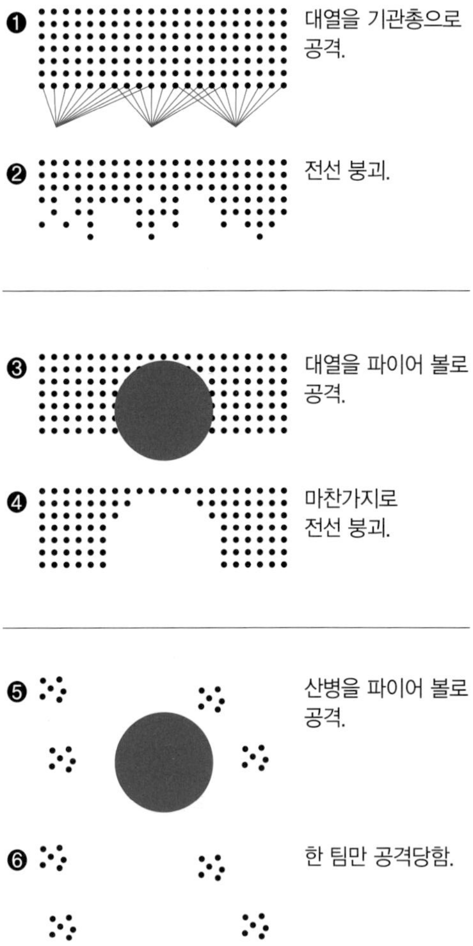

이와 같은 이유로 밀집대형이 보병의 기본이었다.

그러나 19세기 말에 발명된 기관총으로 인해 밀집대형은 위험한 대형이 되었다. 그림 ❶❷처럼 밀집해 있는 보병은 기관총의 좋은 표적이 되기 때문이다. 판타지 세계에 기관총은 없지만 특정 영역을 대상으로 하는 공격 마법이나 드래곤의 브레스 공격 따위는 있다. 이는 군사적으로 볼 때 기관총과 같은 효과를 낸다❸❹. 따라서 기관총과 같은 대응책을 쓸 수 있다.

그것이 산병전(산병을 사용한 전법)이다. 산병이란 병사가 간격을 두고 흩어져 있는 것이다. 정확히는 수 명에서 십수 명 정도의 소그룹으로 나뉜다. 밀집해 있으면 통째로 공격당하기 때문에 흩어져 있어 전체가 한 번에 공격당하는 것을 막는다❺❻. 이렇게 되면 적은 병사를 개별적으로 죽일 수밖에 없다. 적의 입장에서는 상당히 귀찮은 일이다.

그런데 산병에는 다음과 같은 문제점이 있다. 이를 보완하기 위한 다양한 대책이 필요하다.

- **전선이 없다:** 전선이 없기 때문에 후방이 쉽게 차단될 수 있다. 그래서 각자 최소한의 보급물자를 지녀야 한다.
- **화력이 부족하다:** 단위 면적당 병사의 수가 적기 때문에 화력이 부족하다. 따라서 적을 쓰러뜨리기 위해서는 공격력이 높거나 명중률이 높아야 한다.
- **연락을 취하기가 어렵다:** 소수 그룹별로 흩어지기 때문에 서로 연락하기가 어렵다. 산병전이 도입되기 시작한 19세기 말에는 연락이 없어도 임무를 수행할 수 있을 정도의 능력을 지닌 보병이 없으면 산병전을 펼치지 못했다. 그 이후 무선기로 연락이 가능해지면서 어느 정도 장벽이 낮아졌다. 판타지라면 통신 마법 따위가 필요하다.
- **사기 유지가 어렵다:** 주위에 아군이 없어서(혹은 적어서) 사기를 유지하기가 힘들다. 통신을 통해 아군의 상황을 파악할 수 있으면 사기를 유지하는 데 도움이 된다.
- **지휘관이 다수 필요하다:** 제각각 행동하는 소그룹별로 결단을 내려야 하기 때문에 분대장, 소대장이 다수 필요하다.

이 모든 문제점은 병사의 능력이 높으면 해결된다. 즉, 산병전이란 병사에게 상당히 높은 능력을 요구하는 전법이다. 나폴레옹 시대 이후 향토를 지키는 사기 높은 국민군이 일어나면서 적어도 사기 면에서는 전 보병의 산병화가 가능해졌다.

산병을 이용해 성과를 올린 가장 유명한 군이 제1차 세계대전의 독일군이다. 참호전이라 불린 한없이 이어진 진지를 소수의 병사가 뚫고 나가 적의 후방에서 보급을 파괴하고 연락선을 차단한 뒤 사령부를 습격한 침투 작전은 산병만이 펼칠 수 있는 전술이다.

산병을 이용하자 군대의 사관 · 하사관의 비율이 높아졌다. 산병은 함께 움직이는 소수정예 그룹(통상은 몇십 명의 분대) 가운데 사관 · 하사관 같은 전문 병사가 있어야만 제대로 운용할 수 있기 때문이다.

주인공이 전문 병사이든 그들에게 지휘를 받는 병사(소년병도 포함)이든 소수정예로 활동하는 산병전은 이야기를 풀어나가는 데 유용하다.

속주병

이선급 | 속주 | 출세

종속 부족의 출세가도

로마 제국은 수많은 민족과 부족을 지배하며 그들을 이선에서 활약할 병력으로 활용했다. 그들이 속주병이다. 그들의 존재는 군의 강대함을 보여줄 때 편리하다. 속주병의 대다수는 잠시 쓰다 버리는 징집병이었지만 일부는 이를 출세의 길로 이용했다.

예컨대 로마 제국에는 정규 군단 이외에 보조군(Auxilia)이 존재했다. 그들은 로마 제국 속주의 백성으로 구성되어 각지의 수비대나 가벼운 군사 행동에 동원됐다. 물론 정규 군단이 출전하는 전쟁에서도 군단을 지원했다.

지원군은 다음 표와 같은 병과 병종을 포함하는데 주로 경장 보병으로 구성되었다.

병과	설명
기병	정찰과 전령, 측면 공격이나 추격을 담당한다.
경장 보병	군단병 앞에서 투창 따위를 사용한다.
중장 보병	군단병의 보조, 후기에 나타났다.
롱보 맨	원거리 공격을 담당한다. 시리아 궁병이 유명하다.
슬링거	스태프 슬링으로 돌을 던진다.

지원군은 10개의 켄투리아(80인 편제)로 구성되는 800명의 코호르스(대대)를 기본으로 편제되었다. 그보다 상위의 군단은 편제되지 않고 정규 군단에 적당히 편입되었다. 군단에서 파견된 트리부누스(장교)나 대대의 지휘관이 지휘를 맡았다.

그림은 로마 제국 속주병 중 경장 보병의 모습이다. 투창을 던진 뒤에 검을 사용해 정규 군단이 옆이나 뒤에서 당하지 않도록 지키거나 도망치는 적을 쫓아가 죽이는 역할을 했다. 로마 중장 보병에 비하면 장비가 열악하다.

보조군의 무장은 정규군보다 열악하다. 옆 페이지에 있는 그림은 보조군 무장의 예다. 헬멧은 쓰고 있지만 동체 갑옷은 두꺼운 천이고 방어는 주로 방패에 의지한다. 무장으로 창과 검을 지니고 있으나 창은 적과 백병전 하기 전에 던지고 검을 들고 싸운다. 그 외에도 정규군의 중장 보병이 로리카 세크멘타타(플레이트 메일)를 착용할 때도 보조군의 중장 보병은 체인 메일 그대로 거나 그조차 입지 않는 일도 부지기수였다.

하지만 신발은 샌들 차림의 정규군과 달리 튼튼하고 두꺼운 가죽 속에 쇠붙이를 박은 부츠를 신었다. 이는 로마의 보조군 병사 중 북방 게르만 족이 많아 추위나 눈길에 대한 대책이 필요했기 때문이다.

보조군 병사는 로마의 속주민이었는데 보조군에 편입하여 25년간 병역을 마치면 로마 시민권을 얻을 수 있었다(돈으로 살 수도 있었다). 보조군 병사 본인뿐만 아니라 자손까지 시민권을 얻을 수 있었다. 즉, 피점령국 백성이 점령국 백성이 될 수 있었다. 이 제도 때문에 보조군 병사의 사기가 높았다. 병사들은 후손을 위해 긴 병역을 견뎌야만 했다.

이와 같은 제도가 있기는 했지만 이들이 당장은 로마 시민이 아니기 때문에 배반의 우려도 있었다. 배반을 막기 위해 주로 출신지와 멀리 떨어진 지역에 배치하곤 했다.

보조군 활용법

보조군은 정규 군단에 비해 장비가 열악하기 때문에 정규군과 정면에서 부딪치면 승산이 없다. 따라서 정면충돌 이외의 방법을 주로 사용했다.

- **펠타스타이와 같은 공격:** 경장 보병으로 싸운다. 갑옷이 얇다는 것은 달리 말하면 가벼워서 이동하기 쉽다는 뜻이다. 경장 보병으로 던지는 도구를 이용해 싸우면 펠타스타이와 같은 역할을 할 수 있다.
- **인해전:** 보조군은 정규군보다 수가 많다. 그래서 수적으로 밀어붙이는 전법도 있다. 인해전에 이르면 병사의 질보다 수가 중요하기 때문에(란체스터 법칙, Lanchester's laws) 보조군이라 하더라도 정규군 이상으로 활약할 수 있다. 수가 많으면 포위도 가능하다.
- **성벽 방어:** 보조군은 각지의 요새나 성새 도시를 수비하는 일이 많다. 이 경우 방어의 취약함은 성벽이 보완해준다. 또한 약한 활이라도 위에서 아래를 향해 쏘면 강력한 힘을 발휘한다.

단, 보조군 병사 개인은 장비가 열악한 평범한 병사다. 따라서 창작물에서는 약한 병사로 다루면 좋다.

민병, 사병

민간인 | 군복 | 군 조직

농민병: 농업용 쇠스랑을 든 농민. 쇠스랑은 농기구이며, 갑옷 따위는 갖춰 입지 못했다.

민병 현대에는 군 조직에 속한 군인만이 전투에 임할 수 있다. 마음대로 전투를 벌이는 것은 범죄 행위다. 그러나 특별한 조건을 갖추면 민간인도 전투에 참여할 수 있다. 그 조건은 다음과 같다(헤이그 육전 조약 요약).

- 군대라 할 수 있는 조직이 있고 명령을 내리는 지휘관이 있을 것.
- 군복이나 멀리서도 명확히 군에 소속되어 있음을 알 수 있는 휘장 따위를 착용할 것.
- 무기를 숨기지 말고 휴대할 것.
- 전쟁 법규와 관례에 따른 행동을 취할 것.

이러한 민간인 병사를 민병이라고 한다❶. 또, 민병에는 속하지 않으나, 적군이 가까이 왔음에도 군이 도착하지 않은 경우 지역 주민이 임시로 무기 드는 것을 허용한다. 이때 무기를 숨기지 않고 소지하고 있으면 교전자로 인정받는다.

고대부터 근세까지도 도시가 침략당했을 때 도시 주민들은 민병이 되어 저항했다. 도시를 점령한 군대는 으레 약탈을 했기 때문이다. 영주의 가혹한 통치에 농민들이 반란을 일으키는 경우도 있다. 또한, 영주가 지역 주민의 종교를 탄압하는 경우 신자들이 종교적 봉기를 일으키기도 했다. 이것도 민병의 일종이다.

고대부터 근세까지 민병은 제대로 된 장비를 갖추지 못했다. 그래서 창이나 검 같은 무기 대신, 쇠스랑이나 도리깨 같은 농기구, 장작 패기용 도끼, 수렵용 단궁 같은 사냥 도구 따위를 들고 싸웠다. 물론 제대로 된 갑옷도 착용하지 못했다. 그러나 사기만큼은 상당히 높았다. 그들은 더 이상 잃을 게 없을 정도로 곤궁했으며 죽을 각오로 전투에 임했기 때문이다.

민병이 일으킨 전투 중 가장 성공한 전투는 15세기 얀 지슈카(Jan Zizka)가 지휘한 후스전쟁

❷

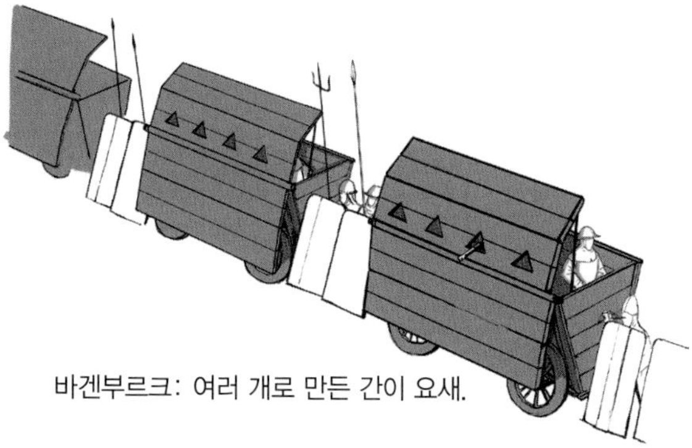

바겐부르크: 여러 개로 만든 간이 요새.

이다(크리스트교 후스파가 영주의 탄압에 저항해 일으킨 반란). 지슈카는 농업용 짐마차에 철판을 붙이고[바겐부르크(Wagenburg), 마차 성이라고 한다.], 그것을 나란히 줄지어 일종의 간이 요새를 만들었다❷. 그 요새는 총안(銃眼)[7]을 통해 머스킷 총으로 안전하게 사격할 수 있기 때문에 전투에 익숙지 않은 농민도 활약할 수 있었다. 지슈카는 이 전법으로 당시 최강 전력이었던 기사의 돌격을 몇 차례나 무찔렀다.

사병

사적으로 만든 군 혹은 그 병사를 사병이라고 한다. 중·근세에는 왕 이외의 봉건 귀족이 소유한 병사나 용병 따위가 사병에 속했다. 마을이나 촌락의 자경단도 사병의 일종이다. 창작물에서는 나쁜 귀족에게 고용되었다가 적으로 돌아서는 경우가 많다.

또, 20세기 초반 중국에 존재한 군벌, 현재도 여기저기에 존재하는 무장 테러 조직, 민간 군사 회사, 마약 카르텔이나 마피아 같은 범죄 조직도 사병의 일종이다.

일본 센고쿠 시대에 나타난 새로운 형태의 영주 다이묘는 당시 일본에 (명목상 별도로) 왕에 해당하는 존재가 없었기 때문에 그들 스스로 소국의 왕이라고 생각해 자신들의 병사도 사병 취급을 하지 않았다.

사병은 주인의 재력에 따라 무장을 갖추었다. 일반적으로는 정규군보다 장비가 열등하지만 일부 마약 카르텔처럼 현지의 가난한 정부군보다 뛰어난 장비를 지닌 사병도 있다.

대다수의 사병은 나라를 위해 각오를 다진 것이 아니라 그저 돈을 벌기 위해 싸우기 때문에 전세가 불리해지면 금세 도망쳐버린다.

---

7 몸을 숨긴 채 총을 쏘기 위해 성벽, 보루 따위에 뚫어 놓은 구멍.—역주

016 Ashigaru

일본 보병

✚ 일본의 보병 ✚ 장병창 ✚ 센고쿠 시대

일본의 보병

아시가루[足軽]는 일본의 보병이다. 일본풍 판타지 세계에서 일반 병사로 등장한다. 가마쿠라 시대까지는 기마 궁병을 지키는 보병으로 칼 따위를 지녔다. 활을 다루는 아시가루는 1274년과 1281년에 몽골의 원군이 일본을 공격한 일을 계기로 등장했다. 엄청난 수로 밀어붙이는 적의 군세를 멀리서 쓰러뜨리기 위해 아시가루에게도 활을 쥐어줬다. 실제로 아시가루가 활을 사용하니 강력한 효과를 발휘했다. 이러한 이유로 가마쿠라 후기부터 무로마치 시대까지 활을 가진 아시가루가 큰 활약을 했다.

센고쿠 시대에 이르자 이에 더해 창을 가진 아시가루가 등장했다. 활을 가진 아시가루를 백병전에서 지키기 위해서다.

창을 가진 아시가루는 지휘군의 명령에 따라 타이밍에 맞춰 장병창(나가에야리)[8]을 사용한다. 창을 쓰는 방법은 세 가지가 있다❶.

- **내리치기:** 가장 많이 사용된 방법이다. 창을 수직으로 세워 들고 중력의 힘으로 위에서 아래로 내리친다. 생각보다 위력이 세서 제대로 맞으면 사망하거나 중상을 입는다. 아시가루 부대끼리 전선에서 만나면 이 내리치기 수법을 쓴다. 그리고 버티지 못한 측이 도망친다. 창을 가진 아시가루는 평소에 구령에 맞춰 전원이 동시에 강물을 막대기로 내리치는 강물 치기(물 치기라고도 한다.) 훈련을 한다❷.

❶

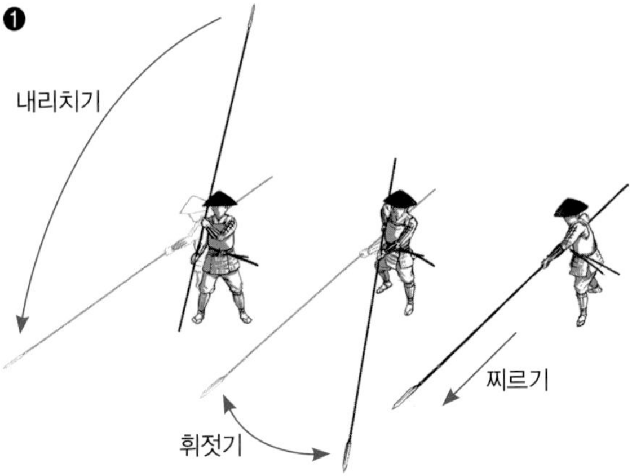

- **휘젓기:** 창으로 적의 다리를 공격한다. 기마에도 통한다.

8 자루가 긴 창.—역주

◎ **찌르기:** 전진해서 공격할 때나 적이 도망칠 때 뒤에서 찌른다. 찌를 때 왼손은 창을 쥐지 않고 원 모양으로 만들어 지지하고 오른손을 이용해 앞뒤로 찌르고 당긴다. 그렇게 해야 창을 조절하기 쉽다. 이때 오른손을 비틀 듯이 창을 돌리면 강력하게 찌를 수 있다.

❷

퇴각할 때는 창을 끌며 도망친다. 이때 쫓아오는 적병은 창끝을 밟거나 창대에 걸리지 않도록 발밑을 주의해야 한다. 쫓아오는 적의 속도가 느려지니 도망가기 쉽고, 따라잡히더라도 바로 뒤에서 적과 맞부딪치는 것을 막을 수 있다. 물론 혼자라면 의미가 없지만 다 같이 한다면 충분히 적을 저지할 수 있다.

아시가루의 운용

아시가루는 지휘관의 명령에 따라 전진후퇴한다. 공포를 숨기기 위해 진가사[陣笠][9]를 코 부근까지 깊게 눌러 쓰기도 했다.

기마무사에 대한 자세는 '스위스 용병' 010 과 거의 비슷하다. 다만, 기마가 창과 창 사이로 들어오지 못하도록 일부러 창을 교차시키는 자세를 취하기도 했다. 정확히 적을 보고 똑바로 창을 찌를 수 있도록 자세를 유지하는 것이 가장 중요하다. 이렇게 하면 찌를 때 창대가 휘어지더라도 다시 똑바로 되돌려 찌른 말이 나가떨어지도록 힘껏 튕겨낼 수 있다. 그러나 비스듬하게 찌르면 창은 부러지고 창 방어 태세에도 틈이 생긴다. 그러면 그곳으로 기마가 뚫고 들어온다. 이런 상황이 되지 않도록 맨 앞줄의 창 아시가루는 특히 더 용감해야 했다.

일본의 무장 오다 노부나가는 자신이 거느린 아시가루에게 6.3 m나 되는 길이의 창을 들게 했다. 창을 서로 내리칠 때 적의 창이 닿지 않는 거리부터 공격하기 위해서였다. 또한, 긴 창으로 내리치는 것만으로도 기세가 높아진다. 물론 길고 무거운 창을 사용하려면 훈련이 필요하다. 이를 위해 오다 노부나가는 농업에 종사하는 인력과 병사를 분리해 전업 아시가루를 양성했다.

---

9 철제 삿갓.—역주

일본 경찰

✚ 경찰관 ✚ 포로 ✚ 에도 시대

에도의 경찰관

에도 시대(1633~1890년경까지 일본쇄국정치시대)의 경찰관 토리테[捕手]는 군인은 아니지만 살상력을 일부러 억누른 신기한 무기를 사용하는 병으로 흥미로워서 여기에 소개한다.

적을 죽이지 않고 잡는 기술을 토리테술이라고 한다. 센고쿠 시대에는 적의 무장 따위를 잡기 위해 사용했다. 옛 무술에서는 검술이나 고구소쿠술[小具足術][10] 따위와 함께 종합 무술의 일환으로 토리테술을 가르쳤다. 그것이 에도 시대에 이르자 도신 같은 하급 관리가 범죄자를 잡기 위해 배우는 무술이 되었다. 초보 토리테술도 있지만 에도 시대에는 짓테나 미쓰도구를 사용한 검술이 주였다.

토리테 하면 가장 먼저 떠오르는 무기가 짓테[十手]다❶. 단, 그들이 통상 지니고 있는 짓테는 30 cm 정도의 놋쇠로 만든 것으로 칼을 휘두르는 흉악범에 대항할 수 있는 무기는 아니었다. 그때는 부교[奉行][11]의 집무소에 있는 강철제로 된 나가짓테[長十手]를 사용했다. 나가짓테는 길이 63 cm의 육각봉으로, 칼을 구부려서 꺾을 정도로 튼튼하다.

나에시는 짓테에서 갈고리 형태를 없앤 단순한 막대기로, 역시 강철로 만들었고 길이는 30 cm 정도다. 짓테와 병용하거나 단순히 막대기로 때릴 때 사용했다.

나에시를 오른손에, 짓테를 왼손에 든 자

❶
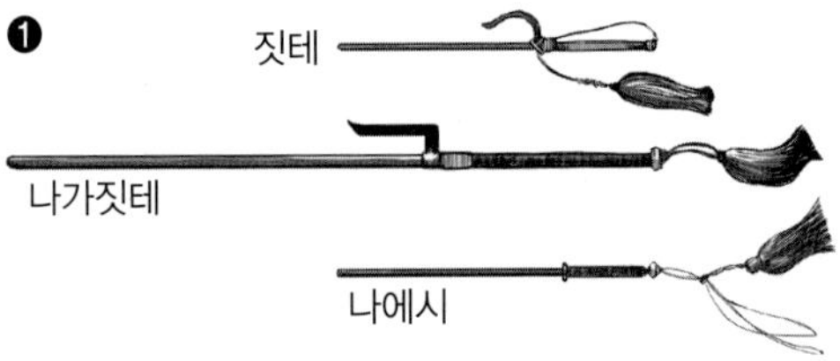

❷
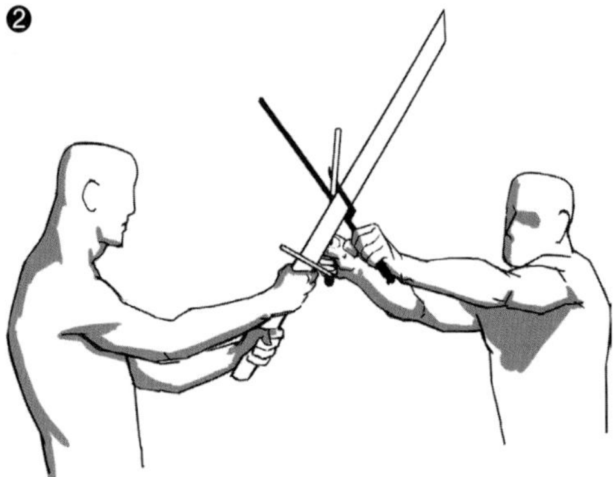

쥬테 소가쿠의 기본 형태

10 일본 고래의 격투기술.—역주
11 무가 시대에 행정을 담당한 각 부처의 장관.—역주

세를 소가쿠[双角]라고 하며, 그중에서 양손 모두 손등이 위로 오게 하여 쥐는 것을 쥰테[順手] 소가쿠라고 한다. 그 외에 왼손을 거꾸로 쥔 만(卍) 소가쿠, 양손 다 거꾸로 쥔 갸쿠테[逆手] 소가쿠, 오른손만 거꾸로 쥔 호요[放鷹] 소가쿠가 있다.

쥰테 소가쿠는 다리를 팔자로 벌리고 서서 양손의 도구도 약간 벌린 상태로 준비한다. 그 한 가지 형태로, 짓테로 상단에서 날아든 칼을 막고❷, 오른손으로 빠지지 않게 누른다. 그리고 짓테로 칼을 타고 내려가 적의 칼날 밑을 강하게 치고, 왼손으로 비틀어 나에시로 적의 손목을 쳐 칼을 떨어뜨린다.

자루가 긴 체포용 도구

고모노[小者, 부교의 집무소에서 허드렛일을 하던 상인] 같은 무예에 자신 없는 사람들은 짓테로 칼에 맞설 수 없었다.

그래서 그들은 자루가 긴 체포용 도구를 사용했다. 이 무기는 살상력이 낮아 범죄자를 산 채로 잡는 데 쓰였다. 당시에 말하는 '산 채'란 죽지만 않으면 된다는 뜻이다.

이 무기로 많이 사용된 것이 미쓰도구[三道具]라 불리는 다음의 세 가지다❸.

- **쓰쿠보[突棒]**: 상대의 옷이나 머리카락에 얽거나 그대로 몸통을 맞춰 밀어붙인다.
- **소데가라미[袖搦]**: 상대의 옷소매에 걸어 잡는다.
- **사스마타[刺股]**: 상대의 팔이나 목을 끼워 지면이나 벽에 밀어붙여 움직이지 못하게 한다. 현대에도 사용되는데 현대의 것은 몸통을 끼울 수 있도록 U자 부분이 더 크게 벌어져 있다.

무기가 상대의 칼에 잘리거나 상대방이 도구를 잡아 빼앗지 못하도록 자루 끝부분은 뾰족뾰족한 쇠로 덮여 있다.

❸

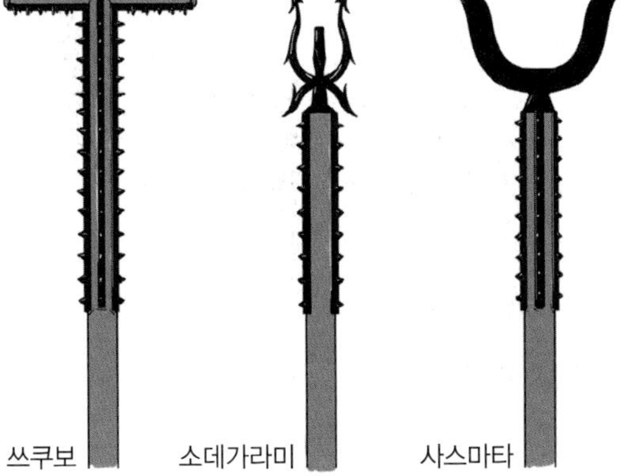

● Column

닌자는 싸우지 않는다

닌자는 창작물에서 초인전사로 그려지는 경우가 많다. 그러나 실제로는 센고쿠 시대를 중심으로 첩보 활동을 하던 사람들을 일컫던 명칭이다.

사실 센고쿠 시대에는 '닌자'라는 호칭이 없었다. '미행', '첩자', '돌파', '간첩', '염탐꾼'처럼 지방별로 다르게 불렀다. 일본 어딘가에서 '닌자'를 양성한 것이 아니라 각지에서 첩보원이 필요해 제각각 인원을 모집했기 때문이다. '닌자'라는 호칭은 메이지 시대 이후, 창작물에 등장하게 된 그들을 근사하게 부르기 위해 지은 이름이다.

더욱이 중요한 점은 닌자는 전사가 아니다. 그들은 첩보원이었을 뿐이기에 싸움을 잘하지도 않았다. 그들의 임무는 타국과 자국의 정보 수집이지 전투가 아니었다. 전장에서도 활약하기는 했지만 적의 식량을 태우거나 적의 진군로를 알려주는 공작 활동이 주 임무였지 적병과 직접 싸우는 것은 그들의 일이 아니었다.

닌자의 장비를 봐도 닌자의 공격력이 낮다는 사실을 알 수 있다. 닌자가 사용하는 칼인 시노비가타나[忍刀]는 몸체가 40~50cm 정도로 호신용 칼인 와키자시[脇差]보다 짧다. 게다가 직도에 가까울 정도로 곧아서 베는 공격에는 그다지 적합하지 않다. 이 무기로 창이나 다치[太刀]를 쥔 무사와 싸우면 패배할 확률이 높다.

수리검도 의외로 위력이 약하다. 수리검으로 적을 차례차례 죽이는 것은 창작물 속에서만 가능한 일이다. 급소를 직통으로 찌르지 않는 한 죽지 않는다. 수리검은 적에게 작은 상처를 입혀 도망갈 틈을 벌기 위해 사용했던 것이다. 상처를 입히지 못해도 적이 깜짝 놀라서 피한다면 그것만으로도 도망칠 시간을 벌 수 있다.

비전서 따위에 남겨진 닌자들의 도구를 봐도 적과 정면에서 충돌해 싸우기 위한 도구는 하나도 없다. 그들이 지니고 있는 것이라고는 마키비시[撒菱][12] 같은 도망치기 위한 도구, 미행용 옷차림처럼 몸을 숨기는 도구, 가이키[開器][13] 같은 침입용 도구, 양면 하오리[羽織][14] 같은 변장 도구, 화약 같은 방화 도구 정도다. 적을 죽이기 위한 도구로는 독약이 있다. 즉, 닌자가 사람을 죽이는 때는 독약을 썼을 때뿐이다.

단, 현대의 '닌쥬츠'는 전혀 다르다. 일본에는 거의 없지만 서양에서는 '닌쥬츠'가 격투기의 일종으로 널리 알려져 있다. '닌쥬츠'를 가르치는 마셜아트 유파가 몇 개나 있다. 하지만 일본의 '둔갑술'과는 전혀 관계없다.

---

12 적을 향해 뿌려서 상처를 입히거나 추력을 방해해, 적의 추격 속도를 늦추게 하는 마름모꼴 무기.—역주

13 문 따개.—역주

14 기장이 짧은 덧옷.—역주

제2장

Cavalry 기병

기병은 판타지 전투 중에서도 유달리 화려한 활약을 펼친다.
멋진 말을 타고, 보병은 엄두도 못 낼 속도로
전쟁터를 누비는 기병은 전장의 꽃이다.
이 장에서는 고대 메소포타미아의 전차부터
나폴레옹의 기병까지 다양한 시대의 기병을 소개한다.

기병

✛ 기마 ✛ 공포감 ✛ 기동력

기병의 이점

고대부터 결정적인 시점에 투입되는 기병은 전쟁을 판가름하는 중요한 병과다. 하지만 투입 시기를 그르치면 패배로 이어지고 만다. 그런 의미에서 기병은 운용이 쉽지 않다.

기병의 유무는 전력의 결정적인 차이를 낳는다. 기병의 이점은 크게 두 가지가 있다.

- **공포감을 준다:** 기병이 전쟁을 결정짓는다고 하는 이유는 적에게 공포감을 심어주기 때문이다. 보병에게 기병의 공격은 신장 2.5~3 m인 거인이 무기를 앞세우고 시속 수십 킬로미터로 달려와 덮치는 것과 같다. 직접 적을 공격하는 말도 일부 있는데('군마'라고 한다.) 그러지 않더라도 매우 두려운 존재다.
- **기동력이 높다:** 기병은 속도만으로도 전장을 지배한다. 기병의 기동력은 보병의 몇 배다. 즉, 병력이 필요한 결승점(승패를 좌우하는 중요한 지점)에 기병은 보병보다 훨씬 짧은 시간 안에 도달할 수 있다. 전장 밖에서 기병의 기동력은 보병보다 뛰어나다. 보병이 1주일에 걸쳐 이동하는 거리를 기병은 1~2일 만에 이동할 수 있다. 말은 보법에 따라 다음과 같이 속도가 달라진다.

보법	시속	설명
워크(walk)	6~7 km	앞다리와 뒷다리 모두 제각기 들어 올렸다가 지면을 딛으며 나간다.
트롯(trot)	13~14 km	왼쪽 앞다리와 오른쪽 뒷다리가 동시에 앞으로 나간다.
페이스(pace)	15 km	왼쪽 앞다리와 왼쪽 뒷다리가 동시에 앞으로 나간다.
캔터(canter)	16~27 km	앞다리와 뒷다리가 함께 아주 조금씩 어긋나며 이동한다. 동시에 땅에 닿는 다리는 최대 3개.
갤럽(gallop)	40~50 km	말의 전속력. 동시에 땅에 닿는 다리는 최대 2개. 최대 2~3 km밖에 달리지 못한다.

기병의 결점 기병은 뛰어난 능력을 가지고 있지만 결점도 있다.

- **비용이 많이 든다:** 말이 비싸다. 또 보통은 종일 풀을 먹는데 행군 중에는 그렇게 하지 못하기 때문에 영양가가 높은 곡물을 먹여야 해서 보급의 부담도 크다. 이 때문에 경제적으로 넉넉한 강국이 아니면 대규모 기병 부대를 둘 수 없다.
- **훈련 시간이 많이 걸린다:** 기병은 말과 사람 모두 힘든 훈련을 해야 한다. 말은 기본적으로 겁이 많은 동물이라 전투의 큰 소음과 무기가 맞부딪치는 금속음이 울려 퍼지는 전장에 투입하려면 일단 소리에 익숙해지게 해야 한다. 그다음 기병의 명령을 따르도록 훈련해야 한다. 여기까지 최소 1년 이상이 필요하다. 병사 역시 말 위에서 균형을 잡으며 검이나 창을 휘두르고 활을 쏘는 훈련을 해야 한다. 게다가 부대와 연계해 움직여야 하기 때문에 최소한 몇 년의 훈련이 필요하다. 등자나 안장이 없던 시대에는 그야말로 태어날 때부터 말을 타는 기마민족이 아니고는 거의 불가능했다.

이처럼 기병 병력을 정비하는 데는 많은 비용과 시간이 든다. 한번 궤멸하면 재건하는 데 막대한 비용과 10년 단위의 시간이 필요하다. 즉, 기병은 전장의 최강 병력이자, 투자한 비용과 시간이 아까워 소모시키지도 못하는 병력이었다.

결정적인 순간에 투입되어 승리를 이끄는 기병이라 하면 듣기에는 좋다. 하지만 승패를 결정짓는 순간이란 기병이 돌격하면 적이 등을 돌리고 달아나는 상황을 말한다. 그런 때가 아니면 궤멸될까 두려워 기병을 사용할 수 없었던 것이 실상이다.

기마민족은 예외다. 말에게 먹일 풀은 초원을 이동하면서 조달하기 때문에 비용도 그다지 들지 않는다. 그리고 태어나면서부터 줄곧 말을 타온 이들은 모두가 숙련된 기수이기 때문에 말을 타고 활을 쏘는 난이도 높은 기술까지 구사했다. 농업을 기반으로 하는 나라가 기마민족을 이기지 못한 것은 당연한 결과가 아닐까?

참고로 총이 발명되고 나서는 기마 훈련의 난이도가 더 높아졌다. 겁 많은 말을 총성에 익숙해지게 만들어야 했기 때문이다. 기수가 말에 붙어서 화약의 폭발음을 들려주고 놀란 말 달래기를 몇 차례 반복해 말이 총성에 익숙해지게 했다.

019 Chariot

전차

✚ 고대 기마 병력 **✚ 직진** **✚ 평원 전용**

고대 기마 병력

고대 기마 병력은 기병이 아닌 전차였다. 병사는 마차에 타고 싸웠다. 기원전 2500~1500년경은 4륜마차 시대였으나❶, 기원전 1700년경부터 다루기 쉬운 2륜마차가 주류가 되었다❷. 또, 4마리의 말이 끄는 전차도 있었지만 말의 수에 별 의미가 없자 나중에는 2마리가 끄는 전차가 주류가 되었다.

나라마다 다르지만 이집트 전차에는 마부 1명과 전사 1명이 탔다. 마부는 전투 중에 오른손으로 고삐를 잡고 왼손으로 방패를 들어 동승한 아군을 지켰다(행군 중에는 방패를 내렸다). 전사는 활이나 투창 같은 원거리 무기를 주 무기로 싸웠다. 또, 근접 전투에 대비해 백병전 무기도 지녔다.

대형 전차에는 3명이 타기도 했다. 그 경우에는 전사 2명 중 1명이 주로 활을 사용하고 다른 1명은 장병 무기를 썼다.

물론 전차도 부대를 짜서 운용했다. 이집트의 전차 부대는 전차 10대에 일등 전차병이 지휘하는 소대, 5개 소대로 기수 전차대장이 지휘하는 중대, 몇 개 중대로 전차 대지휘관이 지휘하는 대대를 구성했다. 전차는 최소한 소대, 큰 전쟁일 경우 몇 개의 대대로 운용되었으며 1대만 사용하는 일은 없었다.

또한, 좁은 곳에서 재빠르게 회전하지 못하는 전차의 특징을 보완하기 위해 경장보병 페헤러[15]가 전차 1대에 1명씩 따라 달

❶

❷

당시 전차에는 타이어도 없고 서스펜션도 없었기 때문에 병사들은 고르지 못한 지면 상태를 그대로 느낄 수밖에 없었다. 전차의 승차감은 매우 안 좋았다.

렸다. 이들은 전차 뒤쪽에서 공격하는 적병을 방해했다. 단, 전차가 돌진할 때는 쫓아가지 않았다.

전차의 이점과 결점

전차의 이점은 무엇보다도 그 규모에 있다. 말 2~4마리가 끄는 마차가 돌격해오는 상황은 기마 이상으로 무섭다. 현대로 생각하면 자동차가 돌진해오는 상황과 같다. 실제로 구식 수메르의 4륜전차가 시속 20 km 정도, 이집트의 2륜전차는 시속 40 km 정도로 달렸다고 한다.

그러나 전차에는 결점도 있다.

- **거친 땅에 약하다:** 전차를 사용할 수 있는 지형은 한정되어 있다. 전차는 수십 센티미터 이상의 바위나 구덩이, 부러진 가지가 있는 울퉁불퉁한 땅에서는 바퀴가 망가져서 쓸 수 없다. 물론 산지 같은 경사면이나 늪지 같은 곳에서도 무용지물이다. 단, 가볍게 만들어진 2륜전차는 무게가 40 kg 이하이기 때문에 두 명이서 나를 수 있다. 이 때문에 산지 같은 곳에서는 손으로 운반했다.
- **섬세한 조정이 어렵다:** 전차는 진행 방향을 약간 틀기도 어려우며 급커브길에서는 속도를 큰 폭으로 떨어뜨려야 한다. U턴을 할 때는 반경 수십 미터로 큰 선회를 해야 한다. 이 때문에 전차에 탄 전사는 원거리 무기로 활을, 백병전 무기로 장병 무기를 사용해 조금이라도 넓은 영역을 커버하고자 했으나 한계가 있었다.
- **비효율적이다:** 전차를 1대 운용하려면 마차를 만들어야 하고 말은 적어도 2마리, 병사도 2명 이상 필요하다. 게다가 공격 요원이 1명이면 효율이 떨어진다. 비용 대비 공격력이 낮다.

거친 땅을 전장으로 택하면 전차의 발은 묶인다. 성을 공격할 때도 사용하지 못하고, 방어진지를 만들면 전차를 막을 수 있다. 그리고 조종 성능이 치명적으로 낮다. 달려오는 전차의 주로에서 몇 미터만 옆으로 벗어나도 전차의 공격은 빗나가고 만다. 물론 전차를 운영하는 쪽은 그렇게 되지 않도록 가로로 전차를 줄지어 일제히 돌격한다. 하지만 전차가 1대밖에 없는 경우에는 피하면 그만이다.

이처럼 결점이 많다 보니 전차는 고대 한 시기에만 반짝 활약하고 말았다. 그 뒤로는 기마가 대신했다.

---

15 peherer. 영어로는 채리엇 러너(chariot runner)라고 한다.—역주

기마민족 기병

+ 유목민 + 활을 쏘는 기병 + 특수 기능

기마민족의 위력

세계에서 가장 오래된 기병은 기마민족의 병사다.

안장이나 등자가 발달하지 않았던 고대에는 말의 맨 등이나 새들 클로스(안장을 대신하는 천) 위에 올라탔다.

이 같은 시대에 승마는 고도의 기술이 필요한 특수 기능이었다. 양다리로 말의 몸통을 꽉 조여 떨어지지 않도록 한다. 이 상태로 말 위에서 검을 휘두르거나 활을 쏘려면 10년 이상의 훈련이 필요하다.

이러한 이유로 초기 기병은 거의 기마민족의 전용 병과였다. 스키타이 기병이나 메디아 기병 같은 유목민족은 기마민족이었다. 한편 기마민족에는 보병이 없다. 아군을 따라잡을 수 없기 때문이다.

기마민족은 안장도 등자도 없던 시절부터 말 위에서 어려움 없이 전투를 펼쳤다. 특별히 혼자서 말을 타고 퇴각하면서 뒤돌아보고 활을 쏘는 전법을 파르티안 샷(Parthian shot)이라고 한다❶. 로마 제국이 파르티아 왕국과의 전투에서 고전한 뒤 이런 이름이 붙었는데, 기마민족의 대다수가 이 전법을 썼다.

보병이나 농경민족의 기병은 이 전법에 대처할 능력이 없었다. 등자나 안장 없이 이동하면서 활을 쏘는 것은 기마민족 이외에는 불가능했기 때문에(가능한 호걸이 있다 해도 군 전체가 구사하기란 불가능하다.) 기병을 따라가 봐야(농경민족의 기병이라 하더라도) 일방적으로 공격을 당할 뿐이었다.

물론 소형 말 위에서 쏘는 활의 사정거리는 보병이 쏘는 활의 사정거

❶

퇴각하며 몸을 돌려 활을 쏘는 파르티안 샷.

리보다 짧기 때문에 기마민족 기병이 준비하고 있는 보병에게 돌진해온다면 사정거리 차이로 인해 (초반 얼마 안 되는 시간 동안은) 보병이 일방적으로 공격할 수는 있다.

그러나 기마민족 기병은 그렇게 움직이지 않는다. 기동력을 살려 군이 없는 곳을 공격해 약탈한 뒤 물러간다. 농경민족 같은 대군 간에 벌어지는 야전은 처음부터 생각지도 않는다. 그렇다 보니 대등한 전투가 이루어지지 못하고 농경민족 측이 일방적으로 당할 뿐이다.

농경민족 측의 전열이 흐트러져 유효한 대응이 불가능해졌을 때나 후방으로 들어가 일방적으로 공격할 수 있을 때에만 기마민족 기병이 뚫고 들어올 수 있다.

또, 넓은 범위를 공격할 수 있는 수단(영역 공격 마법 따위)이 있다고 해도 기마의 대열은 병사별로 간격이 넓기 때문에 많은 수를 끌어들이기는 곤란하다.

기마민족의 결점

기병으로 조직된 기마민족은 강력하나 그들에게도 결점은 있다.

- **성 공격을 할 수 없다:** 기마민족은 기병밖에 없기 때문에 공성전에 필요한 병기를 거의 지니지 않는다. 마찬가지로 야전축성한 적에게도 취약하다.
- **지형에 약하다:** 산악지대나 늪지 같은 기병에게 취약한 지형에서는 전투력을 발휘하지 못한다.
- **생산성이 낮다:** 기마민족이 이동하는 땅은 단순한 초원이고 거기서 양이나 산양 따위를 기른다. 그렇기 때문에 그들은 광대한 토지가 필요하다. 즉, 같은 면적에서 생활할 수 있는 사람 수가 농경민족에 비해 압도적으로 적다. 기마민족은 농경민족만큼 대규모 군대를 조직할 수 없다. 약탈은 가능해도 농경민족을 점령하고 지배하기에는 수적으로 부족하다. 농경민족을 지배하려면 그들의 일부를 지배층으로 편입해 지배층 인수를 채워야 한다. 하지만 그리하면 지배층에 농경민족과 그 사상이 들어가 점차 기마민족의 특성을 잃어버린다.

이 같은 이유로 기마민족이 세계를 지배하기는 어려웠다. 그러나 그 기동력과 공격력은 세계사를 동요시킨 지렛대 역할을 했다.

021 Saddle and Stirrup

안장과 등자

✚ 기술 진화 ✚ 전술 변화 ✚ 기마 전력화

안장과 등자의 등장

만일 현대인이 고대로 타임슬립해 대단히 어려운 기술 없이 전쟁에서 압도적으로 유리한 물건을 발명해야 한다면 그것은 바로 안장과 등자다❶. 말에 안장과 등자만 장착해도 기병의 전투력이 몇 배나 뛰어오르기 때문이다.

안장과 등자가 없던 시대에 기마 전투는 기마민족만의 특기였다. 초기의 안장은 기마민족도 이용했으나 그저 천일 뿐이었다. 오늘날은 새들 클로스(saddle cloth)라고 부른다.

중국에서 기원전 2세기경, 유럽에서는 1세기경에 나무틀이 붙은 든든한 안장❷이 처음 등장했다. 이로써 허리가 앞뒤로 쏠리지 않고 말이 갑자기 달려 나가도 기수가 뒤로 빠져 떨어지지 않게 되었다.

그러나 진정한 기병 혁명은 등자의 발명으로 이루어졌다. 등자가 언제 발명되었는지는 정확히 알려지지 않았다. 그러나 4세기 초 중국 도기 병마용에 등자가 붙어 있는 인형이 남아 있으며, 이것이 가장 초기의 등자로 보인다(즉, 3세기 삼국시대에는 등자가 없었다). 일본에는 5세기경에 유입되었

❶

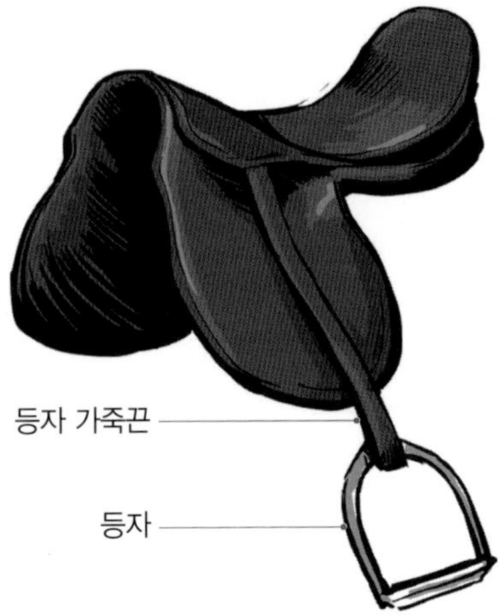

등자가 붙은 안장: 등자는 안장 이후에 발명되었기 때문에 안장 없이 등자만 장착하는 상황은 불가능하다. 또, 안장이 없으면 등자를 말의 몸통에 고정할 수 없기 때문에 발명의 순서는 안장, 등자 순이 될 수밖에 없다.

❷

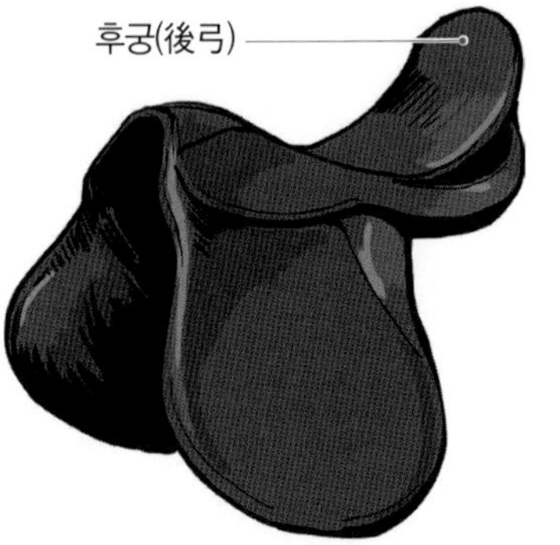

유럽의 안장: 유럽의 마술 경기 따위에서 사용된 안장. 영화에서 가랑이 쪽 부분이 크게 올라온 안장을 볼 수 있는데, 그것은 미국의 카우보이가 쓰는 안장이기 때문에 서부극이라면 몰라도 판타지 세계에는 어울리지 않는다.

다. 유럽에서는 7세기경에 동유럽으로 들어와 8세기에는 일반적으로 사용되었다(즉, 5~6세기의 아서 왕도 등자를 몰랐다).

농경민족 기병의 강화

안장 덕에 말이 달리거나 정지할 때 기수가 앞뒤로 떨어지지 않고 자세를 유지할 수 있게 되었다. 즉, 기병이 급발진이나 급정지를 할 수 있게 되었다. 이로 인해 말에 익숙지 않은 농경민족도 기병을 편제할 수 있게 되었다. 그러나 기마민족 기병의 우월함을 농경민족 기병이 쉽게 따라갈 수는 없었다.

등자가 없던 시대에 중국의 기병은 창을 사용했다. 똑바로 찌르는 정도는 말 위에서 균형을 잡으며 할 수 있기 때문이다. ≪삼국지≫에서 청룡언월도를 사용한 관우나 방천화극을 사용한 여포를 두고 일기당천(一騎當千)[16]이라 한 것은 이들이 등자 없이 무거운 무기를 휘두르며 싸웠기 때문이다. 똑바로 찌르는 것 외에는 불가능한 기병에 비해 다채로운 전투 행동(적의 정면을 피해 옆을 지나는 적을 공격)을 취할 수 있기 때문에 일기당천이 가능했다. 물론 호걸은 되어야 말을 타면서 활을 쏠 수 있었으니 여기에도 큰 차이가 있었다.

등자가 등장하자 기병은 말 위에서 버티고 설 수 있게 되었다. 그러자 관우급 무장이 아니더라도 기병이 장칼이나 극(戟)[17] 같은 찌르는 무기를 넘어 휘두를 수 있는 무기를 사용하게 되고 말을 타면서 화살을 쏘는 등 관우나 여포 같은 전투 행동을 할 수 있게 되었다. 안장과 등자의 등장으로 농경민족 기병도 기마민족 기병과 동등한 전투를 할 수 있게 되었다. 이는 기마민족에게 괴롭힘을 당해온 농경민족에게 가히 혁명적인 일이었다. 이것이 기병전에서 등자가 초특급 비밀 병기로 활약하게 된 이유다.

물론 기마민족도 등자와 안장이 등장했을 때 재빠르게 도입했다. 그들에게 기병의 우월함은 생사를 가르는 포인트였다. 똑같이 안장과 등자를 도입한다면 역시 말타기에 능한 기마민족의 능력이 더 뛰어나다. 그래도 안장과 등자로 인해 농경민족과 기마민족의 기병 능력의 차이는 많이 좁혀졌다. 농경민족이 기병전에서 가끔 승리하기도 했다.

이 구도는 유럽에서도 마찬가지였다. 단, 등자는 기마민족이 유럽에 전한 것으로 초기에는 기마민족만 등자를 썼다. 등자가 있는 기마민족과 등자가 없는 농경민족, 그들의 전력 차이는 그야말로 하늘과 땅 차이였다.

---

16 기병 한 명이 천 명의 적을 당해낸다는 뜻.—역주

17 중국 고대의 무기로 창의 일종.—역주

중장 기병

✚ 무게 ✚ 장갑 ✚ 귀족

속도와 무게

기병의 돌진력은 기본적으로 속도와 무게의 곱으로 구할 수 있다. 그러나 속도와 무게는 양립할 수 없다. 그래서 어느 쪽을 중시하느냐에 따라 중장 기병과 경장 기병으로 분류한다.

중장 기병은 무거운 갑옷을 입고 말에도 갑옷을 입혀 적을 향해 돌격하는 기병이다. 그만한 무게의 돌격을 막아낼 수 있는 병사는 없다. 실제로 중장 기병과 경장 기병의 싸움에서 2배 많은 경장 기병이 패배했다는 기록도 있다.

중장 기병은 고대부터 중세에 걸쳐 1,000년 이상 전장을 누빈 역사가 긴 병과다. 그런 만큼 시대에 따라 거듭 개량되었다. 하지만 그 기본은 변하지 않았다.

10세기 비잔틴 제국의 중장 기병: 동체는 스케일 메일, 얼굴은 체인 메일, 머리는 헬멧, 말의 갑옷은 스케일 메일. 중장갑이기 때문에 이동 속도가 늦고, 방패를 갖춘 보병 대열을 뚫지 못하는 일도 많았다.

중장 기병의 특징은 다음과 같다.

- **말에도 갑옷을 입힌다:** 인간뿐 아니라 말까지도 장갑으로 무장한 중장 기병은 원거리 화살 정도로는 피해를 줄 수 없다. 단, 말이 달릴 수 있는 한계 내의 장갑이기 때문에 롱보나 총 같은 화력이 큰 공격을 해야 한다. 중장 기병 부대가 롱보 부대에 괴멸당한 사례도 있다.
- **무겁다:** 중장 기병은 보통 경장 기병보다 1.3배 정도 더 무겁다. 그만큼 공격의 파워가 세기 때문에 맞부딪치면 상대가 떠밀릴 수밖에 없다.
- **보병보다 빠르다:** 경장 기병에는 못 미치지만 보병보다 훨씬 빠른 속도로 이동할 수 있다. 자전거 속도라고 생각하면 된다. 갑옷 무게에 제한을 받아 전력질주를 할 수 없다. 말의 시속은

캔터(16~27 km)가 한계이며 갤럽은 불가능하다.

- **활을 사용할 수 없다:** 손까지 호구를 두르고 있어 활을 사용할 수 없다. 이 때문에 중장 기병의 주요 무장은 창이다. 나중에는 전용 창 랜스가 등장했다.

중장 기병은 방어력을 높이기 위해 방패도 사용한다. 방패를 들면 말 위에서 균형을 잃기 쉽고 고삐도 잡기 어려워 말을 다르기 힘들지만 그 외 방어할 방법이 없었기 때문에 불편을 감수하고 방패를 사용했다. 등자가 없을 때는 너무 큰 방패는 들 수 없어서 지름 수십 센티미터의 소형 방패를 사용했다. 등자가 등장한 뒤로 중세 기사가 사용하는 방패와 같은 대형 기승(騎乘) 방패가 등장했다.

중장 기병을 쓰러뜨리는 법

중장 기병은 장갑과 그 무게가 최대의 이점이자 결점이다. 즉, 장갑과 무게 때문에 다음과 같은 전투를 펴면 중장 기병을 제압할 수 있다.

- **언덕:** 구릉 위에서 중장 기병을 기다리다 맞는다. 그렇지 않아도 느린 속도가 언덕을 오를 때는 한층 더 느려져 걷는 수준의 속도밖에 내지 못한다. 그러면 그 충격력을 상실해서 그저 느리기만 한 기병으로 전락한다. 충돌하기까지는 시간이 있기 때문에 몇 번이고 화살을 퍼부을 수 있다. 나아가 창을 갖춰 공격하는 경우도 속도가 느리니 무섭지 않다.
- **진창:** 진흙탕 같은 발 디디기 나쁜 땅으로 끌어들이면 중장 기병은 잘 빠져나오지 못한다. 움직이지 못하게 된 기병은 한낱 목표물에 불과하다.
- **야전 진지:** 말뚝이나 울타리로 만들어진 야전 진지가 중장 기병을 저지할 수 있다. 멈춰선 기병을 진지의 반대편에서 화살이나 창으로 공격한다. 특히 철조망은 기병의 천적이다.
- **성:** 기병은 성 공격을 할 수 없기 때문에 말에서 내려 보병으로 싸우는 수밖에 없다. 기병의 이점을 없앤다는 의미에서는 성문을 굳게 닫고 성을 지키는 방법도 기병 공략법 중 하나다.
- **견고한 보병 대열:** 중장 기병은 속도가 빠르지 않기 때문에 견고한 보병 대열로 대처하면 도중에서 막을 수 있다. 이렇게 하면 말에서 끌어내려 포로로 삼을 수도 있다.

023 Knight

기사

귀족 | 기마 돌격 | 전술의 쇠퇴

중세 기사도

중세에 중장 기병이 주력 병과였던 이유는 군사적 요인이 전부는 아니었다. 영주 계급 외에는 말과 갑옷을 소유할 수 있는 돈과 기병을 훈련할 만한 여유가 없었다.

기사는 기마 병력임과 동시에 영주와 그 부하이며 상위 계급이었다. 그리고 영주 계급은 더 많은 영지를 얻기 위해 스스로 주력이 되는 전쟁을 했다.

물론 중장 기병이 효과적인 병과였다는 점도 이유 중 하나다.

전투의 꽃이라 하는 랜스를 든 기마 돌격은 11세기경에 시작되었다. 이 공격법은 안장과 등자로 인해 버티고 설 수 있는 승마 자세와 두꺼운 갑옷으로 적의 공격을 무력화하거나 약화시킴으로써 실행 가능해졌다. 그 전까지는 기마로 접근해 창이나 검으로 공격하는 형태였다. 유럽에서는 등자가 등장하자 비로소 기마 돌격이 이루어졌다. 실제로 원탁의 기사나 쿠 훌린은 등자가 없던 시대의 인물이기 때문에 창기병(랜서)이 아니다. 십자군 시대(12~13세기)에는 랜스 돌격이 이루어졌다. 기사들이 아랍군에게 랜스로 돌격했다.

중세 말까지 기병의 사망률은 상당히 낮았다. 말에서 떨어진 뒤에 잡히더라도 몸값을 지불하면 해방되었기 때문이다. 죽이는 것보다 몸값을 받는 편이 이득이기 때문에 가능한 한 죽이지 않았다.

이는 대포의 발달로 공성전이 단순해진 뒤 상황이 바뀌었다. 지배하던 도시를 빼앗기게 되면 경제적으로 손해이기 때문에 죽여야만 했다, 죽여서라도 전투에서 이겨야만 했다.

기사 시대의 전쟁

기사가 전쟁의 주역이었던 시대에 보병의 비율은 전체 병력 수에 따라 차이가 있었다.

수천 명 이상	국가 간의 전쟁이며 병사는 대부분 보병.
수백에서 천 명 정도	귀족 간의 싸움으로, 기사가 과반수.
백 명 정도까지	기사 간의 싸움이므로 거의 기병. 이것이 기사들의 전투다.

이것은 당시 보병이 용병이거나 징집한 농민이었기 때문이다. 용병은 돈이 들고 농민을 징집하면 수확에 영향이 있어 최소한으로 줄였다. 그에 반해 기병은 기사와 그 하위기사들로 구성되어 스스로 전쟁 준비를 하기 때문에 돈이 들지 않는다.

❶

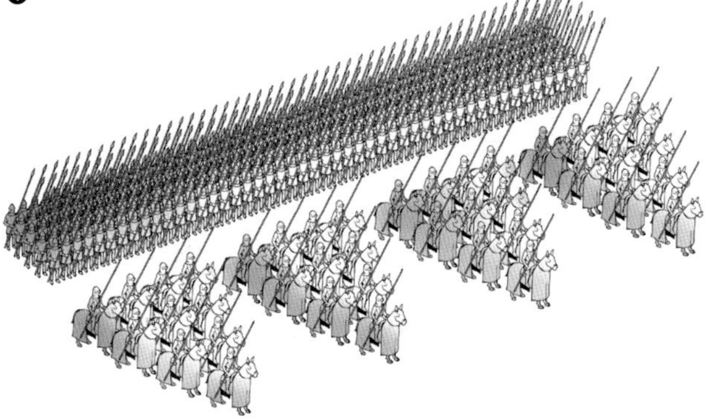

기사와 보병의 진형: 뒤쪽 대열은 보병으로, 횡진을 짓는다. 앞 대열은 기사로, 쐐기 진형을 짓는다.

어떤 규모의 싸움이라도 중세 전투는 기사의 돌격으로 승패가 갈렸다❶. 기병을 주력으로 한 중세의 전쟁은 다음과 같은 경과를 거친다.

1. **기병의 돌격:** 적과 아군의 기병이 반복해서 충돌한다. 패배한 기병은 도망치거나 포로가 된다. 물론 상대방에게 기병이 없다면 기병이 있는 쪽이 승리한다.
2. **승리한 기병의 재돌격:** 기병전에서 승리한 측이 재차 적 보병을 향해 돌격한다. 적은 혼란에 빠진다.
3. **보병의 돌격:** 혼란에 빠진 적군 보병에게 아군 보병을 돌격시킨다. 적은 제대로 대응하지 못하고 격파당한다.

보병이 있어도 1의 시점에서 기병전에서 패배한 쪽은 사기가 떨어져 도망치거나 항복하는 경우가 많다.

중세 유럽의 전투는 특별한 전술이 별로 없었다. 기사의 용맹이 전투의 승패를 결정하는 시대였다.

하지만 기병 전력이 약한 쪽은 약한 쪽대로 새로운 전술을 구사했다. 이를테면, 아군 기병을 일부러 도망치게 위장술을 쓰고 적 기병이 아군 기병을 쫓게 한다. 적 기병이 없는 시기를 노려 아군 보병이 적군 보병을 격파하는 작전이다.

로마보다 기병 병력이 약세였던 한니발이 자마전투에서 이 작전을 썼다. 그러나 성공하지는 못했다. 아군 보병이 불리해지자 되돌아온 로마 기병이 카르타고의 보병 후미를 치는 바람에 패배했다.

024 Dragoon

용기병

+ 총 + 돌격 + 사브르

총을 가진 기병

총이 진화하면서 16세기 무렵에는 중장갑이 무의미해졌다. 인간이 입는 갑옷으로는 총탄을 막을 수 없음이 명백해졌다. 때문에 가능한 한 총탄을 피하는 것이 중요했다.

프랑스 용기병: 총의 중심을 가죽 끈으로 안장에 묶었으며, 가죽 끈을 걸친 채 사격을 한다. 사격한 뒤에는 주머니에 총대를 집어넣어 고정한다. 그리고 왼쪽 허리에 찬 사브르를 뽑아들고 싸운다.

17세기 무렵에는 모든 기병이 갑옷을 줄였다. 중장 기병도 흉갑 정도만('흉갑 기병'이라고 한다.) 걸쳤고, 경장 기병은 군복 차림이었다. 몸무게를 줄이면 말의 속도가 빨라져 총탄에 몸을 노출하는 시간이 줄어든다. 그리고 병사와 병사가 뒤엉키게 되면 이미 총은 사용할 수 없기 때문에 종전대로 백병전이 이루어진다.

18~19세기에는 용기병(龍騎兵)이 등장했다. 용기병은 권총이나 기병총(보병총에 비해 짧고 그만큼 사정거리가 짧으나 말을 탄 채 다루기 쉽다.) 또는 사브르(검)를 사용하는 기병이다. 불을 뿜는 기병이라 하여 용기병(드래군)이라고 불렸다. 그들의 전투는 다음과 같은 순서로 이루어진다.

1. **돌격:** 기병 돌격을 하면서 총을 발사한다. 이 사격으로 적을 쓰러뜨리면 다행이지만 그보다 적을 혼란에 빠뜨리는 것이 주목적이다. 돌격 도중에는 다음 탄을 장전할 수 없기 때문에 총은 기본적으로 1발밖에 쏘지 못한다.
2. **접적:** 총을 쏜 다음에는 사브르로 바꿔들고 적군에 뛰어든다. 이 시대에는 병사가 흉갑 정도만 착

용했기 때문에 중세 때처럼 타격하는 무기를 사용하지 않고 사브르처럼 벨 수 있는 곡도(曲刀)를 사용했다.

용기병 공략법

용기병에 대한 대책으로는 참호와 기관총이 효과적이다.

참호에 들어가면 몸 전체가 거의 보호되기 때문에 용기병의 총은 아무 의미가 없다. 단, 머리는 지면 위로 나오기 때문에 헬멧을 써야 그나마 보호할 수 있다.

다음으로 접근전이 되었다고 치자. 참호 밖에 있는 용기병은 사브르만 들고 있기 때문에 참호 안에 있는 보병을 공격할 수 없다. 거꾸로 참호 안에 있는 보병은 총검이나 창 따위로 말의 하체를 공격할 수 있다. 공격당한 말에서 떨어진 용기병은 그저 쓰러져 고통스러워하는 보병에 지나지 않는다.

참호 안으로 기마가 들어오면 어떻게 될까? 참호 속은 좁아서 말이 방향을 돌릴 수 없다. 즉, 뒤에서 말을 공격할 수 있다(이때는 말의 뒷다리에 채이지 않도록 주의해야 한다). 그리고 말을 잃은 용기병은 역시 보병에게 당할 수밖에 없다.

이처럼 참호가 있으면 용기병의 이점은 거의 없앨 수 있다.

또 다른 대책은 바로 19세기 후반에 발달한 기관총이다. 용기병은 돌격하여 접적하는 순서를 지켜야 한다. 그래서 돌격 도중에 큰 타격을 입어 돌격 자체가 실패로 돌아가도록 기관총을 사용한다. 즉, 대량의 탄환을 퍼부어 돌격해오는 기병을 괴멸시키는 것이다. 용기병을 상대한 사례는 아니나 러일전쟁의 봉천전투에서 아키야마 요시후루[秋山好古]가 지휘한 일본의 기병 부대는 말에서 내려 공격해오는 코사크(Cossack) 기병을 향해 기관총을 들고 사격전을 펼쳤고, 두 배나 되는 러시아 군의 공격을 막았다.

판타지 세계에서도 기관총에 상당하는 공격 방법(마법이나 프레스 따위)이 있다면 기병 돌격을 괴멸시킬 수 있다.

025 Hussar

후사르

+ 날개 장식 + 창기병 + 경기병

창과 총을 가진 기병

후사르는 경기병이라고 한다. 총과 창을 가진 기병으로 용기병과 비슷한 병과다.

특히 폴란드의 후사르를 후사리아(Husaria)라고 하는데 후사리아는 거대한 깃털 장식을 꽂고 있는 것으로 유명하다. 깃털 장식은 단순한 장식이 아니라 몽골 기병이 기병 무기에 대한 대책으로 올가미를 사용하자 깃으로 몸을 크게 만들어서 올가미가 날아들어도 걸려들지 않도록 고안한 것이다.

날개 장식은 처음에는 등에 짊어졌지만 말이 전속력으로 달릴 때 바람의 압력을 견디지 못하자 안장에 구멍을 뚫어 고정했다.

후사르의 임무는 용기병과 마찬가지로 총을 쏘고 혼란에 빠진 적 보병의 전열로 뛰어들어 섬멸하는 것이다. 이와 같은 공격 방법은 총을 든 보병의 방어 사격으로 쇠퇴했는데 후사르는 그것에 성공하면서 16~17세기에 최강을 자랑했다. 보통 3배의 적 보병을 섬멸했는데, 폴란드 군은 스웨덴 군과 맞붙은 키르홀름 전투에서 10배가 넘는 적을 섬멸했다고 한다.

폴란드 후사리아: 뒤쪽 날개 장식은 안장에 고정되어 있다. 손에는 장창을 들고 있다.

후사르는 다음과 같은 전술에 따라 성과를 올렸다.

1. **산개:** 후사르는 돌격 전에 흩어져 있는다❶. 이 때문에 적의 집중 사격으로부터 피해를 줄일 수 있다. 그리고 흩어진 상태에서 적에게 돌격을 시작한다.
2. **혼란:** 돌격 도중(흩어진 상태로) 적의 사격 타이밍에 맞춰 선제 사격을 한다. 물론 사격의 명중률

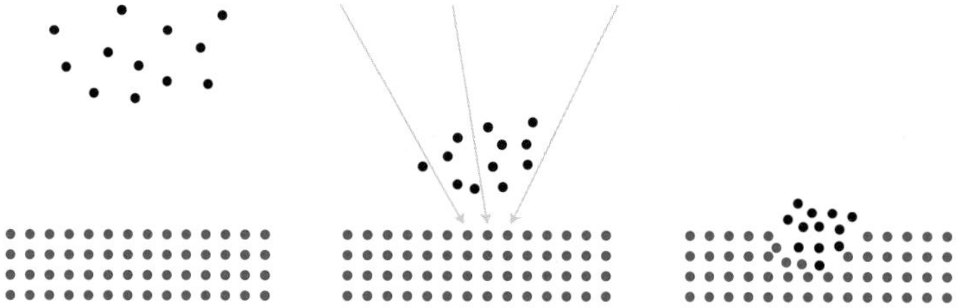

은 보병보다 낮다. 그러나 적으로부터 사격을 받으며 냉정하게 반격 사격을 할 수 있는 병사는 거의 없다. 적 보병을 혼란에 빠뜨리는 것만으로도 충분한 성과라 할 수 있다.

3. **집중:** 흩어져 있던 후사르는 돌격하면서 점차 한데 모여❷, 격돌 직전에는 어깨가 닿을 정도로 모인다. 이렇게 함으로써 적의 대열 중 한 곳에 큰 충격을 주어 격파할 수 있다❸. 그리고 그 기세를 몰아 적의 후방으로 돌파한다.

이처럼 기마의 기동력을 살려 적의 사격 타이밍을 빼앗는다. 그리고 적 대열의 일부를 격파해 적이 우왕좌왕할 때 후미로 돌아 공격한다. 이렇게 되면 적은 협공이 두려워 도망칠 수밖에 없다.

후사르의 장점

후사르의 장점은 흩어져 있다가도 공격할 때는 한데 뭉쳐 공격한다. 상대편은 총을 쏘며 단체로 공격해 오는 후사르를 향해 냉정하게 응대할 병사는 많지 않다. 간혹 숙련된 병사로 하여금 후사르 몇 명은 쓰러뜨릴 수 있지만 후사르 전체를 막을 수는 없다. 이렇게 단체로 공격하면 상대편은 그 위력에 기가 죽어 전의를 상실하게 된다.

후사르는 16~17세기 최강의 부대로 절대 지는 법이 없었다. 그러나 후사르를 선호하던 동유럽 사회가 쇠퇴하면서 비용이 많이 드는 후사르를 유지하기 힘들어졌다. 후사르는 의례용 소년 부대가 되었고 저비용으로 운용할 수 있는 울란(Ulan, 폴란드 경창기병)이 편제되었다. 울란은 제2차 세계대전 때까지 남아 독일군에 돌격하다가 괴멸했다.

일본 무사

✢ 일본 ✢ 일본 활 ✢ 오요로이

중장궁 기병

일본의 헤이안 후기부터 무로마치 시대에 걸쳐 일본 무사는 주로 기마무사였다. 그들은 세계적으로 진기한 중장궁 기병이다(중장갑을 착용하고 활을 사용하는 기병).

이처럼 특수한 병과가 발달한 것은 일본 특유의 오요로이[大鎧]라는 갑옷과 일본 활 때문이다.

오요로이는 투구를 포함해 무게가 약 30 kg이나 되는 중장갑이다. 일본 갑옷은 손등까지만 덮여 있고 손가락은 나와 있기 때문에 활을 사용할 수 있다. 물론 그만큼 손을 방어하는 데는 취약하지만, 일본의 무예는 힘보다 기(技)를 중시하기 때문에 손을 내어놓는 편이 창이나 칼을 사용할 때 유리하다.

가마쿠라 시대의 기마무사: 오요로이(센고쿠 시대의 갑옷보다 큰 가마쿠라 시대의 갑옷)를 입고 손에 활을 들고 있다. 왼쪽 허리에는 칼을 차고 있다(칼날은 아래를 향한다).

다음으로는 일본 활을 살펴보자. 일본 활 이외의 활은 화살을 활 전체 길이의 중앙에 놓고 당긴다. 그래서 활의 사이즈가 커지면 말 위에서 쏘기 힘들다. 사람이 말 위에 앉아 있기 때문에 활 아랫단이 허리보다 밑에 있으면 앞을 향해 쏠 수 없다. 활이 허리 높이에만 있어도 등자를 밟고 버티고 서서 앞을 향해 쏠 수 있다. 그러나 좌우로 나눠서 쏠 때 일일이 활을 크게 들어 올려 말의 몸을 넘겨야 하므로 타이밍을 맞추기 힘들다. 이러한 문제 때문에 서양 기병은 기껏해야 1~1.2 m 정도의 작은 단궁을 사용했다.

그러나 일본 활은 아래에서 3분의 1 정도의 위치에 화살을 놓고 당긴다. 활의 크기에 비해 아래쪽이 짧기 때문에 기마 상태에서도 큰 활을 사용할 수 있다(보통 단궁의 1.5배 정도). 게다가 서양 활은 화살을 턱 근처까지 당겨서 쏘는데 일본 활은 화살을 귀 뒤쪽까지 당겨 쏜다. 즉, 큰 활을 더 크게 당겨서 쏘기 때문에 기사의 힘이 커야 한다.

이와 같은 특수한 사정 덕분에 중장갑을 하고도 보병 수준의 대형 활을 쏘는, 세계적으로도 희귀한 기병이 탄생했다. 그것이 바로 일본의 기마무사다.

기마무사의 전투

기마무사는 일본 활과 다치[太刀, 헤이안 시대부터 무로마치 시대에 걸쳐 사용된 조금 큰 칼], 고시가타나[腰刀, 허리에 차는, 날밑이 없는 단도]를 무기로 지녔다. 각각 기사전, 창칼전, 격투전을 위한 무기로 전투도 이 순서대로 진행된다.

1. **기사전:** 전투는 일본 활을 이용한 원거리 공격부터 시작한다. 공격을 취하는 경우 돌격하면서 쏜다. 또는, 오른쪽에서 적의 뒤쪽으로 돌아 들어가면서 쏜다. 말 위에서 활을 쏠 때[기사(騎射)]는 자신의 오른쪽을 쏠 수 없기 때문에(오른쪽 앞 방향이라면 가능) 적을 왼쪽에서 볼 수 있는 오른쪽으로 돌아 들어간다. 방어하는 병력은 화살을 쏘며 기다린다. 백병전 무기가 빛을 보지 못하는 동안 가능한 한 많은 적을 쓰러뜨리는 데 힘쓴다.
2. **창칼전:** 다치가 닿는 거리가 되었다면 창칼전으로 들어간다. 무기를 바꾸는 데 시간이 걸리기 때문에 적이 닥치기 직전까지 활만 쏘고 있다가는 일방적으로 적의 공격을 당할수도 있다. 보통 말을 탄 채 다치를 사용하는데 말에서 떨어지더라도 그 자리에서 다치를 빼어 들고 보병으로서 싸운다.
3. **격투전:** 상대가 쓰러져 있다면 말에서 내려 고시가타나로 적의 목을 노린다. 기사전이나 창칼전에서 상대가 쓰러지면 다치로 목을 베기는 힘들기 때문에 그때도 고시가타나를 사용한다.

즉, 가마쿠라 시대의 기마무사는 원거리 공격에서 격투까지 혼자서 하는 개인전 주체의 병과였다. 다양한 병과를 동시에 운용해 더 큰 성과를 올리는 '제병연합' 085 이라는 병법이 당시에는 없었기 때문이다.

일본 무사(센고쿠 시대)

✚ 센고쿠 시대 ✚ 창기병 ✚ 수입 갑옷

기사(騎射)기병이 창기병으로

가마쿠라 시대까지 '기마무사' 026 는 활을 지닌 기사기병이 주류였다. 말을 달리면서 활을 쏘는 기술을 익히려면 상당한 시간이 걸리는데 가마쿠라 시대까지 전업 무사는 그것을 익힐 수 있는 시간이 충분했다.

그러나 차츰 보병이 활을 들자 말을 타고 활을 쏘는 습득이 어려운 기술은(즉, 가능한 사람이 적다.) 전쟁에서 메인 자리를 내주게 되었다. 무로마치 시대에 기마무사는 나가마키[長巻][18] 같은 장병 무기를 사용했다. 그러나 장병 무기는 칼의 몸체가 크고 무거워서 다루기 힘들기 때문에 센고쿠 시대에 접어들면 길이는 동일하되 가벼워서 쓰기 편한 모치야리[持鑓, '창(무사)' 056]로 바뀌었다. 큰 다치는 한 단계 작은 우치가타나[打刀]로 바뀌고 이를 예비 무기로 삼았다.

창을 주 무기로 하는 기마무사가 센고쿠 시대의 기마무사다. 장비도 그 운용도 유럽의 중장기병과 흡사했다.

기마무사가 사용한 마상창의 길이는 1.8~2.7 m 정도가 보통이다. 센고쿠 시대의 무장 혼다 다다카쓰[本田忠勝]의 명창 돈보기리[蜻蛉切り]는 길이가 6.3 m나 되는 대창이었다. 단, 다다카쓰가 돈보기리를 말 위에서 사용했는지 땅 위에서 사용했는지는 알 수 없다.

센고쿠 시대 이후에 적을 가장 먼저 공격한 사람을 이치방야리[一番槍. '첫째 번 창'이라는 뜻]라고 부른 이유는 당시 주 무기가 창이었기 때문이다. 한편, 무예는 일본어로 규바노미치[弓馬の道]라고도 했다. 센고쿠 시대는 물론 총이 등장하기 전까지는 활로 발생하는 사상자가 다른 사상자보다 많았기 때문이다.

다치가 우치가타나로 바뀐 것은 예비 무기가 방해가 되어서는 안 되기 때문이다. 기본적으로 무사는 말을 타지 않는 보병이라 해도 창을 들고 싸운다. 칼보다 창이 강하기 때문이다. 검도3단(검도는 맨손 격투기 단수의 3배에 필적한다.)이라는 말이 있는데, 이것은 창술3단(창술은 검술 단수의 3배에 필적한다.)에 근거한 말이라고 한다. 합전에서 우치가타나를 사용한다는 것은 창을 잃어 불리한 상황임을 뜻한다.

---

18 오다치[大太刀, 칼의 몸체가 90 cm 이상인 긴 칼]에서 발전한 칼로 다치 중에서도 날의 길이가 길다.—역주

	다치	우치가타나
칼의 몸체	60~90 cm. 그 이상은 오다치라고 하며 최장 3.3 m인 것까지 있다.	60~70 cm.
차는 법	칼날이 아래로 오도록 하여 아시오[足緒]라는 끈으로 허리에 찬다.	칼날이 위로 오도록 허리띠에 꽂는다.
백병전	주 무기다.	주 무기는 창이므로 예비 무기다.

유럽의 갑옷이 유행

센고쿠 시대가 되면 크고 비싼 오요로이 사용이 줄어들고 대량 생산에 맞는 도세이구소쿠[當世具足]가 유행한다. 도세이란 현대라는 뜻으로, 당시 유행이 지난 오요로이와 차별화된 새로운 갑옷이었다. 오요로이는 코자네[小札, 철이나 가죽으로 된 작은 판으로 가로 4 cm, 세로 7.6 cm]를 2,000장 가까이 엮어 하나로 만든 것이다. 그에 반해 도세이구소쿠는 이타자네[板札, 코자네 가로 1줄을 1장의 판으로 만든 것]를 위아래로 이어서 맞춘 것으로 생산성이 높을 뿐만 아니라 튼튼했다. 대신 탈부착이 어려웠기 때문에 겨드랑이 이음매 부분이 앞뒤로 넉넉히 벌어지도록 만들었다.

뿐만 아니라 아즈치모모야마 시대에 이르자 유럽의 갑옷과 투구도 수입되었다. 1장의 철판으로 만들어진 동체 갑옷은 활동하기 불편했지만 일본 갑옷보다 훨씬 두꺼워 철포탄도 막을 수 있었다. 유력한 다이묘는 이러한 서양 갑옷과 서양 투구를 사용했다. 그림 ❶은 센고쿠 시대의 무장 사카키바라 야스마사[榊原康政]의 서양 갑옷을 참고로 그린 가공 갑옷이다. 나중에는 일본 내에서 유럽의 동체 호구와 비슷한, 철 한 장으로 된 일본제 유럽 동체 호구를 만들었다.

참고로 현재 남아 있는 오다 노부나가의 유럽 동체 호구는 17세기 것으로 그의 자손이 만들었다. 오다 노부나가가 활약한 시대는 유럽 갑옷이 일본에 수입되기 전이었다. 유럽의 동체 호구를 착용한 오다 노부나가의 모습은 새로운 것을 좋아하는 그의 모습이 반영된 후세의 이미지다.

❶

◎ Column

일본에 기마군단이 존재했을까?

센고쿠 시대는 일본풍 판타지 무대로 가장 많이 활용된다. 그 주역은 다케다[武田] 기마군단 같은 기마무사들이다. 그런데 일본에는 기마군단이 존재하지 않았다는 주장이 있다. 일본 원산마는 작고 체고(어깨까지의 높이)가 130 cm 정도밖에 되지 않기 때문에(경주마 품종인 서러브레드는 160 cm 이상) 갑옷을 입은 성인을 태우고 전투 기동을 할 수 없었다는 설 때문이다.

그러나 이 설에는 오류가 있다. 기마 돌격을 수행했던 근세 유럽 말의 체고는 일본의 말보다 작은 120 cm 정도밖에 되지 않았다. 이 말을 타고도 돌격한 것으로 보아 일본 원산마라고 불가능하다고 볼 수는 없다.

일본 원산마는 서러브레드에 비하면 체고가 작고 몸통과 다리가 통통해서 이동 속도가 떨어진다. 그러나 평원이 아니면 제대로 달리지 못하고 조금만 지면이 고르지 못해도 다리를 다치는 서러브레드는 경마에 특화된 말이다. 일본처럼 고저 차가 심하고 지면이 거친 땅에서 벌어지는 전투라면 일본 원산마처럼 둔중해도 다리와 허리가 튼튼한 말이 훨씬 유리하다.

일본 원산마가 달리는 속도는 시속 20~30 km 정도인데 기마 상태인 인간의 머리 위치는 2 m를 조금 넘는다(당시 남성의 평균 키는 150~160 cm 정도). 자신들보다 머리 2~3개가 큰 거인이 무기를 들고 집단으로 달려오는 장면을 상상해보면 이 앞을 가로막아 설 용기는 생기지 않을 것이다.

다음으로 기마는 지휘군의 소유로 군단으로 운용할 만큼 넉넉하지 않았다는 설이 있다. 보통 지방 영주는 기마 무장과 몇 명의 아시가루로 전투에 참가했기 때문이다. 그러나 당시 일차 자료에도 마[馬] 아시가루나 잇키슈[一騎衆] 같은 단어가 등장한다. 후자는 아시가루를 동반하지 못하고 자신과 말만 참전한 하급무사를 뜻한다.

기마군단의 일부가 아시가루여도 상관없다. 보통 지방 영주 집단에 말을 탄 아시가루나 병사 무리 등을 더해 기마의 비율을 늘리고 그들을 새로이 편제해 기마 집단 + 아시가루 집단으로 운용하는 것은 흔한 일이었다. 기마 돌격으로 적진을 뚫고 이어서 아시가루로 틈새를 확보하는 전술은 기마 병력의 이치에 맞는 운용이다. 호죠[北条]가의 기록을 봐도 총 1,500명인 어느 부대에서 500명이 기마였다는 기술이 있다. 전원이 기마는 아니지만 이 비율의 부대라면 기마군단이라고 할 수 있다.

분명 유럽의 기병대처럼 전원이 기병인 기마군단은 일본에는 없었다. 그러나 기마무사의 돌격력을 이용해 그것을 아시가루로 지원하는 형태의 군대는 존재했다. 그렇다면 일본에도 기마군단이 있었다고 봐도 무방하지 않을까?

제3장

Imaginary Unit 가공 병과

현실에는 존재하지 않는 판타지 특유의 병과.
가공 병과를 자유자재로 활용하면 판타지에서 전투를 현실적으로 표현할 수 있다. 가공 병과가 무엇을 위해 필요하며, 어떤 전장에 등장시켜, 어떻게 사용할 것인지 생각해야 한다.
그 방법론에 대해 몇 가지 예와 함께 설명한다.

028 Imaginary Unit

가공 병과

✚ 전력 ✚ 기동력 ✚ 병참

존재하지 않는 병과 만들기

판타지 세계에서 전투 장면을 그리다 보면 현실에 없는 가공 병과를 등장시키고 싶은 생각이 든다. 그러나 가공 병과를 활약시키기는 단순하지 않다. 예컨대, 인어나 반어인으로 이루어진 수중 부대 따위는 현실에 존재하지 않는다. 시나리오에 그것을 등장시키려면 병과별로 전법을 생각하고 기술해야 한다.

이를 위해 유사 병과에서 추이하는 방법이 있다. 그 경우 다음 세 가지 점에 주의해야 한다. 세 가지 모두 같은 병과를 참고할 필요는 없다. 전력에 관해서는 ○○병과, 기동력에 관해서는 △△병과처럼 다른 병과를 참고하는 것도 하나의 방법이다.

전력	어떤 공격이 어느 정도의 강도로 이루어질 수 있는지. 또, 전투 시의 이점은 무엇인지.
기동력	부대를 기지에서 다른 기지로, 기지에서 전장으로, 전장에서 다른 전장으로 이동시키는 능력. 전장에서의 이동 능력만 뜻하는 것은 아니다.
병참	운용에 필요한 비용이나 유지에 필요한 수고.

중세 병과만 참고할 필요는 없다. 마법 같은 특수한 힘을 가진다면 비슷한 능력을 가진 현대 병과를 참고해도 좋다.

가공 병과의 예

실제로 몇 가지 가공 병과를 생각해보자. 물론 어디까지나 일례다. 세계 설정에 따라 바꿀 필요가 있다.

먼저 말 대신 큰 타조처럼 두 다리로 이동하는 새를 탄 조기병(鳥騎兵)을 설정해보자.

전력	다리가 두 개이므로 말보다 타격에 약할 것 같지만 그 외에는 기마와 동등한 전투가 가능하다. 중장 기병 같은 중장비를 갖추기는 어렵기 때문에 경장 기병으로 활용한다.
기동력	말과 동등하다고 치면 기병과 동등한 기동력을 지닐 수 있다. 다리가 두 개이므로 산지에서도 어느 정도의 기동력을 지닌다.
병참	새이기 때문에 말보다는 먹이가 덜 든다.

이렇게 가정하면 조기병은 비용이 덜 들고, 어느 정도 높이라면 산도 넘을 수 있는 기병으로 설정할 수 있다. 산지나 좁고 험한 길을 경유해 적의 뒤로 돌아 들어가서 습격하는 경장 기병 부대로 운용할 수 있다.

이어서 고블린 같은 지능이 낮은 인간형 생물들로 부대를 만든다고 가정해보자.

전력	부대를 이루고 명령에 따라 전술을 이행할 지능이 안 되기 때문에 돌격을 명령하고 방치해두는 공격에만 사용한다. 개체로서의 전투 능력은 인간 보병 수준이다.
기동력	보통 걸음이기 때문에 개체의 이동력은 보병 수준이다. 그러나 명령에 잘 따르는 훈련이 되어 있지 않기 때문에 통솔된 진군은 어렵다. 그 결과 기동력은 보병보다 떨어진다.
병참	잡식이기 때문에 인간 보병보다 병참 마련의 부담이 적다.

이렇게 가정하면 고블린 부대는 잃을 수 있다는 각오로 미끼나 전방의 호위에 사용하는 병과로 설정할 수 있다. 기동력이 떨어지므로 영토의 반대쪽에서 데리고 오는 방식의 운용에는 적합하지 않다.

마지막으로 하르피이아(인면조신)처럼 하늘을 나는 종족을 생각해보자.

전력	전력적으로는 제1차 세계대전 때 쓰인 항공기 정도다. 하르피이아는 아주 무거운 것은 나를 수 없고, 지상에 내려오면 인간 병사에게도 밀린다. 하지만 상공에서 돌을 떨어뜨리는 것만으로(폭탄이라면 더 좋다.) 지상 부대를 괴롭힐 수 있다. 또, 상공에서 정찰하는 것만으로도 의미가 있다. 하늘을 향한 공격 수단은 한정되어 있기 때문에 그런 의미에서 방어력도 높다.
기동력	하늘을 날다가 대부분의 장소에 내릴 수 있기 때문에 헬리콥터 수준의 기동력이 있다.
병참	새에 가깝기 때문에 인간보다 먹는 양도 적을 것으로 보인다. 인간 보병보다 병참 마련의 부담이 적다.

이렇게 가정하면 하르피이아는 상공에서 원거리 무기를 이용해 지상 부대를 공격하는 하늘을 나는 경장 보병으로 운용하는 병과로 설정할 수 있다.

029 Wizard

마법사

✚ 마법 ✚ 포병 ✚ 자가 능력 강화

마법사의 역할

판타지 작품에서 마법사가 어떤 역할을 하는지는 작품에 따라 크게 다르다. 판타지 작품의 전투에서 마법사는 크게 세 가지 유형으로 분류된다.

- **포병형:** 근접 전투력은 약하다. 멀리에서 큰 화력의 공격 마법을 쓰는 마법사다. 근대전에서 포병 같은 역할을 한다.
- **초전사형:** 마법으로 적을 쓰러뜨리는 것이 아니라 스스로를 강화해 전선에서 전사로 싸우는 마법사다. 마법을 쓸 수 있는 전사라고 이해하면 된다. 일반적인 마법사와 구별하기 위해 '마력'이 아닌 '기'로 싸우는 사례도 많다.
- **전차형:** 스스로를 강화해 전선에서 싸움과 동시에 마법으로 강력한 화력을 적에게 쏟아붓는 마법사다. 화력 · 장갑 · 이동력 등 모든 면에서 높은 레벨을 갖춘 인간 전차다.

작품에 들어가기 전에 마법사의 역할이 무엇에 해당하는지를 결정해야 한다. 이에 따라 마법사의 전투법도 승리의 방정식도 완전히 달라지기 때문이다.

물론 하나의 작품에 역할이 다른 마법사가 여럿 등장해도 상관없다. 어떤 마법사는 포병형, 어떤 마법사는 초전사형이라도 문제 될 것은 없다.

먼저 포병형 마법사에 대해 생각해보자. 초전사형과 전차형에 대해서는 '마법 전사' 030를 참고하기 바란다.

포병형 마법사의 역할

포병형 마법사는 다음과 같은 특징이 있다.

- **주문을 쓴다:** 다양한 주문을 사용할 수 있다. 화려한 공격 마법은 판타지에서 인기 있는 요소다. 특히 영역별로 공격할 수 있는 공격 주문은 한 번에 다수의 병사를 칠 수 있어서 화살이나 검으로 단일 개체밖에 공격하지 못하는 전사에 비해 압도적인 공격 효율을 자랑한다.
- **장갑이 얇다:** 두꺼운 갑옷을 입지 못한다. 또, 주문을 외울 때는 정신을 집중해야 한다는 제약을 끼워 넣는 게 일반적이다. 주문을 외우는 중에 전사가 접근해오면 집중력이 떨어져 주

문을 지속할 수 없다. 그때 공격을 받으면 눈 깜짝할 새에 죽는다.

◎ **지혜가 있다:** 마법사는 학문에 정통하다는 설정이 많고 현자를 겸하기도 한다. 이 때문에 지휘관에 속하는 경우가 많다.

이렇게 보면 지휘관의 명령으로 그 자리에서 강력한 화력을 지원해줄 수 있는 마법사는 현대에서 말하는 사령부 직속 포병에 해당한다고 설정할 수 있다. 포병형 마법사는 현대의 포병과 마찬가지로 마법(포격)에 전념할 수 있는 환경이 필요하다. 접근전에 휘말린 전투 초기부터 마법사(포병)는 패배한 것과 다름없다. 그렇기 때문에 아군 전사(보병)가 지켜줘야 한다.

이렇게 전사의 호위를 받는 마법사를 쓰러뜨리려면 다음 그림과 같은 방법을 생각할 수 있다. 모두 공격력은 높지만 방어력이 부족한 마법사의 약점을 찌르는 방법이다.

전사 너머에 있는, 그들이 사수하는 마법사를 공격

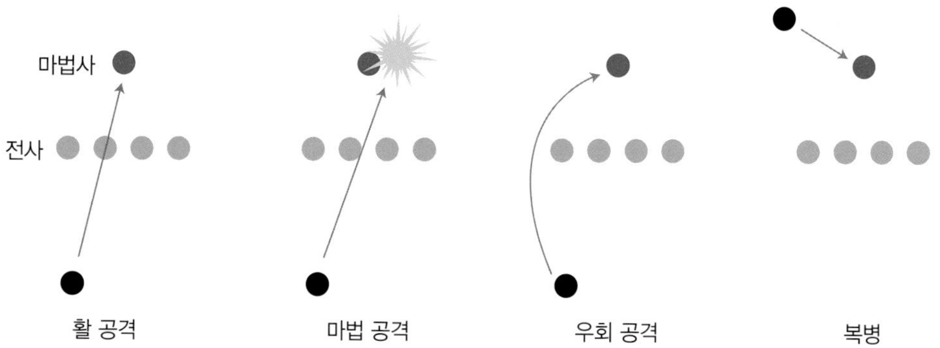

마법사에게 쓸데없이 주문을 허비하게 해 간접적으로 무력화시키는 방법도 있다. 마법사는 주문을 쓰면 마력을 소모해 얼마 동안은 마법을 쓸 수 없다고 설정하는 게 일반적이다. 지휘관 · 마법사 · 정예부대의 배치를 오인시켜 아군이 없는 장소, 마법으로 충분히 방어할 수 있는 장소, 미끼 부대가 있는 장소 따위를 마법으로 공격하게 만들어 마력을 고갈시킨다.

마법 전사

+ 전차형 + 만능 + 최우수 병과

판타지의 만능선수

방어력을 겸비한 마법사는 판타지에서 만능선수라 할 수 있는 병과다. 마법 전사 · 마법 기사 · 마법 검사 따위로 불린다. '마법사' 029 에서는 초전사형 마법사와 전차형 마법사로 분류했다.

초전사형 마법사는 보통 전사처럼 전선에서 싸운다. 마법으로 강화되지 않은 경우는 보통 전사 혹은 그 이하이고, 강화되면 보통 전사 이상으로 강해진다고 설정하면 차별할 수 있다. 전선에서 싸우다가 마력을 다 써버리면 후방으로 뺀다. 포병형 마법사를 호위하는 정도의 가벼운 임무를 맡기면서 마력 회복에 힘쓰게 하는 것이 적합하다.

전차형 마법사는 초전사형 역할에 더해 포병형 마법사처럼 원거리 공격 마법도 완수할 수 있는 것으로 설정한다. 공격력 · 방어력 · 기동력 등 모두 높은 레벨이다. 거의 모든 상황에서 활약할 수 있는 강한 병과로, 근대전으로 치면 전차에 해당한다.

제2차 세계대전에서 전차는 지상 최강의 병과였다. 전차의 진군을 막을 수 있는 것은 대규모 포병이나 항공 공격 정도다. 전차형 마법사도 보병 · 포병형 마법사 · 궁병 · 그 외 대다수 병과를 통틀어 최우수 병과라 할 수 있다.

또한 공격 마법은 전차포와 달리 대공전에도 사용할 수 있으며 하늘에서의 공격까지 방어할 수 있다. 전차의 최대 약점인 대공전까지 대항할 수 있다.

뿐만 아니라 병참은 인간과 같은 수준이기 때문에 전차보다 훨씬 병참의 소비가 적다.

즉, 전차형 마법사는 전차의 결점을 없앤 완벽한 부대라 할 수 있다. 균형을 맞추기 위해 상당히 높은 자질이 필요하다는 이유로 인원을 확보하기 어렵다고 설정한다.

전차형 마법사의 사용법과 대처

전차형 마법사는 만능선수이기 때문에 어떤 전장에서도 활약할 수 있다. 마법을 쓰면서 장갑이 있다는 큰 이점 덕에 대부분의 전장에서 주역으로 활약할 수 있다. 해전에서도 바다에 빠지지 않는 주문(비행, 수상 보행 따위)이나 빠진 경우 대처 주문(수중 호흡 따위)이 있다고 설정해두면 갑옷을 입은 채로 '등선육박전' 094 을 수행할 수 있을 만큼 압도적으로 강력하다.

단, 활용도가 너무 높은 나머지 다른 병과의 활약 장소를 빼앗아 이야기상 끼워 넣기가 어려운 병과다. 그래서 다음과 같은 제한을 설정한다.

- **전문 병과보다 능력 제한:** 종합적으로는 훌륭하지만 마법은 마법사보다 떨어지며, 검술은 전사보다 떨어진다. 양쪽 다 할 수 있는 만큼 그 능력은 어중간한 강도로 제한한다.
- **마력 제한:** 마법을 쓸 수 있을 때는 전사 이상으로 활약할 수 있으나, 마력이 끊기면 약체화되도록 설정한다.
- **마법 제한:** 주문 체계를 신체 강화나 무기 강화 따위로 특화시켜 초전사형에 가깝게 한다.

그렇다면 전차형 마법사가 적에게 둘러싸였을 때는 어떻게 대응하면 좋을까? 마법 능력은 마법사의 평균, 전술 능력은 전사 수준이라는 일반적인 설정으로 생각해보자.

- **전차형 마법사로 대항한다:** 전차에는 전차로 대응한다. 가장 정통적인 방법. 단, 전차형 마법사는 희소한 인재이므로 없애기는 아깝다.
- **포병형 마법사 + 전사로 대항한다:** 포병형 마법사나 전사는 전차형 마법사보다 수가 많다. 마법사가 전사를 지원하도록 대항한다.
- **수로 대항한다:** 수의 힘으로 누른다. 단, 영역 공격 마법으로 한꺼번에 제거되는 것을 막기 위해 전차형 마법사 근방 이외에는 밀집하지 않도록 주의한다.
- **마력이 다하는 시점을 노린다:** 원거리에서 포병형 마법사가 마법으로 공격한다. 마법전에 따라(근접 거리라면 백병전에 휘말린다.) 마력이 떨어질 때를 겨냥한다.
- **칼과 창으로 대항한다:** 주문을 외울 때 집중이 필요하다고 설정되어 있다면 백병전을 적극적으로 펼쳐 주문을 외울 짬을 주지 않는 방법을 사용할 수 있다.

전차형 마법사에 대응할 때는 이와 같은 몇 가지 방법을 상황에 맞게 쓰면 된다.

신관

+ 위생병 + 병원 기사단 + 공중위생

병원 기사단에서 위생병으로

현실에서나 판타지에서나 전쟁을 하면 사상자가 나온다. 죽은 자는 어찌해볼 수 없지만(판타지라면 대응할 수도 있다.), 다친 사람이나 병든 사람은 누군가가 돌봐주어야 한다. 그것을 담당하는 것이 현실에서는 위생병이며, 판타지에서는 신관(神官)이다.

서양 판타지의 신관이 그와 같은 역할을 담당하는 데는 두 가지 이유가 있다. 하나는 예수가 기적을 일으켜 병든 인간을 치유했다는 성서의 기술. 또 하나는 십자군 시대에 있었던 병원 기사단의 존재다. 병원 기사단(성요한병원 독립 기사수도회)의 기원은 예루살렘의 요한 수도원 자리에 설치된 순례자를 위한 병원이다. 예루살렘에는 2,000명을 수용할 수 있는 병원 겸 숙소가 있었으며 근처 마을에도 병원이나 숙소를 설치했다. 판타지의 신관이 두꺼운 갑옷을 입는 설정이 많은 것도 그 모델이 수도 기사단이기 때문이다.

현대 위생병은 전투 부대에 따라오는 위생병(부대 위생병이라 불리며 부대의 몇 퍼센트를 차지한다.)뿐만 아니라 군의관이나 간호사 같은 모든 의료 관계자를 포함한 명칭이다. 이 때문에 군 병원에서 일하는 의사도 엄밀히 따지면 위생병이다. 군에서 이루어지는 의료 전체가 위생병의 임무라고 할 수 있다. 특히 군은 사람이 모여 있는 곳이므로 전염병이 퍼지기 쉬워서 예방과 감염 확대 방지가 가장 큰 임무다.

그러나 군 특유의 위생병의 임무는 역시 부상병을 수용하는 것이다. 전장에서 싸우는 병사가 부상병을 돌볼 여유는 없다. 그래서 위생병이 부상병의 후송을 담당한다. 위생병은 많은 의료 기구를 나르기 때문에 무장은 권총 정도가 전부다. 그런 위생병이 최전선까지 부상병을 도우러 오는 것이기 때문에 병사들이 위생병을 구원의 신으로 여기는 것은 당연하다. 비전문병이나 신병 중에는 위생병을 가벼이 보는 자도 있으나 베테랑은 결코 위생병을 경시하지 않는다.

판타지와 현대의 균형

판타지에서는 일반적으로 의료 능력을 치유 마법(혹은 기적)으로 설정한다. 고위 마법이라면 다친 육체를 재생하고 죽은 자를 부활시키는 설정도 있다. 그러나 현대는 현대대로 공중위생 개념, 세균이나 바이러스의 지식 같은 측면에서 뛰어나다. 판타지에서 일반적으로 쓰는 의료 능력을 현대와 비교해보자.

	치유 마법	현대 의학
부상 치료	마법으로 순식간에 고친다. 초고위 마법이라면 다친 부위를 재생하거나 죽은 자를 살려내는 것까지도 가능하나 몇 가지 제한을 설정하는 경우가 많다.	지혈 따위는 가능하나 치유하는 데는 꽤 많은 시간이 걸린다. 상처 부위의 위생 관리를 철저히 하기 때문에 파상풍 같은 합병증은 잘 일어나지 않는다.
병 치료	마법으로 낫는 병은 순식간에 낫는다. 반대로 전혀 낫지 않는 병도 있다.	치료하는 데 시간이 걸리지만 대다수의 병이 낫는다.
공중위생	공중위생 개념이 없기 때문에 전염병이 염려된다.	공중위생 개념이 있어서 전염병 발생률이 낮다.
연구	그다지 진척이 없다.	세균이나 바이러스, 약물 같은 다양한 연구 성과가 축적되어 있다.

치유 마법과 현대 의학의 가장 큰 차이는 적용 범위와 치료하는 데 걸리는 시간이다. 이것을 전쟁이라는 측면에서 보면, 치유 마법은 전술적으로 우위에 있고 현대 의학은 전략적으로 우위에 있다고 볼 수 있다.

치유 마법의 이점은 즉석에서 치유된다는 점이다. 특히 전투에서 입은 부상을 즉시 낫게 하는 점은 전술적 우위를 차지한다. 전투 도중이라도 부상당한 병사는 치료받고 즉시 전투에 복귀할 수 있기 때문이다.

그러나 전력 유지 측면에서 보면 역전된다. 특히 전염병 억제나 유아 사망률 저하 같은 국가 전략 레벨에서는 현대 의학이 압도적으로 유리하다.

다친 부위를 재생시키거나 죽은 자를 살려내는 것은 치유 마법이 전략적 우위이나, 그와 같은 고위 마법이 있다면 몇 가지 제한을 설정한다. 이를테면, 용사나 장군 같은 특별한 존재만 마법을 사용할 수 있도록 설정한다. 현대의 군이 판타지 세계의 군과 싸운다면 그런 특별한 존재는 죽여도 되살아난다는 전제로 작전을 세워야 한다. 아니면 포로로 잡아두거나 사체를 통째로 회수해 다시 살아날 수 없게 하는 대응 방식을 생각해볼 필요가 있다.

032 Flying Unit

비행 병과

✝ 정찰 | ✝ 투사 공격 | ✝ 전령

판타지의 비행 병과 판타지 세계에서 비행 병과를 실현하는 패턴은 다음과 같다.

- **하늘을 나는 인간형 종족:** 천사나 날개 인간 같은, 날개를 가진 인간 형태 혹은 그에 준하는 모습을 한 종족. 공중에서 자유자재로 활동할 수 있고 지성을 갖춘 종족이기 때문에 인원을 모아 부대로 운용할 수도 있다(하늘을 나는 종족 자체를 소수 민족이라고 설정하는 경우가 많으며 그렇게 하면 부대에도 희소성이 생긴다). 단, 인간형 종족이라 하면 무거운 물건은 나를 수 없기 때문에 대량의 폭탄을 투하하는 폭격기 같은 운용은 힘들다.
- **하늘을 나는 괴물:** 드래곤이나 그리폰처럼 하늘을 나는 비교적 대형 괴물. 꽤 무거운 물건도 나를 수 있다. 단, 인간의 명령을 곧이곧대로 들을 가능성은 낮다. 인간을 따르면서 스스로 전투를 판단까지 할 수 있는 괴물은 예외다.
- **비상(飛翔) 기병:** 드래곤이나 그리폰을 타고 하늘을 나는 기병. 비행 생물을 훈련시켜 인간을 실어 나르게 하려면 기마보다 몇 배의 수고와 비용이 드는 것으로 설정하는 수밖에 없다. 그렇게 하지 않으면 한쪽으로 치우쳐 이야기의 균형이 깨진다.
- **비상 마법:** 마법사의 주문에 따라 하늘을 난다. 단, 일반적인 마법사는 장갑이 얇고 공격을 받으면 저항력이 약하다고 설정한다. 또, 하늘을 나는 유능한 마법사를 그런 위험에 노출시키기는 아깝다.
- **매직 아이템:** 몸에 지니면 하늘을 날 수 있는 매직 아이템이 있다면 기사처럼 장갑이 단단한 인간도 하늘을 날 수 있다. 그러나 그러한 아이템을 생산하면 이야기의 균형이 깨지기 때문에 소수만 사용할 수 있도록 설정한다. 부대로서 운용하기는 힘들다.
- **비행 탈것:** 비행선처럼 다수의 인간을 한꺼번에 태우고 하늘을 나는 탈것. 하늘을 나는 배는 고가이기 때문에 판타지 세계에서도 귀중품으로 설정하는 경우가 많다.

일반적으로 비행 병과는 그 수가 적기 때문에 군으로서 기능하기는 힘들다고 설정한다. 현대보다 비행 병과의 비율이 낮다고 설정해야 중 · 근세의 전투와 전술을 살릴 수 있다.

하늘의 득과 실 하늘을 나는 것에는 다음과 같은 압도적인 이점이 있다.

- **고속으로 이동할 수 있다:** 지형의 방해를 받지 않고 곧장 나아갈 수 있기 때문에 비행 속도가 아주 느리다고 설정하지 않는 이상 지상 부대보다 빨리 진군할 수 있다. 군사에게 속도의 이점은 화력을 이길 수 있는 승리의 열쇠다. 전령을 빨리 전달하는 것만으로도 타 부대보다 훨씬 우위에 설 수 있다.
- **상공에서 투사 공격을 할 수 있다:** 활이나 투창 같은 운동 에너지로 적을 공격하는 원거리 무기는 적보다 높은 위치에서 공격하면 그 위치 에너지의 차이만큼 위력이 증가한다. 땅에서 하늘로는 공격이 닿기 힘들지만 상공에서는 돌멩이만 떨어뜨려도 충분히 사람을 사상시킬 수 있다. 물론 폭탄 따위를 제작할 수 있다면 유력한 항공 전력으로 활용할 수 있다.
- **상공에서 공포감을 줄 수 있다:** 자신의 머리 위에 적이 있는 상황은 심리적으로 큰 압박이 된다. 적의 사기를 떨어뜨려 후퇴로 몰아넣을 수도 있다.
- **상공에서 시야를 확보할 수 있다:** 지휘관이 상공에서 내려다볼 수 있다면 지상군인 적과 아군의 상황을 잘 파악할 수 있기 때문에 전황을 유리하게 끌고 갈 수 있다. 지휘관에게 정보를 주는 것만으로도 충분한 효과가 있다. 하늘을 날 수 없을 때에는 적과 아군의 상황을 파악하기 쉬운 언덕 같은 장소를 서로 쟁탈하기도 한다.

이에 반해 결점은 지상 어디에서나 그 존재가 완전히 보인다는 정도다. 이 때문에 하늘에 있는 적을 이길 수 있다면 승률이 상당히 높아진다.

그러나 하늘을 나는 적을 상대로 할 때 아군이 하늘을 날 수 없다면 전세는 불리해진다. 그리스 신화 중 '아르고호의 모험'에서 칼라이스와 제테스 형제가 사르미데소스 왕의 식탁을 엉망으로 만든 하르피이아를 퇴치했다는 이야기가 있다. 형제가 하르피이아를 잡을 수 있었던 건 형제에게 날개가 있어 하늘을 날 수 있었기 때문이다.

용기사

+ 공중 대 공중전 + 대(對)지상전 + 하늘을 나는 기사

가공 병과의 꽃

판타지 속 가공 병과 중 가장 멋지고 강력해 보이는 병과는 역시 용을 타고 하늘을 가르는 용기사다. 공중 대 공중 전투와 지상으로의 공격이 모두 가능한 용기사는 현대전에서 전투 폭격기에 해당한다.

용기사의 설정은 작품마다 다양한데 일반적인 유형이라는 가정하에 전력, 기동력, 병참을 생각해보자.

전력은 다음과 같이 매우 강력하다.

- **비행:** 기사를 태우고 하늘을 날 수 있다. 두세 명 정도 나를 수 있기 때문에 한두 명 동승자도 태울 수 있다.
- **브레스:** 용의 입에서 불 혹은 (용의 성질에 따라) 다른 무언가를 뿜어낼 수 있다.
- **백병전:** 기사가 백병전을 치른다. 용 스스로도 이빨, 손톱, 꼬리 따위로 공격할 수 있으며 기사의 공격력보다 훨씬 앞선다.
- **원거리 무기:** 기사가 활이나 그 밖의 원거리 무기를 사용할 수 있다.
- **마법:** 기사 혹은 동승한 마법사가 마법을 사용할 수 있다.
- **공포:** 용은 일반적으로 두려운 존재이기 때문에 이를 본 적은 압도당한다.

이러한 성능을 활용해 대공중전이나 대지상전에서 모두 활약할 수 있다.

기동력은 용의 종류에 따라 좌우된다. 다리 4개에 날개가 있는 용은 오히려 장거리를 나는 데 부적합하다고 설정하는 경우가 많다. 이는 너무 강력한 용에게 조금이라도 제한을 두기 위해서다. 이때 부대의 기동은 조금 날다가 휴식과 보급을 보충하고, 또 조금 나는 식이다. 한 마리라면 주위의 야생 동물을 사냥하면서 이동하는 방법도 취할 수 있지만, 부대 기동은 휴식처에 보급 물

자가 없으면 이동을 지속할 수 없다(가까운 마을에서 가축을 거둬들이는 방법은 있을 수 있다). 즉, 긴급한 장거리 이동은 곤란하다.

와이번처럼 몸집이 작고 날개가 큰 비룡이라면 장거리를 날 수 있지만 용만큼 강하지 않다고(가령 브레스를 내뿜지 못하거나 지상에서의 백병전 능력이 낮다고) 설정해 차이를 두기도 한다.

용기사는 병참 부담이 큰 병과다. 용의 거구를 유지하기 위해서는 대량의 식량이 필요하다. 게다가 육식일 테니 많은 가축을 준비해야 한다.

용기사의 전법과 대응

용기사는 개인 전력으로는 최강이기 때문에 대부분 희소한 병과라고 설정한다. 그렇기 때문에 전장에 나타나면 눈에 잘 띈다. 또, 전력이 강력한 만큼 기동력은 떨어지고 병참 부담은 크다는 일반적인 설정을 적용하면 계획을 세워 사전 준비를 하지 않는 한 운용할 수 없는 병과다. 즉, 기병의 특징을 극단적으로 만든 병과라고 할 수 있다.

이와 같은 용기사를 전쟁에서 활용할 때는 하늘을 나는 초강력 개체 혹은 소수 전력인 점을 살려서 적의 중요 거점을 일점파괴하는 작전이 적합하다.

- **전술적 활용:** 전장에서는 적의 가장 중요한 유닛(지휘관이나 귀중한 마법사 따위)을 쓰러뜨리기 위해 쓴다. 일반병을 무찌르기 위해 용기사를 쓰기에는 리스크가 너무 크다.
- **전략적 활용:** 중도에 보급 지원은 어렵겠지만 적의 인구가 적은 지역을 비행해 (적에게 발각되지 않고) 적의 수도, 중요 거점을 파괴하거나 점령한다.

반대로 용기사와 싸우는 경우는 단일 유닛(혹은 소수)이라는 점을 노려 격파하거나 그것이 힘들다면 불필요한 데 힘을 많이 소모하게 하는 식의 대응을 펼친다.

- **전술적 대책:** 전장에서 최대한 가치가 낮은 병력과 싸우게 해 힘을 소모시킨다. 가짜 지휘관을 공격하게 해 그곳에 덫을 준비하는 방법도 효과적이다. 덫에 걸리지 않더라도 가짜 지휘관을 습격하는 동안은 다른 지역에 용기사가 존재하지 않는 것이나 다름없다.
- **전략적 대책:** 용기사가 아니면 습격할 수 없는 후방에 가짜로 전략적 중요 지점을 만들어 습격하게 한다. 최선은 그곳에 올가미를 던져 용기사를 쓰러뜨리는 것이고, 차선은 귀환 시 보급을 파괴해 귀환하지 못하도록 하거나 혹은 돌아오는 데 시간이 오래 걸리게 하는 것이다. 최악의 경우라도 그 작전에서 돌아오기 전까지 잠시나마 전장에는 용기사가 나타나지 않는다.

수중 병과

✚ 잠수함 ✚ 아쿠아렁(aqualung) ✚ 해병대

기존 병과로부터 유추

판타지에는 수중에 사는 종족이나 괴물이 많이 존재한다. 여기에서는 반어인처럼 팔다리가 있는 종족의 부대를 병과로 생각해 보자. 중 · 근세에는 수중 병과가 없었기 때문에 전력 · 기동력 · 병참 세 가지 사항에 대해 현대의 유사 병과와 비교한다.

수중 종족의 부대를 잠수함과 비교하면 다음과 같은 특징이 있다.

- **은밀성이 높다:** 물속은 보이지 않기 때문에 음파 탐지기(소나, SONAR, sound navigation and ranging)로 확인하는 수밖에 없다. 잠수함은 기계음이 나지만 수중 종족이 헤엄칠 때는 다른 수중 생물과 구별하기 힘들다.
- **화력이 낮다:** 보병과 동등하기 때문에 잠수함만큼의 화력은 없다.
- **방어력이 낮다:** 보병과 동등하기 때문에 잠수함 같은 방어력은 없다. 잠수함은 폭뢰에도 쉽게 가라앉지 않지만 수중 종족은 맨몸이기 때문에 충격파에 다칠 수 있다.
- **휴식이 필요하다:** 보병과 동등하기 때문에 식사와 수면 시간이 필요하다. 잠수함처럼 24시간 내내 이동하지 못한다. 기동력이 떨어지는 점은 부정할 수 없다.
- **연료가 필요 없다:** 보병과 동등하기 때문에 잠수함 같은 연료는 필요 없다.

이렇게 생각하면 정찰 잠수함 이상의 수준으로 운용할 수 있다. 은밀성이 높아 연료가 필요 없기 때문이다. 그러나 화력이 부족해 공격 잠수함이나 전략 잠수함의 역할은 불가능하다.
다음으로 아쿠아렁을 사용하는 해군 특수부대와 비교하면 다음과 같은 특징이 있다.

- **의사소통이 가능하다:** 수중 종족이기 때문에 수중에서 무리 없이 대화할 수 있다. 동료 간에 의사소통을 하기 쉽기 때문에 전술 능력이 높다.
- **잠행 시간이 길다:** 아쿠아렁 같은 장비 없이 얼마든지 수중에 머물 수 있다.
- **헤엄을 잘 친다:** 수중 종족이 헤엄을 더 잘 치기 때문에 수중 이동력이 높다.
- **기동력이 높다:** 아쿠아렁 부대는 운송대가 필요하지만 수중 종족은 자력으로 작전 지역까지 이동할 수 있기 때문에 기동력이 높다.

이렇게 보면 수중 종족은 아쿠아렁 부대의 임무나 기능을 모두 포함하는 병과다. 전술 능력과 기동력이 뛰어난 아쿠아렁 부대라면 바다에 접해 있는 도시를 공략할 때 상당히 효과적이다.

마지막으로 해병대처럼 해상에서 적전 상륙하는 부대와 비교해보자.

- **수중에서 육상 능력이 높다:** 해안 인접까지 수중을 진군할 수 있기 때문에 상륙정이 가라앉아 괴멸할 일은 없다. 적의 물가 방어에 따른 피해를 줄일 수 있다.
- **육상에서 행동력은 떨어진다:** 육상에 올라가면 수중 종족은 능력이 떨어지는 것으로 설정하는 경우가 많다. 상륙한 뒤에 벌어지는 전투에서는 육상 종족에 못 미친다.

수중 · 수상에 있는 한 수중 종족이 유리하지만 상륙하면 육상 종족에 밀린다. 물가가 인접한 곳에서 벌어지는 전투에 머무르며 그 이후는 육상 부대에 맡기거나 혹은 육상 종족을 해안까지 나르는 운송대 역할을 하는 편이 낫다.

대(對)수중 종족

수중 종족 부대와 벌이는 전투는 수상함 대 잠수함의 전투와 비슷한데 수상함 측이 불리하다. 단, 수중 종족은 잠수함과 같은 화력과 내구력이 없다는 것이 약점이다. 다음과 같은 대책을 생각해볼 수 있다.

- **발견 수단 개발:** 소나 같은 기술적 수단, 수중을 간파하는 탐지 마법 같은, 발견하기 어려운 수중의 적을 조기에 발견하는 방법, 공격을 위해 위치를 확정하는 방법 따위를 개발한다.
- **공격 수단 개발:** 폭뢰 같은 기술적 수단, 수중에서도 효과적인 공격 마법, 물에 풀어서 수중 종족을 죽이는 독약 같은 수중 공격 수단을 개발한다.
- **하늘을 이용:** 하늘은 수중에서 하는 공격이 잘 미치지 못하며 속도 면에서도 유리하다.
- **헌터 킬러 전술:** 적의 소재를 파악하는 헌터와 공격을 가하는 킬러가 팀을 이뤄 싸우는 잠수함전 전술. 헌터가 소나파를 이용해 잠수정을 몰아넣고, 그 끝에서 기다리던 킬러가 헌터의 정보를 받아 공격한다. 색적과 공격을 1대로 해내는 대잠항공기[18]가 생겨나면서 사라졌지만 그런 기술이 없는 판타지 세계에서는 효과적이다.

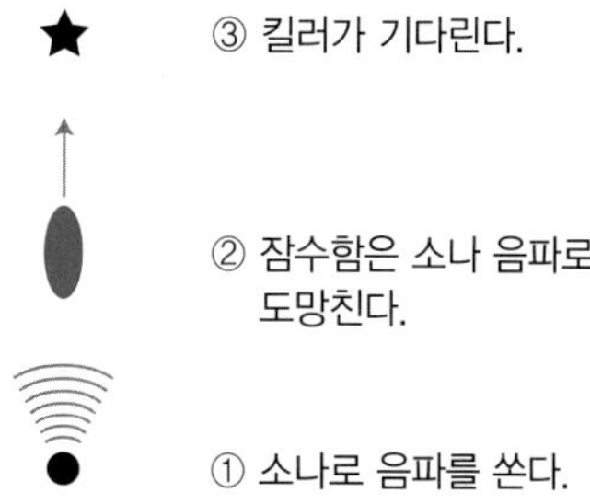

18 잠수함을 경계 또는 공격하는 비행기나 헬리콥터.—역주

Column

흡혈귀 부대

흡혈귀는 판타지에 자주 등장한다. 일반적으로 출중한 능력이 있는 반면 약점이 많은 종족으로 그려진다. 흡혈귀로 구성된 부대가 있다면 어떻게 될지 생각해보자.

전력을 보면 특수 능력이 많은 초인적 보병이다.

- 운동 능력: 보통 사람의 몇 배나 되는 운동 능력을 자랑한다. 군대 내에서도 공수 · 특수 부대 같은 육체적으로 뛰어난 엘리트 부대 이상의 능력이 있다.
- 암시: 야간에도 눈이 잘 보인다. 암시 장비를 갖춘 병사와 동등해 안경을 쓸 필요가 없을 정도다.
- 비행: 박쥐로 변신해 하늘을 난다. 공수 부대처럼 위에서 내려와 침입할 수 있다.
- 축소 변신: 몸을 작게 변신시켜 아주 작은 틈새로도 잠입할 수 있다. 잠겨 있는 건물이나 경계 중인 시설에 잠입하는 특수 부대와 같은 임무를 할 수 있다.
- 보통 무기 수준의 신체 내구성: 은이나 마법 무기가 아니면 해를 입지 않는다. 방탄복을 입은 병사보다 방어력이 높다.
- 마력을 지닌 눈: 매혹적이며 마력이 있는 눈을 지녔다. 수면제나 최면제보다 최면 효과가 강하다.
- 부활: 죽어도 재에 인간의 혈액을 뿌리면 다시 살아난다.

이 같은 특수성을 살려 흡혈귀는 초강력 특수 부대로 운용해야 한다. 하지만 흡혈귀는 약점도 많다.

- 태양광: '태양을 쬐면 죽는다.', '낮에는 능력이 떨어진다.' 등 작품마다 다양하다.
- 십자가: 십자가를 보면 고통을 느낀다. 단, 기독교 문화권에서만 전승된다.
- 흐르는 물: 흐르는 물(강 따위)을 건너지 못한다.
- 마늘: 마늘 같은 독한 냄새를 맡으면 괴로워한다.

이러한 점을 보완할 대책을 생각해야 한다. 태양에 대한 대책은 야간 전용 부대로 쓰는 방법밖에 없다. 야간에는 강하기 때문에 전용화해야 특징을 살릴 수 있다. 판타지 세계에 기독교가 없다면 십자가는 문제가 되지 않는다. 흐르는 물에 대한 대책은 임무를 검토해 흐르는 물이 있는 장소에 파견하지 않는 게 최선이다. 마늘에 대한 대책은 마스크를 생각해볼 수 있다.

기동력은 인간형 종족이기 때문에 보병과 같은 수준으로 보면 된다. 낮에는 이동용으로 관 운송대를 편제해 이동시키고 밤에 활동하는 수단도 고려해볼 수 있다. 이렇게 하면 일반 보병보다 높은 기동력을 얻을 수 있다.

병참에 대한 부담은 흡혈귀가 사람의 피를 어느 정도 필요로 하는지에 따라 달라진다. 단, 전쟁의 경우 적병을 죽이기 때문에 적으로부터 보충하면 어느 정도 확보할 수 있다.

제4장

Personal Combat 개인 전투

아무리 대규모 전쟁이라도 결국 개인 대 개인의 싸움이 모인 것이다. 이 장에서는 개인의 무기에 대해 정리했다. 검을 어떻게 쥐고 검 끝을 어느 쪽으로 향해야 하는지, 또 적이 움직였을 때 어떻게 대응해야 하는지에 대해 대표적인 예를 소개한다. 물론 무예의 길은 넓고도 깊어서 여기서 소개하는 것은 요점뿐이지만, 그것만 알아두어도 전투 장면 속 개인의 행동에 현실감을 살릴 수 있다.

개인 전투

✚ 백병전 ✚ 커뮤니케이션 ✚ 매니지먼트

혼자서 할 수 있는 일

중세 전투는 아무리 대규모 회전이라도 개인과 개인의 싸움의 총계로 승패가 갈렸다. 대량 살육 병기가 없었기 때문이다.

또, 당시 전투는 사기에 크게 좌우되었다. 따라서 부대의 선두에 선 사람이 뛰어난 무용을 보여 사기를 올리는 일이 중요했다. 그로 인해 적군의 사기가 떨어지는 효과도 있었다.

뿐만 아니라 적의 지휘관을 개인의 무용으로 쓰러뜨리면 적은 사기를 잃고 혼란에 빠져 도망치는 일도 있었다. 중세 전쟁에서는 회전에서도 개인의 무용에 의해 승패가 갈리는 경우가 있었다. 물론 소수 싸움에서는 개인의 무용이 승패를 결정짓는 가장 중요한 포인트다.

이 장에서는 전투에서 무장별 개인의 싸움법을 소개한다. 본래 병사는 갑옷이나 옷을 입고 있는데 이 장의 그림에서는 갑옷을 입지 않은 맨몸으로 나타냈다. 갑옷을 입은 상태에서 취한 자세보다 자세를 취한 신체만 표현해야 몸의 움직임을 이해하기 쉽다고 판단했기 때문이다. 갑옷을 입었다는 가정하에 그림을 보기 바란다.

1 대 1과 복수 전투

개인 전투에서 가장 큰 차이를 내는 것은 1 대 1로 싸우느냐, 여럿이 싸우느냐다.

1 대 1일 때는 모든 주의를 적 한 사람에게만 쏟으면 된다. 그러나 상대가 여럿이면 달라진다. 적이 여럿이면 한 명의 적을 공격할 때도 다른 적의 동향까지 신경 써야 한다. 즉, 적 한 사람에게 전력을 다할 수 없기 때문에 한 명을 상대로 한 전력은 당연히 약해진다.

아군이 여럿이면 아군의 상황도 신경 써야 한다(동료가 위기에 처하면 구해야 한다). 또, 아군을 활용하기 위해서는 커뮤니케이션이 필요하다. 즉, 1 대 1일 때와 같은 전력을 낼 수 없다.

전투 시 아군과의 연계 방법은 다음 두 가지로 나눌 수 있다.

- **공동 공격:** 아군이 모두 공격에 참가하면서 서로를 지원해주는 방법. 아군을 신경 써야 하는 만큼 전력이 떨어지나 아군 전체에 큰 힘이 된다. 일반적으로 쓰는 방법이다.
- **주력 공격:** 한 명이 주력으로 전력을 발휘하고 나머지는 주력이 싸우기 쉽도록 혹은 주력의

공격이 더 효과를 높일 수 있도록 지원한다. 예컨대 장갑이 두꺼운 적이 한 명 있거나 특수한 적이 한 명 있는 경우 그 적을 상대로 효과를 발휘할 사람을 주력으로 내세워 싸운다.

어느 쪽을 선택할지 명확히 해야 한다. 애매한 상태로 싸우는 것은 최악이다. 방침을 정했다면 방침에 맞지 않는 행동은 일절 하지 않을 각오가 필요하다.

연계된 아군의 인원수도 전투력에 큰 영향을 미친다.

일반적인 매니지먼트 이론에서는 팀의 인원수가 많으면 많을수록 아군과의 커뮤니케이션에 리소스가 나뉘기 때문에 개인의 능력은 떨어진다고 본다. 특히 리더가 없는 경우에는 전원이 커뮤니케이션을 해야 하기 때문에 효율이 크게 떨어진다. 이것은 전투에서도 마찬가지다. 사람 수가 늘면 종합 전력은 올라간다. 그러나 그 수가 너무 많으면 다음 그림처럼 종합 전력은 거의 늘지 않는다. 게임의 파티가 3~6명인 것도 다 이유가 있다.

리더를 정하면 다른 멤버의 전력이 저하되는 것을 막을 수 있다. 파티 전체를 신경 쓰는 일을 리더의 몫으로 정하면 다른 멤버는 눈앞의 전투에 집중할 수 있기 때문에 전력은 떨어지지 않는다.

하지만 리더가 혼자서 신경 쓸 수 있는 사람 수도 한계가 있다. 많아야 10명 정도다. 이런 이유로 많은 부대에서 최소 단위의 분대를 10여 명으로 구성했다.

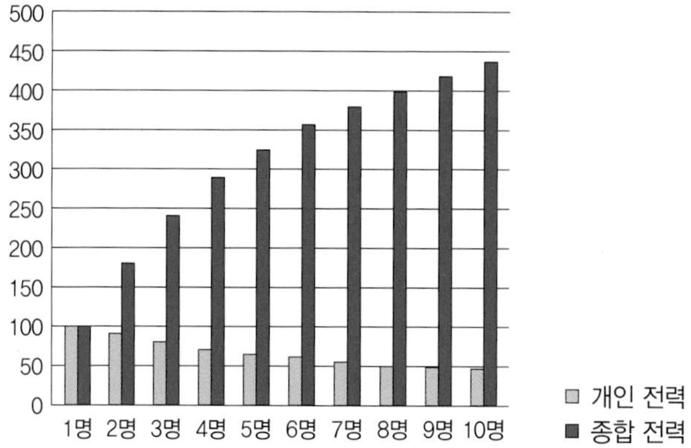

무예의 요소

+ 때 + 거리 + 자세

네 가지 요소

이탈리아의 검술에서 무예에는 '때', '거리', '자세', '흐름'의 네 가지 요소가 있다고 한다. 이 4요소는 검뿐만 아니라 모든 백병전에 적용할 수 있는 싸움의 기본이기에 여기에서 소개한다.

때

'때'란 공격자의 행동을 시계열로 분류한 것이다. 그리고 방어자가 그중 어느 '때'에 어떤 행동을 하면 좋을지 분석했다.

공격자의 움직임은 옆의 표와 같이 분류된다.

방어자는 공격자의 행동 타이밍에 따라 아래 표와 같이 무엇을 해야 하는지 달라진다고 한다.

1	공격 이전, 어떤 행동도 하지 않은 상태.
2	초기의 자세에서 벗어나 공격으로 이행한다.
3	목표에 이르는 도중.
4	명중 직전.
5	명중(혹은 빗나감) 뒤의 움직임.

1	공격할 수 있다.
1~2	반격 타이밍. 적의 공격에 반격하려면 반드시 적이 움직인 초기에 반응해야 한다.
3~4	막는 타이밍. 막는 것은 다소 늦더라도 실행할 수 있다.
2~4	피하는 타이밍. 피하는 것은 초기부터 가능하다.
4~5	막고 피한 뒤에 반격하는 타이밍.

공격자는 먼저 팔을 움직이고 다음으로 동체, 마지막으로 다리를 움직인다. 그렇기 때문에 방어자는 공격자가 팔에 쥔 무기의 움직임을 보고 어느 '때'인지를 판단한다.

거리

'거리'란 일반적인 자세를 취했을 때, 자신의 무기 끝에서 적까지의 거리를 뜻한다. 무기별로 적정 거리가 있다. 또, 같은 무기라도 기술에 따라 다르다. 너무 멀면 닿지 않고 너무 가까우면 무기를 잘 다룰 수 없다. 거리는 4단계로 분류된다.

범위 밖	두 걸음 이상 다가서지 않고는 어떤 기술로도 공격할 수 없는 거리.
적정 범위	한 걸음 나아가면 몇 가지 기술이 닿는 거리부터 이동하지 않고 몇 가지 기술로 공격할 수 있는 거리까지.
근접	한 걸음 이상 떨어지지 않고는 어떤 기술로도 공격할 수 없는 거리.
격투 범위	무기를 버리고 손을 뻗어 적과 격투할 수 있는 거리.

적의 무기와 체격 따위에 따라 적의 거리감은 자신의 거리감과 달라진다. 자신에게 유리하고 적에게는 불리한 거리를 취하는 것을 '간격을 잡는다.'라고 한다.

자세

'자세'란 싸울 때 손발이 향하는 위치를 말한다. 올바른 자세에서는 움직이려 할 때 부드럽게 움직인다. 또, 공격을 받아도 균형이 무너지지 않는다. 상대의 힘을 대지로 잘 흘려보내기 때문이다. 이것을 접지라고 한다.

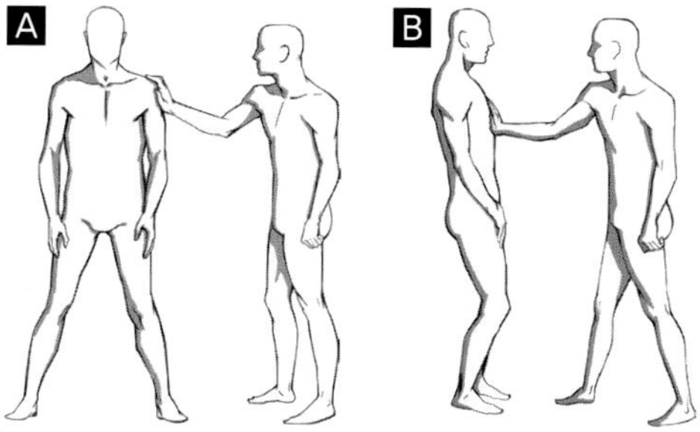

가령 그림의 A와 같이 상대가 옆에서 밀면 버틸 수 있지만, B와 같이 앞에서 밀면 버티기 어려운 것도 자세의 차이이다. 앞에서 밀 경우 다리를 앞뒤로 벌리고 있으면 버틸 수 있다.

흐름

'흐름'이란 이동과 행동의 자유도를 뜻한다. 능숙한 자세로 숙달된 행동을 할 수 있다면 행동의 자유도는 높아지고, 갑작스런 행동의 변화에도 몸이 따라간다. 그리고 자유도가 높으면 여유가 생기기 때문에 다음 태세를 잘 갖추고 유리한 간격을 잡을 수 있다.

위 네 가지 요소에는 속하지 않지만 무기의 안과 밖도 중요하다. 오른손으로 검을 쥐고 있을 때 검의 왼쪽에 적이 있으면 안, 오른쪽에 있으면 밖이 된다. 자신은 가능한 한 적의 밖에 위치하되 적은 자신의 안에 위치하게 하면 유리한 입지에서 싸울 수 있다.

037 Pike

파이크(보병)

✚ 집단전 ✚ 반격 ✚ 대(對)거인

최대의 적

중세 전투에서 보병의 최대 난관은 기병의 돌격이었다. 보병은 두 가지 방법으로 기병의 돌격에 대항했다. '집단의 힘을 이용한 대항'과 '개인 단위의 대항'이다.

'집단의 힘을 이용한 대항'부터 소개한다. 스위스 용병처럼 긴 창(파이크)을 든 보병(파이크병)을 밀집시키고 무수한 창살로 방어진을 쳐서 가까이 오지 못하도록 하는 방법이다. 어깨가 서로 닿을 정도로 가까이 정렬한 보병이 창을 줄지어 들고, 뒷열의 사람도 똑같이 창을 내지른다. 이 때문에 1 m 간격으로 여러 대의 창을 겨누는 상황이 되어 말을 타고 접근하면 여러 대의 창에 찔린다.

집단이기 때문에 무서운 기병 돌격에 견딜 수 있다. 어깨가 맞닿을 정도로 가까이에 동료가 있다는 안심감, 주위 사람에게 약한 모습을 보이고 싶지 않은 허세, 실제로 말이 가까이 올 틈이 없을 것처럼 보이는 다수의 창, 이러한 요소 덕분에 다소 겁이 많은 사람이라도 견딜 수 있다.

단, 이 무수한 창끝은 방어벽에 지나지 않으며 기병이 다가오지 않는 한 일절의 공격은 불가능하다. 공격은 파이크병 뒤에 숨어 있는 크로스보 맨이나 롱보 맨에게 맡긴다.

기병에 대한 대항책은 이 방법이 정통적이다. 다음에 소개하는 '개인 단위의 대항'은 본래 있어서는 안 되는 방법이다. 보병 개인이 기병과 대항해 싸우는 사태는 작전의 실패를 뜻하기 때문이다.

개인 단위의 대항

이론으로는 보병이라도 충분한 길이의 창을 사용하면 기병을 상대로 유리하게 싸울 수 있다. 그러나 현실에서는 혼자서 거대한 사람과 말의 공격에 버틸 수 있을 만큼의 배포와 냉정함이 필요하기 때문에 보통은 소극적으로 대응하다 실패한다.

배포와 냉정함을 갖춘 경우에는 다음과 같은 반격술로 대처할 수 있다.

먼저, 창을 들고 돌진해오는 기병 A를 보병 B는 창끝을 살짝 떨어뜨린 자세('멧돼지 어금니' 자세라고 한다.)로 맞는다❶. 이 자세는 보병이 두려워하고 있으며 그다지 의욕이 없는 것처럼 보이는 효과도 있다. 누구든지 창끝이 똑바로 자신을 향하고 있으면 경계하지만 딴 곳을 향하면 안심한다. 하지만 창끝을 떨어뜨린 이유는 기병의 창끝을 감아올리기 위해서다.

❶

적 A가 창의 사정거리에 들어왔을 때 B는 오른쪽 다리를 조금 앞으로 내딛고 이어서 왼쪽 다리를 내딛는다❷. 그 기세로 창을 왼쪽 위를 향해 휘둘러 A의 창을 오른쪽 위로 쳐낸다. 그리고 그대로 적의 창 자루를 타고 올라가 창끝을 적의 동체 혹은 머리를 향하게 한다.

❷

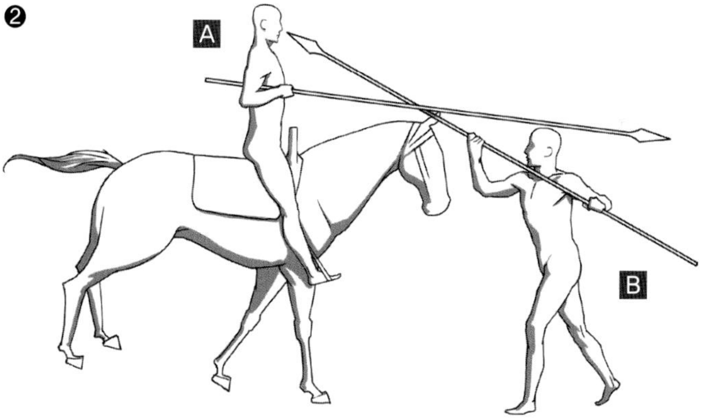

오른쪽 다리를 조금 앞으로 내딛는 자세는 이 기술을 위해 반드시 필요한 동작은 아니지만 적 기병과의 간격에서 타이밍을 잡기 위한 것으로 보인다.

이 기술은 판타지에서 거인처럼 자신보다 큰 존재와 싸울 때 활용할 수 있다.

스피어(보병)

봉술 | 직선 공격 | 초보자부터 달인까지

창은 막대와 단검

창(스피어)은 검보다 다루기 쉽고, 검보다 멀리 나가기 때문에 미숙한 병사도 다루기 쉬운 무기다. 그리고 달인이 사용하면 검 이상으로 무서운 무기가 된다. 따라서 총이 등장하기 이전에는 검 이상으로 많이 사용되었다.

창 공격은 창끝을 이용한 찌르기와 자루 부분을 이용한 봉술의 조합이다. 자루는 적을 한방에 죽일 만큼의 위력은 없다. 그렇기 때문에 봉술은 적의 손발을 쳐내는 견제용으로 사용하고 결정타는 창끝의 찌르기로 한다.

창 찌르기의 가장 큰 이점은 직선 공격이라는 점이다. 검을 이용한 공격은 무기를 가로 방향으로 휘두른다. 이때 평면상의 어딘가(방패나 무기)에 맞아 가로막히면 저지당한다. 그에 반해 창으로 찌르기는 일직선이기 때문에 직선 끝에 방패가 있거나 무기 따위로 뿌리치지 않는 한 공격이 적중한다.

결점은 그 직선의 기회가 본인으로부터만 나온다는 것이다. 예상치 못한 방향에서는 공격할 수 없기 때문에 적의 입장에서는 언제 찌르고 들어오는지만 주목하면 된다. 이 결점을 보완하기 위해 자루를 사용한 봉술 공격을 병용한다.

창을 잡는 법은 사람마다 다르다. 창을 잡는 양손의 간격에 따라 쓰임이 크게 달라진다.

- **넓은 간격:** 일반적으로 드는 방법. 힘이 들어가기 때문에 밀려서 질 확률이 낮다. 팔을 움직이지 않으면 창은 움직이지 않기 때문에 창을 휘두르는 속도는 간격이 좁을 때보다 느리다. 앞쪽 손의 위치를 고정하고 가볍게 쥐며 뒤쪽 손을 움직여 재빠르게 찌를 수 있다.
- **좁은 간격:** 창을 돌리거나 가로로 쳐서 쓰러뜨리기 위해서는 상당한 힘이 필요하다. 그러나 손목만 비틀어서 창을 돌리기 때문에 상당히 빨리 움직일 수 있다. 이 방법으로는 효과적으로 찌를 수 없어 찌를 때는 양손의 간격을 넓혀야 하기 때문에 움직임이 한 박자 느려진다.

창의 공격과 방어

창을 든 사람끼리 대치할 때는 적이 찌를 때 어떻게 대처하는지가 중요하다. 창을 사용한 보병 간의 공격 사례를 소개한다.

❶

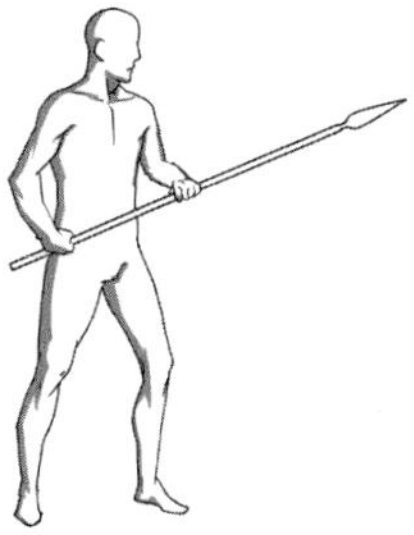

보통 왼발을 앞에 두고 몸의 절반을 내민 자세를 기본으로 공격과 방어를 한다❶.

찌르기 공격은 왼손의 위치를 고정하고 오른손을 앞으로 밀면서 한다. 대개 오른손잡이가 많아 오른손을 더 자유자재로 움직일 수 있기 때문이다. 단, 이 찌르기는 팔 힘만으로 해야 하기 때문에 약하다는 결점이 있다.

강한 찌르기는 그림 ❷의 A처럼 몸도 함께 움직인다. A는 왼발을 한 발 내딛고 창을 내찌른다. 몸이 통째로 움직이기 때문에 체중을 실어 찌를 수 있다.

물론 공격을 받은 B는 그림 ❸처럼 창을 들고 방해함으로써 방어를 한다. 이대로라면 A의 창은 B의 머리 위를 통과한다.

그래서 A는 그림 ❹처럼 팔을 들어 올려 위에서 끌어내리는 형태로 창끝을 아래로 향한다. 이렇게 하면 B의 방어는 실패하고 창을 맞힐 수 있다.

창은 끝부분에만 날이 있기 때문에 반드시 무기로 막을 필요는 없다. 특히 갑옷을 입고 있다면 다소 빗맞더라도 갑옷 토시가 방어해준다. 그렇기 때문에 그림 ❺의 B처럼 적의 찌르기를 왼손으로 쳐내는 기술도 존재한다. 잘하면 한 손으로도 뚫려 있는 적의 몸통을 찌를 수 있다.

❷

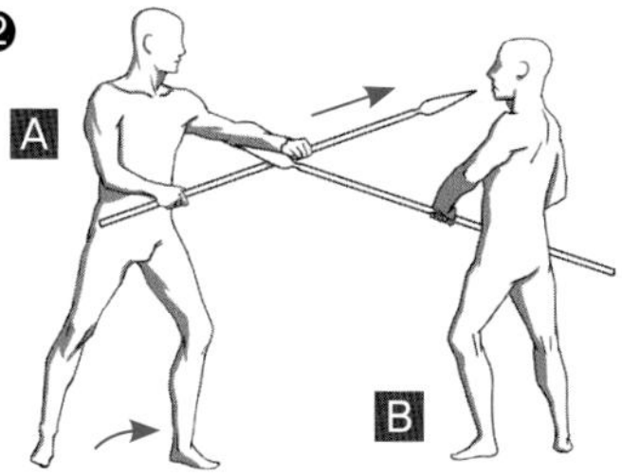

❸

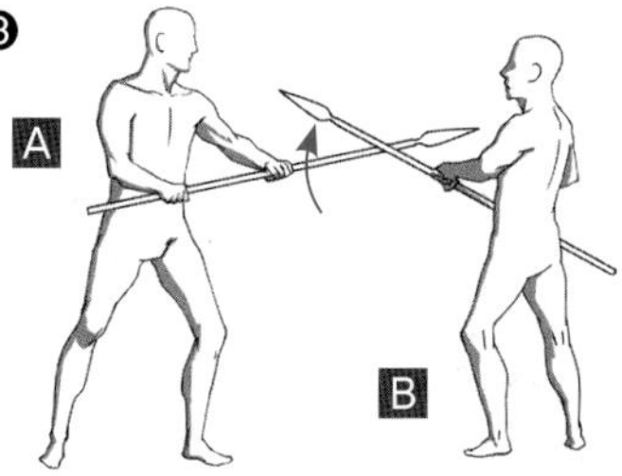

❹

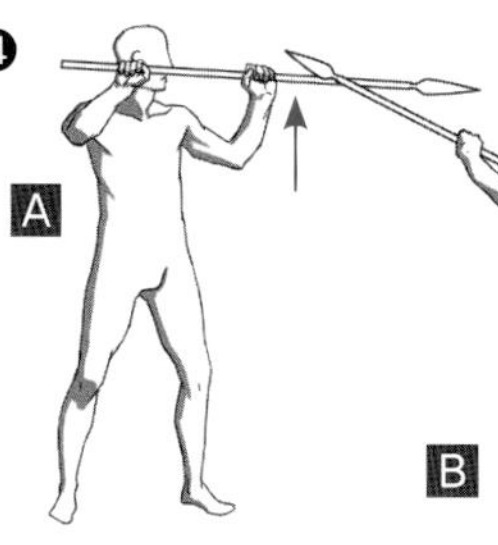

❺

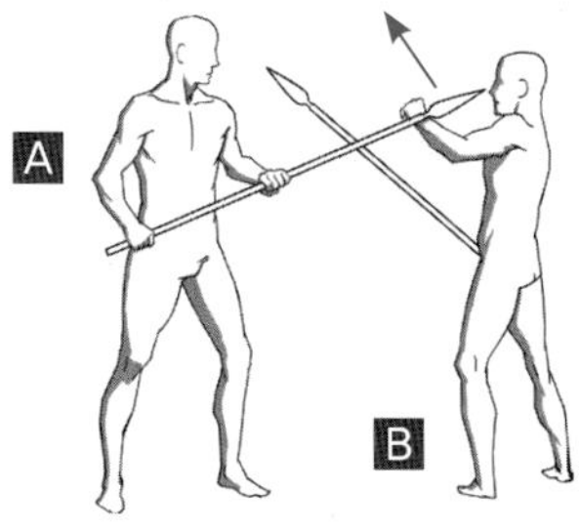

폴 액스(보병)

장병(長柄) 무기 | 내리치기 | 걸기

호쾌한 기술

창을 비롯한 장병 무기(폴 암)는 그 길이를 살려 멀리 있는 적을 쓰러뜨린다. 그 대신 일정 간격보다 안쪽에 위치하게 되면 너무 길어서 대처하지 못한다는 결점이 있다.

장병 무기의 일종인 폴 액스(창끝에 작은 도끼가 붙어 있는 무기로, '할베르트'라고도 한다.)도 마찬가지다. 폴 액스는 창과 동시에 도끼도 있으므로 그 도끼 부분을 활용해 호쾌한 싸움을 할 수 있다. 또, 도끼 반대편에 돌기(피크)가 튀어나와 있는 구조라서 적의 발이나 목을 거는 묘책도 쓸 수 있는 무기다.

이처럼 상당히 다양한 방법으로 공격할 수 있는 만큼 그 자세도 다양하며 각각의 자세로부터 전혀 다른 공격을 할 수 있다. 예컨대 그림 ❶의 A는 오른손을 위로, B는 왼손을 위로 한 자세다. 무기의 구조상 앞쪽 끝이 무겁기 때문에 폴 액스를 아래로 향하게 한 자세는 불리하다. 무거운 무기를 들어 올리는 데 시간이 걸리기 때문에 아무래도 동작이 둔해진다. 반대로 적의 무기를 떨어뜨리면 그것은 유리한 태세에 있다는 뜻이다.

여기에서는 폴 액스의 기본기인 지붕 자세(선단을 위로 한 자세)로부터 내리치기, 그리고 그 방어법과 반격술을 소개한다. 그림의 A가 공격 측, B가 방어 측이다.

먼저 양측이 지붕 자세로 대치하고 있다고 치자❶.

A는 이 자세에서 내리친다❷. 이것이 폴 액스의 기본 공격이다. B는 오른발을 한 발 내딛으며 폴 액스의 자루 끝을 재빠르게 들어 올린다❷. 그리고 자루 끝으로 A의 폴 액스를 막고 그대로 자신의 오른쪽으로 빠지게 한다. 이때 힘을 너무 실어 적을 밀어내려고 하면 안 된다. 적의 폴 액스가 자루 위에서 왼쪽으로 타고 내려오면 손을 다치기 때문이다. 반대로 적의 공격에 밀려 대각선으로 내려가는 정도가 딱 적당하다.

이 상태에서 B는 반격을 한다. 자루 끝을 떠밀린 힘을 이용해서 폴 액스의 도끼 부분을 앞으로 내밀어 A의 등 쪽에서 공격한다. 왼발을 내딛거나 오른발을 뒤로 빼서 몸의 방향을 바꾸면서 적의 뒤쪽에서 등 쪽 어딘가를 내리친다. 뒤를 공격당한 A는 엎드린 모양으로 앞으로 넘어진다❸.

적을 죽이고 싶지 않을 때는 도끼 부분을 갈고리 삼아 목을 거는 선에서 멈추고 잡아당겨 넘어뜨린다.

폴 액스의 다양한 전법 중 다리나 목을 걸어 넘어뜨리는 묘책이 있다. 그림 ❹에서는 A가 폴 액스를 갈고리처럼 사용해 B의 다리를 걸고 있다. 이때 A가 뒤로 잡아당기면 B는 넘어질 수밖에 없다. 단, 적의 폴 액스를 일단 쳐내 틈을 만들지 않고는 다리를 걸기 전에 상반신을 공격당할 수 있으므로 주의가 필요하다.

한편 목을 걸 때는 상대가 발밑을 노리는 것을 자루 끝 따위로 막았을 때가 기회다. 상반신의 방어가 느슨한 상태이기 때문이다.

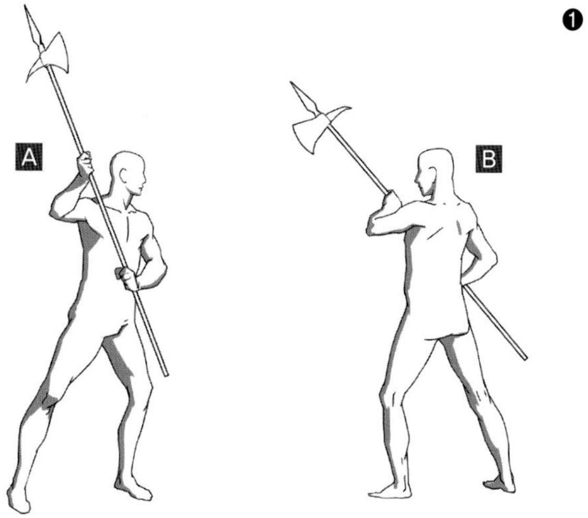

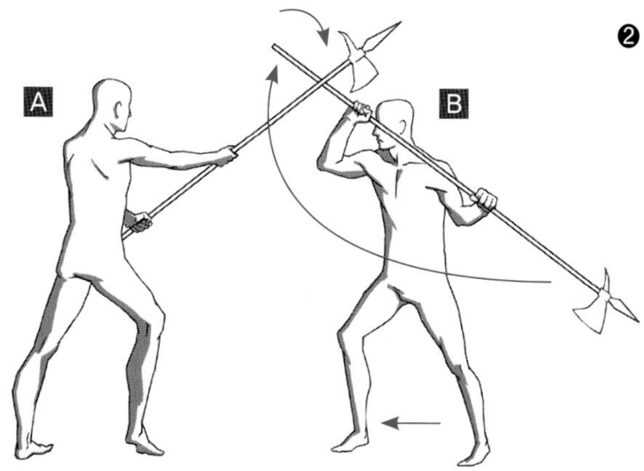

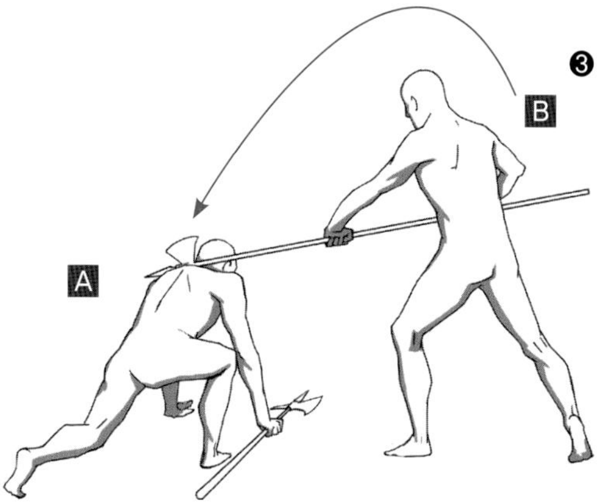

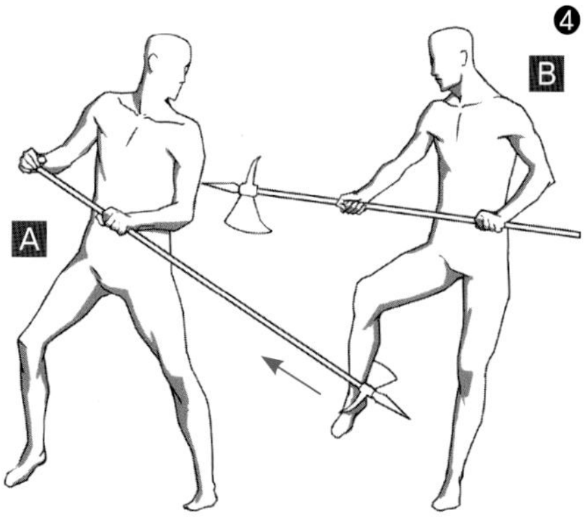

검과 방패(보병)

+ 휴대성 + 의식 + 호신

최후의 무기

전사의 무기로 강력한 창이나 활보다 검이 꼽히는 이유는 무엇일까?

검의 가장 큰 이점은 휴대하기 편리하다는 점이다. 다른 사람의 구역에 긴 창을 들고 가는 것은 현실적이지 않지만 검이라면 허리에 차고 있어도 허용된다. 근세까지는 일반적으로 검을 호신용으로 들고 다녔다. 의식을 거행할 때도 무기의 상징으로 검이 많이 쓰였다.

이 때문에 호신용 무기로 가장 많이 쓰이는 것이 검이다. 그 때문인지 방어를 위한 검술도 많다.

적이 검으로 습격해 왔을 때 막는 방어 유형으로는 V형과 A형이 있다❶.

V형은 초보자가 잘 쓰는 잘못된 방어다. 반사적으로 검 끝을 좌우로 휘두르며 막아서 나타나는 모습이다. 그러나 이렇게 하면 적의 칼이 자기 칼 몸체를 타고 들어올 수 있다. 그러면 칼 몸체의 다른 쪽 끝에 자신의 동체가 있기 때문에 결국 적의 검이 자신의 몸에 닿게 된다. 나아가 검의 날 끝이 적과 다른 방향을 향하고 있기 때문에 바로 반격하지도 못한다.

❶
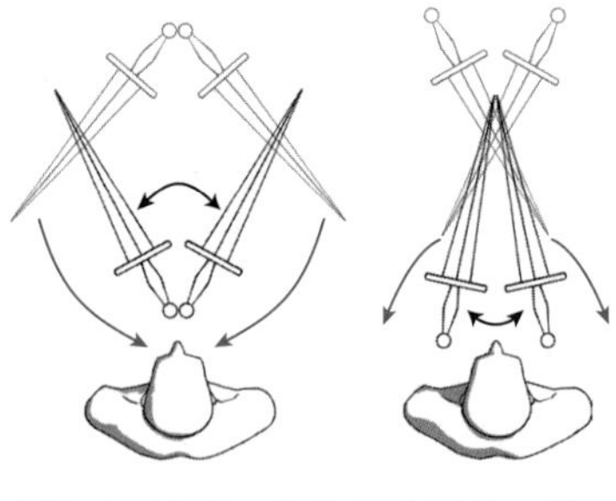

색깔이 들어간 그림은 적의 검과 그 움직임,
검은색 그림은 자신의 검과 그 움직임.

A형이 올바른 방어다. 검의 끝은 거의 움직이지 않고 자루 쪽을 좌우로 움직여 막는다. 이렇게 하면 적의 칼이 타고 내려와도 자신을 명중하지 못한다.

나아가 검의 날 끝은 항상 적을 향하기 때문에 즉시 찌를 수도 있다.

방패와 검

방패가 있으면 방패로 상대의 검을 방어해 반격할 수 있다.

그림 ❷는 B가 머리를 겨냥하고 검을 휘둘렀기 때문에 A는 방패를 들어 올려 방어하고, 이때 몸의 회전을 이용해 적의 앞다리를 베려고 한다. B는 머리를 노려 공격했기

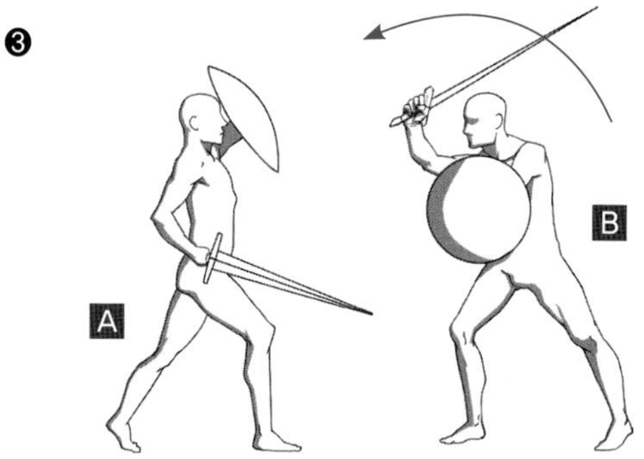

때문에 발을 내딛고 있어 A에게는 반격할 좋은 기회다.

단, 방패는 잘못 사용하면 시야를 가린다. 그림 ❸은 B가 검을 위에서 내리치려 해서 A가 방패로 머리 위를 막으려는 상황이다. 그러나 이것은 A에게 상당히 위험한 행위다. 방패에 가려 B의 검이 보이지 않기 때문이다.

실제로 B는 A의 시야가 가려진 것을 보고 검을 옆으로 비켜 A의 다리를 벨 수 있다❹. 이때 A는 위험한 다리를 뒤로 빼고 방패 밑으로 보이는 상대의 하반신을 공격해 대항한다.

Column

이탈리아 검술의 공격선

이탈리아 검술에는 7가지 공격선이 있다. 오른쪽 위(적의 왼쪽 어깨에서 대각선으로 베어 내린다.), 왼쪽 위, 오른쪽(적의 왼쪽 목), 왼쪽, 오른쪽 아래(적의 왼쪽 겨드랑이에서 베어 올린다.), 왼쪽 아래, 아래(적의 가랑이 사이) 등 7가지다. 모두 갑옷이 없거나 움직이는 부분이라 틈이 많거나 약한 부분이기 때문에 그곳을 공략하라고 가르친다. 머리는 대체로 헬멧으로 보호하기 때문에 제외된다.

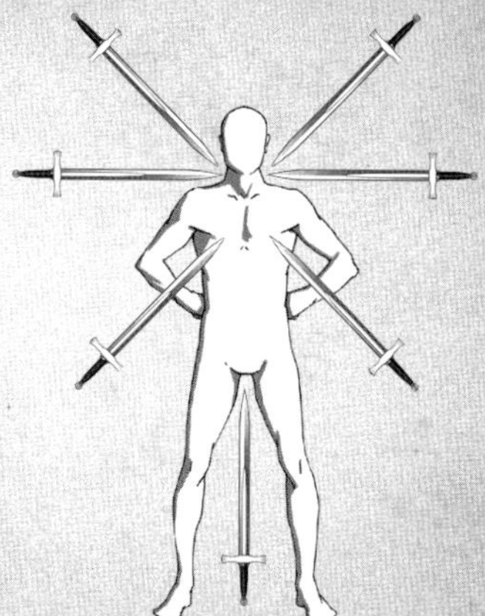

양손검(보병)

✚ 무게를 이용 ✚ 보법 ✚ 회전 운동

전장의 검

양손검 하면 애니메이션이나 게임에서 주인공이 휘두르는 이미지 때문에 실용성이 없다고 생각하는 사람도 있다. 그러나 양손검은 실용성에서 매우 중요한 검이다.

근세에 양손검은 많은 적을 상대하는 최적의 무기이자 장병 무기에도 대항할 수 있는 유력한 무기로 여겨졌다. 단, 현대 애니메이션에서처럼 자세를 잡고 있다가 기합과 함께 단칼에 베는 식은 불가능하다. 양손검은 상당히 무겁기 때문에 멈춰 있는 상태에서 움직일 때는 아무래도 한 박자 느려진다.

양손검은 검을 휘두르는 동작을 멈춰서는 안 된다. 양손검을 사용할 때는 어떻게 검의 움직임과 자세를 유지한 채 싸우는지를 항상 염두에 둬야 한다.

이 때문에 양손검을 사용할 때 상단에서 똑바로 베어 내리는 일본도 같은 사용법은 검의 움직임을 멈추게 하는 잘못된 용법이다. 일본도는 양손으로 사용하는 검치고는 가볍기 때문에 허용이 된다.

양손검의 기본은 풍차베기다. 그림 ❶처럼 대각선 방향으로 내리 휘두른 검 끝을 1회전시켜 다시 내리 휘두르는 기술이다❷.

풍차베기는 같은 방향에서 베는 기술이므로 단순한 공격법이다. 물론 양손검의 이점은 단순

❶
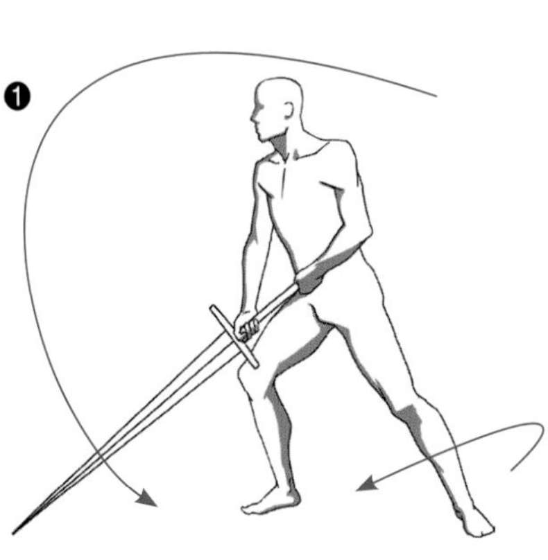

❷
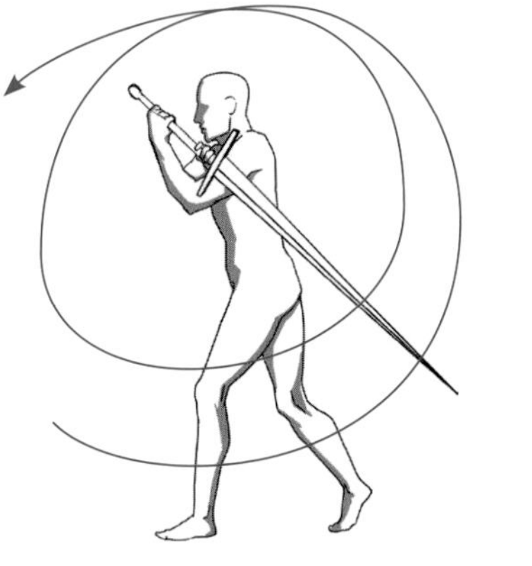

한 기술이라도 그 무게와 기세로 인해 막지 못할 만큼 강력한 공격이 된다는 점이다.

양손검에는 기세를 이어 공격의 방향을 바꾸는 기법도 있다. 그중 하나가 갈지자[蛇行]베기다.

갈지자베기는 대각선으로 걷는 보법이 결합된 검술이다. 검을 사선으로 교차시켜 베면서 대각선 방향으로 걸어 위치를 바꿈으로써 적이 방어하기 힘들게 만든다.

먼저 오른쪽 다리를 앞으로 내딛으면서 오른쪽 위에서 왼쪽 아래로 내리긋는다❸. 검을 돌려 오른쪽 위로 든다.

다음으로 검을 오른쪽에서 왼쪽으로 휘둘러 내리면서 왼쪽 다리를 뺀다❹. 이때 검을 몸의 왼쪽으로 돌려서, 돌려 올린 검이 왼쪽 위로 오도록 한다.

그리고 이번에는 오른쪽으로 휘둘러 내린다❺. 다리는 왼쪽 다리가 앞에 나와 있는 상태다.

몸의 오른쪽에서 검을 돌려, 머리 위를 지나 다시 왼쪽 위에서 오른쪽 아래로 휘둘러 내린다❻.

이처럼 보법과 검을 돌리는 방법으로 상대의 예측을 무너뜨린다. 특히 보법은 양손검으로 적을 쓰러뜨리기 위해서는 필수다. 검은 기본적으로 왼쪽으로 내리긋기와 오른쪽으로 내리긋기밖에 없는 데 반해 보법은 더 다양하기 때문이다.

❸

❹

❺

❻
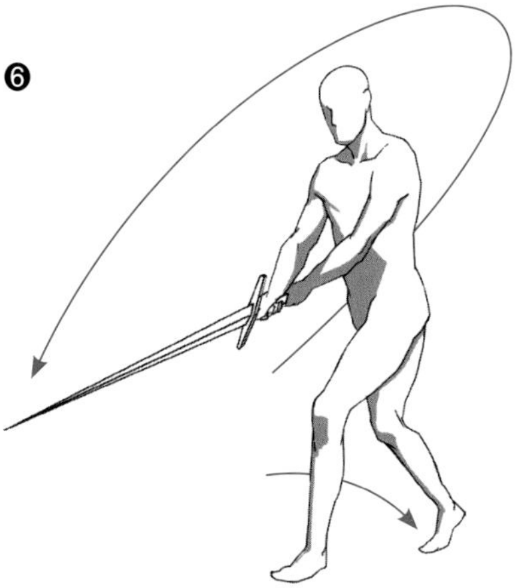

살격(보병)

+ 타격 + 백병전 + 검

검을 이용한 타격

갑옷이 차츰 두꺼워져 검으로 벨 수 없게 되자 대책으로 짜낸 기법이 살격이다. 양손검이나 한손검 모두 사용할 수 있는 기법이다.

간단히 말하면, 검의 날 부분을 쥐고 날밑이나 칼자루 부분으로 적을 세게 때리는 공격 방법이다. 검은 구조상 자루 쪽이 무겁기 때문에 타격으로 공격하려면 칼자루 쪽을 이용하는 게 좋다. 검을 사용한 해머 공격이라 생각하면 된다. 검의 사용법 중 가장 타격력이 높은 공격 방법이다.

이와 같은 사용법에도 견딜 수 있도록 당시의 검은 날밑이나 자루 모두 날과 같은 강철로 만들었다. 연철은 버티지 못하고 부러지기 때문이다.

살격은 날을 쥐고 공격하기 때문에 맨손으로 하면 손을 다친다. 물론 서양검은 일본도처럼 베이지는 않지만 그래도 날은 뾰족하기 때문에 힘을 실으면 손이 눌릴 뿐 아니라 상처를 입는다. 이 때문에 살격을 하기 위해서는 갑옷 토시가 꼭 필요하다. 본래 살격 자체가 갑옷이 두꺼워져서 검으로는 부상을 입힐 수 없게 되자 나타난 기법이다. 그런 상황이라면 공격하는 쪽도 두꺼운 갑옷은 물론 갑옷 토시도 착용하고 있을 것이다.

참고로 일본도는 칼자루가 가볍고 약한 목제이고, 날이 스치기만 해도 베일 정도로 날카롭기 때문에 살격은 불가능하다.

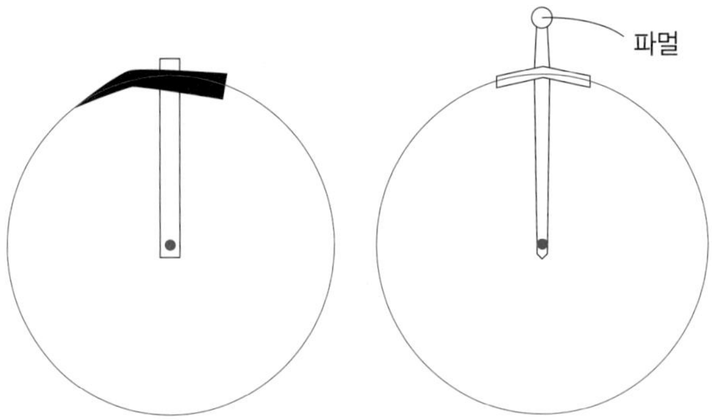

해머가 조금 아래를 향하는 것은 쥐는 사람(그림에서 ●의 위치)을 중심으로 해머를 회전시켰을 때 그 원주상에 해머의 머리끝이 오도록 하기 위해서다. 검의 자루도 살짝 날 쪽을 향해 있는데 이것은 검으로 싸울 때 상대의 날을 막기 위해서다. 그리고 또 한 가지, 검의 날 끝을 쥐고 살격을 할 때 원주상에 자루의 끝이 와서 힘이 비스듬히 실려서 휘어지는 것을 방지하기 위해서이기도 하다.

살격의 유형

살격에도 다양한 기법이 있는데, 그 예를 세 가지 소개한다.

- **내리치기:** 살격의 기본자세는 그림 ❶의 A처럼 오른손으로 자루를 쥐고, 검의 날 끝을 왼손으로 쥔 자세다. 이 자체는 한손검(방패 없이)의 기본자세 중 하나인 '독사 자세'다. 검의 날로 공격을 한다면 이 독사 자세에서 오른손으로 찌르기를 하는데, 살격을 할 때는 오른손을 놓고 날을 쥔 왼손에 오른손을 겹쳐 잡고 날밑으로 적을 후려친다❷. 이것이 살격의 기본 형태다. 위에서 들어가는 공격이기 때문에 찌르기를 경계하는 적의 맹점을 찌를 수 있다.
- **끌어내리기:** 그림 ❸의 A처럼 '내리치기' 공격을 무기로 막아낸 경우에는 날밑을 적의 무기에 걸어 적의 무기가 못 움직이도록 하는 방법으로 대응한다. 먼저 검을 자신 쪽으로 당겨 적의 무기를 끌어내린다❹. 그리고 무방비 상태인 얼굴이나 턱, 목 따위를 파멀(pommel, 자루 끝)로 찌른다❺. 물론 파멀로 하는 일격이기 때문에 날로 찌르는 것 같은 치명상은 입힐 수 없지만 머리부터 갑옷을 입고 있어도 얼굴에 충격을 주거나 목을 짓누를 수는 있다. 이때 칼자루 끝을 흔들어 적의 몸을 한층 더 움직일 수 없게 만든다.
- **검 빼앗기:** 살격의 약점은 날을 쥔 손이 미끄러지기 쉬우며 빠지기 쉽다는 점이다. 이것을 이용해 서로 살격할 때 적의 무기를 빼앗는 기술이 있다.

  그림 ❻처럼 검과 검이 부딪쳐 서로 밀 때 사용한다. 적인 B의 칼자루에 A의 칼자루를 엮어 잡아 뺀다❼. 이 상황에서 A는 검을 들어 올리기만 해도 되기 때문에 힘을 걸기 쉽고, B는 쥐고 있는 게 전부이기 때문에 쉽게 빠진다❽. 이로써 A는 B의 손에서 검을 빼앗을 수 있다.

❶

❷
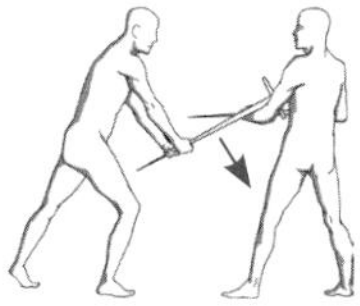

❸

❹
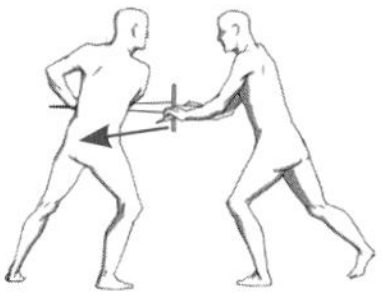

❺
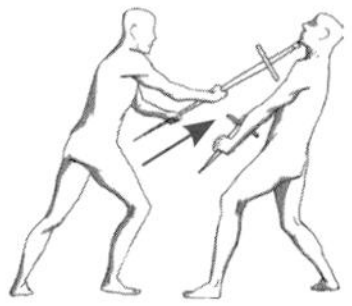

❻
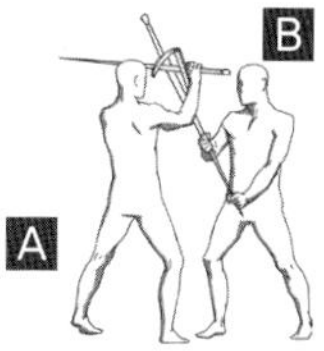

❼
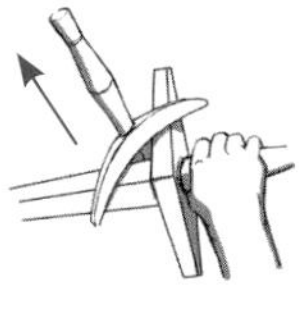

❽

043 Halfsword

하프 소드(보병)

✚ 정밀 조작 ✚ 갑옷의 틈새 ✚ 찌르기

갑옷의 중장갑화에 대한 대항책

하프 소드(half sword)는 14세기 무렵에 고안된 기법으로 오른손으로 검의 자루를 잡고 왼손으로 검의 중간을 잡은 자세 및 그로부터 전개되는 전투 기법을 말한다. 한손검 혹은 너무 크지 않은 양손검을 쓴다. 검의 날 중간을 쥐기 때문에 살격과 마찬가지로 갑옷 토시로 손을 감싸야 한다.

❶

살격과 마찬가지로 하프 소드도 갑옷의 중장갑화에 대한 대항책이다. 당시 플레이트 메일이 병사의 장갑으로 쓰이면서 일반적인 공격은 통용되지 않았다. 이 기술은 장갑이 두꺼운 괴물과 싸울 때에도 효과적이다.

단, 살격은 힘을 실으면 갑옷 위로도 손상을 주는 기법인 데 반해 하프 소드는 양손으로 검을 잡아 갑옷 틈새에 정확히 찔러 넣는 기법이라는 점에서 다르다.

그림 ❶은 '독사 자세'라 하며, 적의 갑옷 틈새를 정확히 찌르기 위한 자세다.

❷

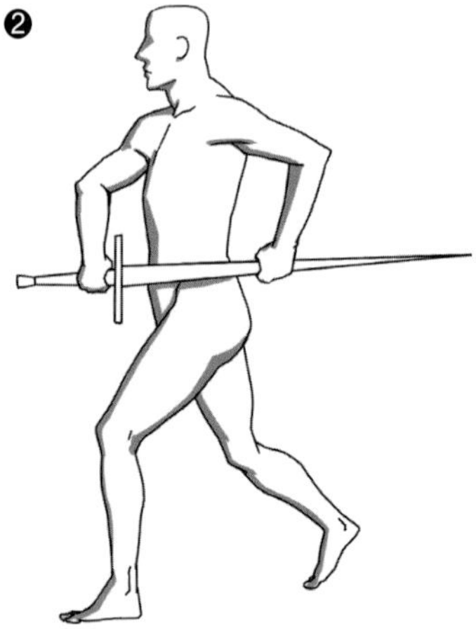

또, 하프 소드는 방어 자세이기도 하다. 양손으로 꽉 쥔 검으로 적의 공격을 막을 수 있다.

그림 ❷는 '가짜 십자 자세'라 하며, 적에게 칼자루 끝을 향하고 적의 공격을 받아넘겨 반격하기 위한 자세다.

하프 소드는 살격의 대항책으로도 유용하다. 그림 ❸에서는 A가 검을 몸 앞의 배꼽 높이 정도에서 수평으로 들고 있다가 그대로 똑바로 들어 올려 B의 살격을 방어하는 형태를 취한다. 살격은 어느 부위에 맞아도 타격을 입기 때문에 맞는 것 자체를 막아야 한다.

하프 소드는 '갑옷의 틈새를 공략하는 기술+방어 기술'이라 할 수 있다. 하프 소드 공격의 기본은 찌르기인데, 찌르기를 막으려면 방패 같은 면으로 방어해야 한다(그래도 관통할 수 있다). 찌르기로 들어오는 검을 저지하기란 고수의 기량이 아니면 불가능하다. 그래서 완전히 막는 것이 아니라 그림 ❹에서처럼 A의 찌르기에 대해 B가 검을 아래로 맞받아(옆으로 받는 경우도 있다.) 명중시키려는 곳을 피해가도록 방어한다. 갑옷의 장갑 부분에 맞아도 방어할 수 있다. 갑옷을 관통하는 최악의 상황이라도 갑옷 덕분에 신체의 피해는 줄어든다.

❸

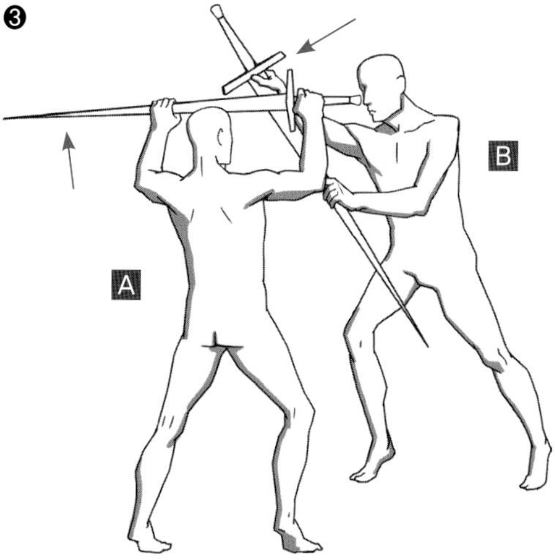

또, 하프 소드라고 해서 항상 검 끝으로 찌를 필요는 없다. 그림 ❺에서는 A의 찌르기를 피한 B가 자루 쪽으로 A에게 타격을 가한다. 이 형태는 살격의 검을 잡는 법과 유사하다. 즉, 하프 소드는 오른손을 바꿔 쥠으로써 살격으로 연결할 수 있다.

하프 소드와 살격은 검을 사용해서 갑옷을 입은 병사를 쓰러뜨리기 위한 기법이라는 점에서는 같지만 공격 방법이 전혀 다르기 때문에(살격은 갑옷 위에 타격, 하프 소드는 갑옷 틈새로 찌른다.) 빠르게 바꿔 쥐어야 일종의 기습 공격을 할 수 있다.

❹

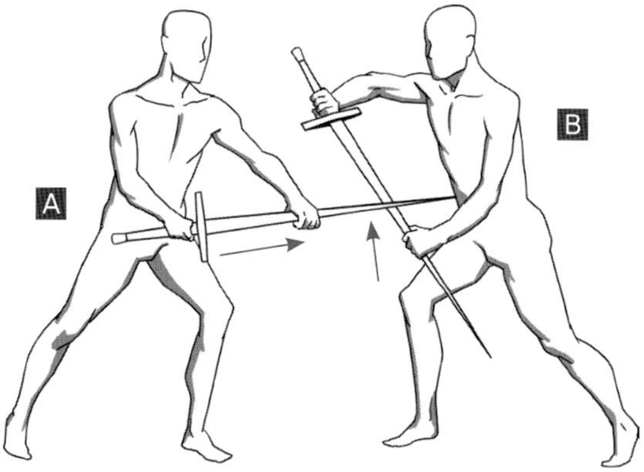

❺

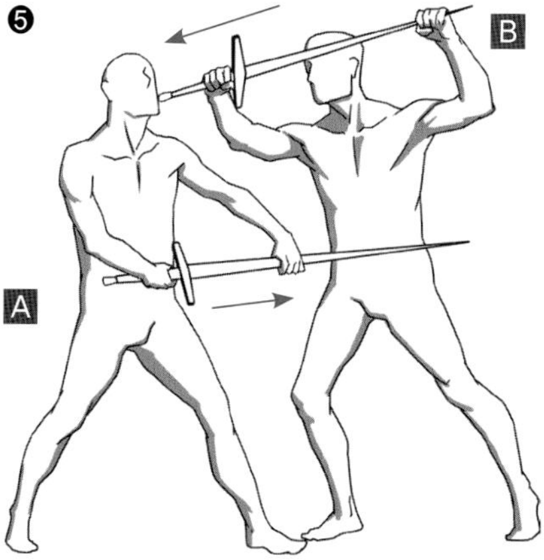

방패(보병)

+ 막기 + 받아넘기기 + 치기

방패와 검 보병은 방패를 지니고 있느냐 아니냐로도 크게 나뉜다. 당연히 전자는 공격력이 낮지만 방어력이 높고, 후자는 그 반대다.

방패를 지니는 경우는 방어가 우선이며 그다음에 무기로 공격한다. 방패 때문에 자신의 행동도 제약받기 때문에 공격은 방패가 없는 오른쪽이나 위에서 휘두르거나 오른손으로 똑바로 찌르는 정도다. 그런 의미에서 무기의 길이가 비슷할 때는 검이든 쇠망치든 할 수 있는 일에는 별반 차이가 없다(창이라면 길이가 길어 달라진다).

방패의 기법은 '막기', '받아넘기기', '치기'의 세 가지가 있다❶.

❶

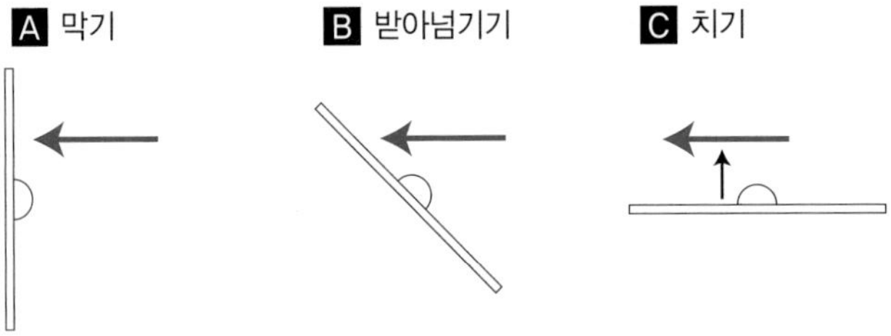

A처럼 무기의 위력을 정면에서 막아내면 대부분의 경우 방패가 뚫린다. 그렇다고 어떤 무기든 막아낼 수 있는 방패라면 너무 무거워서 쓸 수 없다.

보통은 B처럼 비스듬히 받아넘긴다. 이 형태라면 무기는 방패의 표면을 미끄러져 나가기 때문에 관통하지 못한다.

C처럼 방패로 적의 무기를 치는 기법도 있다. 방패를 적극적으로 움직여 적의 무기를 옆에서 쳐서 무기의 궤도를 바꾼다.

보통 크고 무거운 방패는 받아넘기는 기법을 쓰고, 버클러(buckler)처럼 작고 가벼운 방패는 치기 기법을 쓴다.

참고로 방패의 기법 중에는 일부러 관통하게 만들어서 방패를 비틀어 적의 무기를 빼앗는 것도 있다.

방패의 자세

방패의 특성이나 오른손으로 무기를 쓰기 쉽게 하는 것 따위를 기초로, 보통 방패는 그림 ❷처럼 신체의 왼쪽에 비스듬히 위치시킨다. 이 자세를 '외측 자세'라고 한다. 개인전에서 방패를 정면을 향해 들고 있는 일은 거의 없다. 물론 집단전에서는 방패를 정면을 향해 들기도 한다. 그리스의 '호플리테스' 003 는 방패를 정면으로 들고 줄지어 서는 방법으로 일종의 거대한 벽을 만들었다. 즉, 이것은 어디까지나 개인전에서의 방패 자세다.

❷

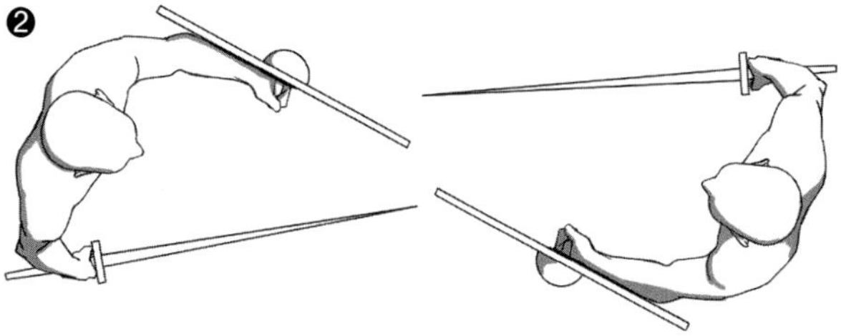

외측 자세를 취했을 때 왼쪽에서(적이 볼 때는 오른쪽에서) 들어오는 공격은 거의 막을 수 있다. 또, 찌르기는 방패의 앞부분을 조금 오른쪽으로 비켜 들어서 빠지게 만들 수 있다.

더욱이 실드 배시(shield bash, 방패로 후려치기)도 하기 쉽다. 잘못 알고 있는 경우가 많은데 실드 배시는 방패의 정면을 부딪치기보다는 방패의 테두리로 친다(방패의 테두리는 강화되어 있는 경우가 많다). 갑옷을 입지 않은 상대라면 갈비뼈 몇 개를 단숨에 부러뜨릴 수도 있다.

그 밖에도 다음과 같은 자세가 있다.

- **내측 자세:** 왼팔을 오른쪽으로 비켜서 방패를 몸의 오른쪽에 두는 자세. 이 자세로 방어하는 일은 없다. 그러나 오른쪽에서 오는 공격을 막으면 이 자세가 나온다. 이때 그대로 적의 무기를 오른쪽으로 밀어 넣어 적의 방패와의 사이에 끼워 넣으면 적은 양손을 움직일 수 없게 되고 그 틈에 방패의 왼쪽에서 검으로 찌른다.
- **중심 자세:** 집단전처럼 방패를 정면을 향하게 한다. 이때 방패 아래 측을 올려서 비스듬히 위로 향하면 적은 발밑을 공격하기 어렵다. 하반신 공격으로부터 몸을 지킬 수 있는 자세다.
- **상단 자세:** 팔을 들어 손이 귀 옆에 올 정도로 방패를 올려 든 자세. 적이 머리를 노리고 올 때 이 자세를 취하는데 그만큼 하반신 방어는 소홀해진다. 또, 방패를 쥔 왼팔 때문에 왼쪽이 전혀 보이지 않아서 1 대 1이라면 상관없지만 다인수 전투에서는 피하는 편이 좋다. 적의 공격을 막았다면 재빨리 방패를 내려야 한다.

045 Buckler

버클러(보병)

✚ 움직여야 하는 방패 ✚ 무기에 대응 ✚ 무기 휘감기

작은 방패의 유효성

버클러는 15세기 말부터 17세기에 걸쳐 사용된 지름 30 cm 정도의 작은 방패다. 따라서 들고 있는 것만으로는 몸을 방어하기가 어렵다. 가벼운 방패인 버클러는 빠르고 섬세하게 움직여줘야 몸을 지킬 수 있다. 당시 기법서에는 "신체보다 훨씬 작은 방패로 신체를 모조리 덮는다."라고 적혀 있다. '잘 움직여서 몸 전체를 지킨다.', 즉 방패를 움직인다는 의미뿐 아니라 몸 전체를 움직여서 몸과 적의 무기 사이에 버클러로 차단한다는 의미도 포함한다.

또, 오른손으로 공격할 때 오른팔을 커버하는 기법이 있다. 공격을 위해 앞으로 나가는 오른팔을 적이 노리기 때문이다.

왼손의 버클러는 그림 ❶처럼 동체에서 떨어지도록 똑바로 팔을 펴서 유지한다.

이것은 다음과 같은 이유 때문이다.

- 적의 무기 가까운 곳에서 막아야 무기의 힘도 약하고 속도도 느리기 때문에 막아내기 쉽고 버클러가 손상될 우려도 적다.
- 버클러는 작기 때문에 적의 동체에 바싹 붙이면 커버할 수 있는 면적이 적다. 버클러를 적의 몸 쪽으로 뻗으면 상대의 시야로부터 자신의 신체를 넓게 숨길 수 있다❷.

버클러에는 그림 ❸처럼 적의 무기 바로 앞

❶

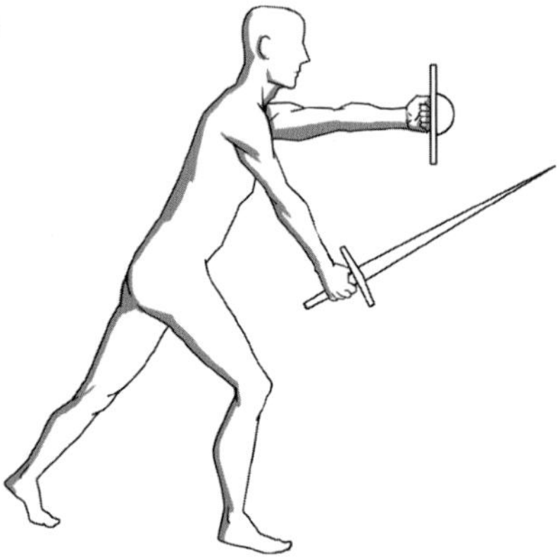

❷

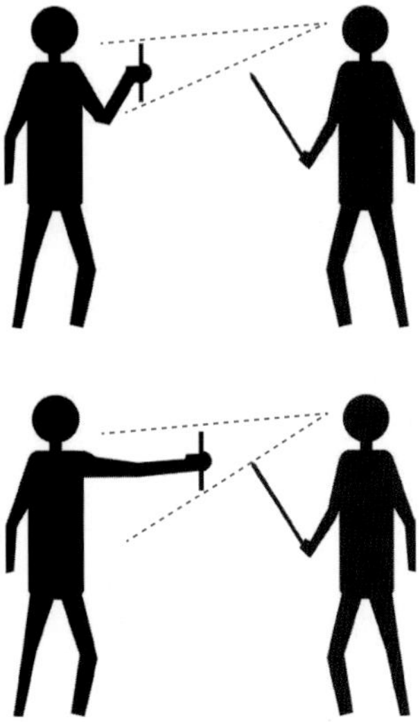

에 대는 기법도 있다. 방패가 작기 때문에 그 대신 적의 무기 바로 앞에 대고 대응하기 쉽게 하려는 것이다. 특히 당시에 검은 레이피어처럼 찌르는 검이 많았기 때문에 검 끝에 방패를 준비해두면 공격을 막을 수 있다. 베면서 들어왔을 경우 덮치려는 동작이 먼저 필요하기 때문에 버클러를 움직여 대응할 여유가 있다.

❸
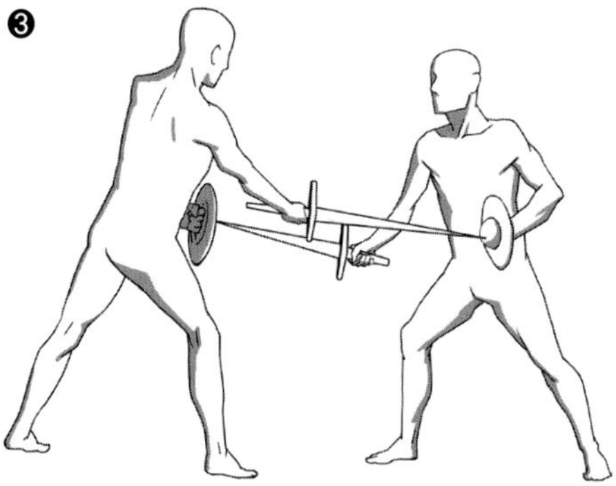

버클러를 이용한 방어와 공격

버클러를 이용한 가장 기본적인 공방의 예로 적의 찌르기에 대한 방어와 반격을 소개한다. 여기서는 양측 모두 검과 버클러를 장비하고 있다고 하자.

그림 ❹에서는 B가 검으로 찔러 들어올 때 A는 왼발을 오른쪽 앞으로 내딛고(신체를 B의 검에서 버클러를 끼운 반대쪽으로 오도록 이동시켰다.) 버클러로 B의 검을 받아넘긴다. 이때 가능하면 그림처럼 B의 버클러도 함께 끌어들여 왼쪽으로 빠지게 하면 B의 겨드랑이에 틈이 생긴다.

그다음에는 그림 ❺처럼 A는 오른발을 한 발 더 앞으로 내딛고, B의 왼쪽으로 이동해 B의 열린 왼쪽 겨드랑이에 찌르기를 넣을 수 있다.

적의 버클러까지 휘감기는 어려울 테니 적도 이 공격을 왼손 버클러로 막을 수 있다.

버클러를 이용한 싸움에서는 적의 공격에 재빠르게 대응해 버클러로 막고, 순식간에 틈을 찌르는 전법이 기본이다.

❹
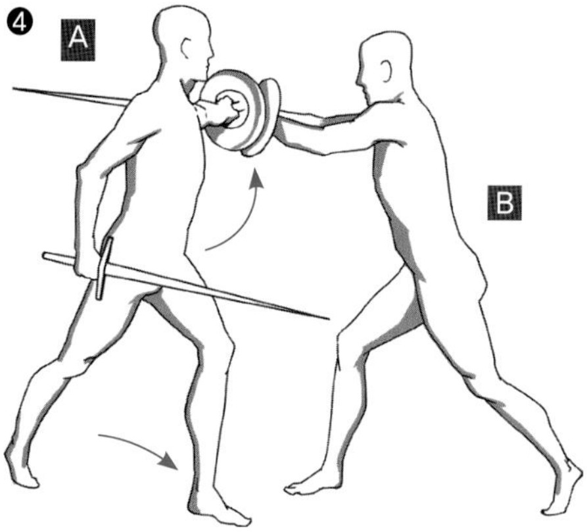

❺
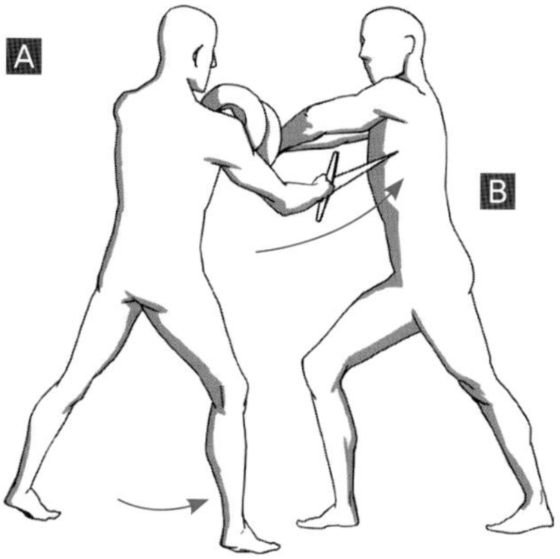

이도류(보병)

✚ 쌍 칼 사용 ✚ 손놀림의 이점 ✚ 팔 교차

몸이 가벼워진 시대의 무술

이도류는 같거나 비슷한 크기의 검을 두 개 사용하여 싸우는 무술이다. 이도류 자체는 유럽에서도 예로부터 존재했으나 실전에서 사용한 예는 거의 없다. 다음과 같은 이유 때문이다.

- 두꺼운 갑옷을 입은 시대에는 무기의 기법 수보다도 갑옷을 뚫는 위력이 더 중시되었다.
- 일본 무사와는 달리 유럽에는 검 두 개를 들고 다니는 관습이 없었다.

이도류가 검술로 채용된 시기는 총 때문에 더 이상 갑옷을 입지 않게 된 르네상스 이후다. 갑옷을 입지 않고 쌍 칼을 사용해 공격 횟수를 높이면 더 유리하기 때문이다. 그럼에도 쌍 칼를 들고 걸어 다니는 것은 이상하다고 여겨 이도류는 주류가 되지 못했다.

이도류는 팔과 검이 엉키지 않도록 움직이는 것이 중요하다. 언뜻 보기에는 간단해 보여도 이도류는 트릭적인 기법이다. 팔을 휘감듯이 오른팔을 일부러 왼팔보다 더 왼쪽으로 들고 있는 정도는 보통이다.

예컨대 그림 ❶에서는 A가 왼팔로 적의 이도류 검 모두를 오른쪽으로 치고, 그로 인해 뚫린 적의 오른쪽 몸을 노리기 위해 오른팔을 왼팔의 검과 교차시킬 정도로 왼쪽으로 옮겨 공격한다.

이도류의 자세에는 몇 가지가 있는데, 가장 유명한 것이 '상단 자세'다.

그림 ❷의 B가 상단 자세다. 한 손은 위로, 다른 한 손은 아래로 향해 자세를 잡고 검 끝은 모두 상대 몸의 중앙 부근에 위치시킨다. 위에서 봐도 검 끝이 중앙에 집중해 있다. 이 자세는 '검과 방패(보병)' 040의 A형 방어를 검으로 실현한 것이다. 참고로 다리는 밑에 있는 팔 쪽의 다리를

❶

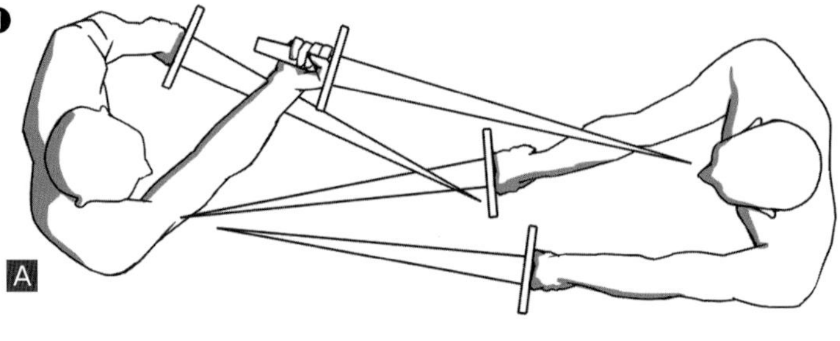

앞으로 내민다.

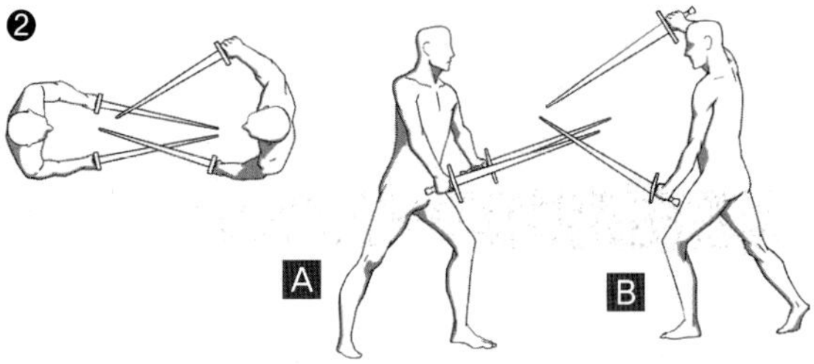

이 자세는 적이 공격해온 쪽의 검으로 막고(위 · 오른쪽이라면 오른손으로, 아래 · 왼쪽이라면 왼손으로) 다른 검으로 반격하는 고노센[後の先][20]이라는 기술을 노린다.

물론 상단 자세에서 먼저 공격을 행동으로 옮기는 것도 가능하다. 이때도 한쪽 검으로 적의 무기가 다른 곳을 향하게 하고 다른 쪽은 공격하는 형태가 된다.

기다리는 자세로는 그림 ❷의 A처럼 '하단 자세'가 있다. 물론 하단 자세에서도 적을 공격할 수 있다. 그림 ❸의 A처럼 한 팔(그림에서는 왼팔)을 사용해 상대의 검을 친다. A는 B의 오른쪽 검을 자신의 오른쪽으로 뿌리친다. 이렇게 함으로써 B의 오른팔을 제압함과 동시에 B의 왼팔 공격을 B의 오른팔로 방해하는 효과도 노린다. 게다가 열려 있는 B의 오른쪽 겨드랑이를 A의 오른팔 무기로 공격할 수 있다.

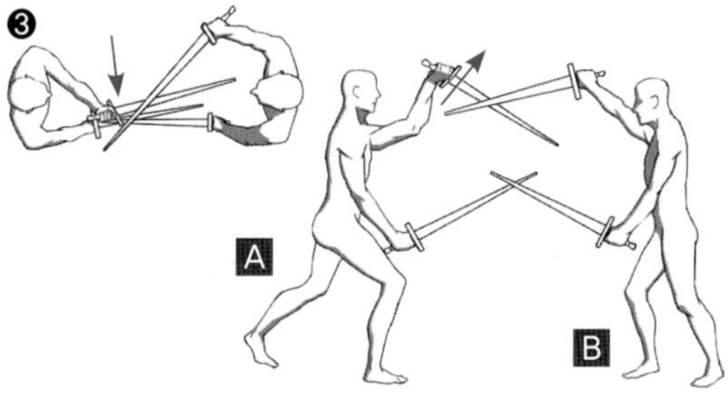

물론 B도 가만히 있지는 않는다. A의 검을 B의 오른쪽으로 밀고 되받아치려 할 것이다. 그럼에도 A는 대응할 수 있다. B가 검을 오른쪽으로 다시 밀어내려 하면 B의 왼쪽에 틈이 생기기 때문이다. 이때 그림 ❹처럼 A는 오른팔을 옆으로 뻗어서 거기서부터 열린 동체로 찌르기를 넣을 수 있다.

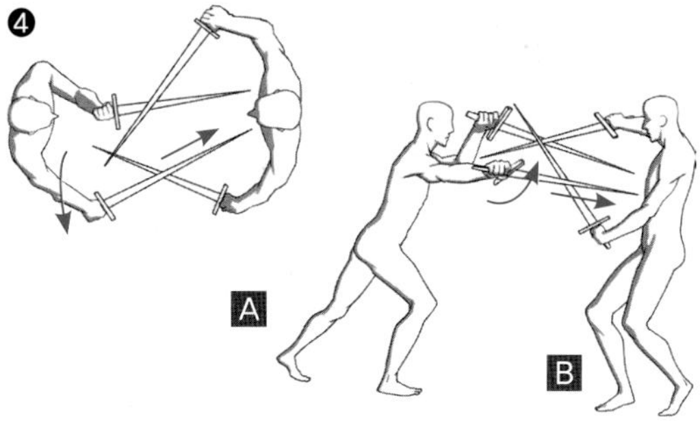

20 상대로 하여금 먼저 공격하게 하여 이에 응하는 기술.—역주

레이피어와 왼손(보병)

+ 망토 + 모자 + 칼집

가늘고 긴 검이 주류인 시대

근세가 되면서 갑옷을 입지 않는 사람이 늘어 재빠르게 적을 공격할 수 있게 되었다. 게다가 적에게 충분히 닿을 수 있는 레이피어를 검으로 이용했다. 주로 결투 시에 사용했다. 오해하는 사람도 있겠지만 레이피어는 결코 펜싱 검 같은 유연한 검이 아니다. 기본적으로는 푹 찌르는 공격에 사용하는데 공격도 가능할 정도로 충분히 잘 베어지는 검이다. 뿐만 아니라 결투에서 먼저 피해를 주기 위해(당시의 결투는 퍼스트 블러드, 즉 먼저 피를 흘린 쪽이 진다는 룰이 많았다.) 칼의 몸체가 길었는데 최대 1.3 m 정도인 것까지 있었다. 너무 길어진 탓에 잉글랜드에서는 1557년에 길이가 1,143 mm 이상인 검은 사용을 금한다는 법률이 성립되었다.

그러나 칼의 길이를 감추기 위해 겉으로 볼 때는 칼의 몸체가 한도 내의 길이지만 자루 속에 숨겨진 부분이 있어서 필요할 때 칼의 몸체를 꺼내어 길이를 늘일 수 있는 교묘한 검까지 생겨났다.

레이피어는 오른손에 든다. 이때 왼손은 '맨손'이거나 '케이프', '대거', '버클러' 같은 것을 들어 방어했다. 그 밖에도 칼집이나 모자 같은 그 자리에 있는 물건을 이용해 방어하기도 했다.

맨손

왼손이 맨손인 경우 왼팔을 사용하느냐 아니냐로 나뉜다. 왼팔을 사용하지 않는 경우에는 왼손을 등 뒤에 두는 게 일반적이다❶. 검 싸움에서는 적의 팔을 노리는 경우가 많기 때문에 오른손을 다쳤을 때 왼손으로 싸우기 위해서다.

❶
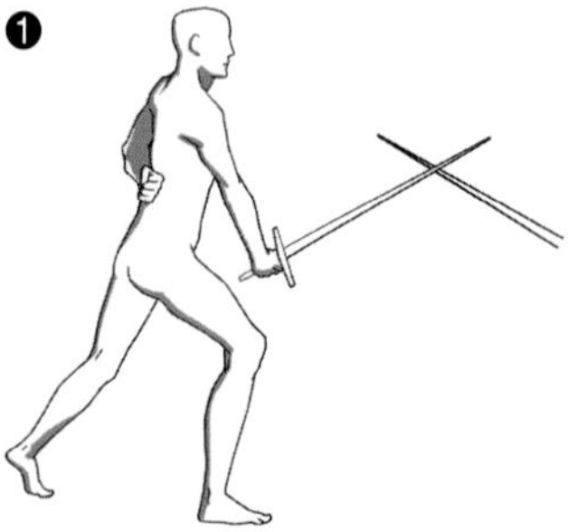

왼손을 쓰는 경우는 가라데촙[21]을 하는 형태로 머리 앞에서 조금 아래에(시선을 가리지 않기 위해) 둔다❷. 이것은 적의 검을 왼손으로 막기 위해서다. 물론 그렇게 하면 왼손이

21 한 손을 편 상태에서 손날이나 손바닥으로 상대를 치는 기술.—역주

베이기 때문에 보통은 피하거나 검으로 받는다. 그러나 머리나 얼굴 같은 치명적인 부위에 적의 공격이 들어올 때는 왼손을 쓴다. 검의 배를 정확히 때릴 수 있다면 왼손도 무사하게 방어할 수 있다. 그렇게까지 되지 않더라도 급할 때는 머리나 얼굴을 지키기 위해 왼손을 희생한다.

❷

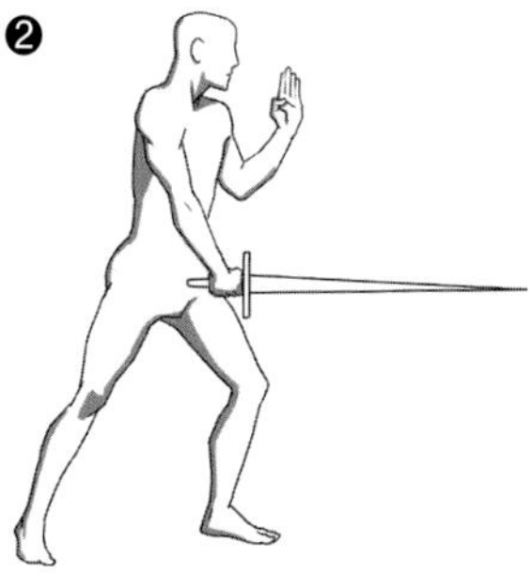

케이프

케이프란 르네상스 시대의 남성이라면 거의 다 착용한 짧은 망토다. 두께가 있는 무거운 모직으로 만들어졌기 때문에 살짝 스치는 정도로는 잘리지 않는 방어력이 있었다. 그래서 케이프를 왼손에 두르고 방패 대신 사용하는 기법이 개발되었다❸. 초기에는 팔에 단단히 둘러 팔로 뿌리쳤으나 16세기 무렵에는 투우에서처럼 케이프를 늘어뜨려 그 천 부분을 검에 두르고 뿌리쳤다. 그 밖에도 케이프를 휘두르며 적의 얼굴을 휘감아 시야를 가리고 적을 쓰러뜨린 사례도 있다.

❸

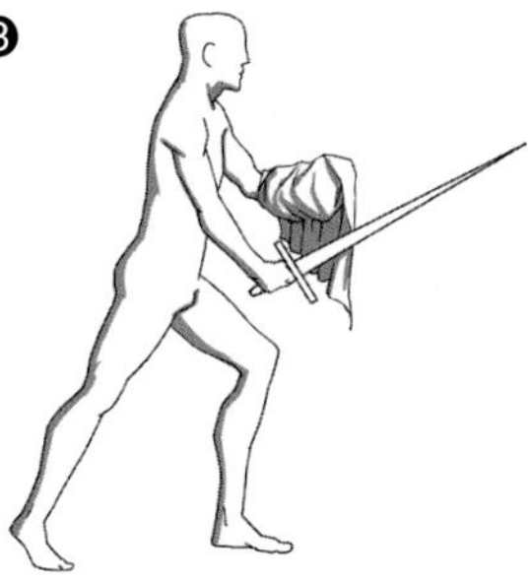

대거

왼손용 대거는 맹 고슈라고도 한다. 대거를 방어로 사용하는 경우, 적의 무기를 한발 앞서 받기 때문에 왼팔을 앞으로 뻗어 방어한다❹. 적의 공격을 왼손의 대거로 받아, 그 틈에 오른손의 검으로 찌르는 싸움이 된다. 이를 위해 오른손은 팔을 조금 당긴 자세를 취한다.

❹

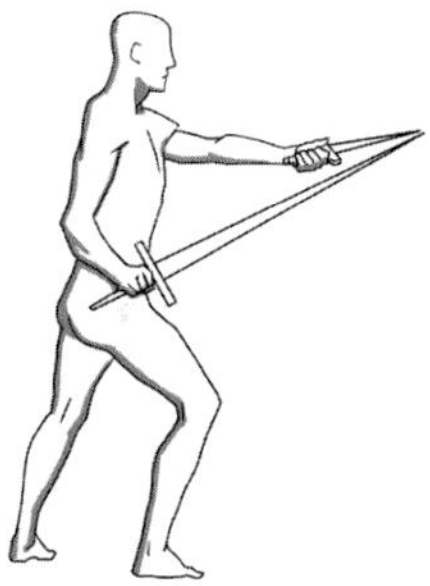

칼집

대거와 비슷한 용도로 쓸 수 있다. 단, 대거와 달리 칼자루가 없기 때문에 적의 무기가 칼집을 타고 내려오면 쥐고 있는 왼손이 위험하다. 항상 칼집 끝에서 적의 칼이 빠지도록 막아야 한다.

모자

모자도 케이프와 비슷한데 모자로는 적의 검을 휘감지 못한다. 이 때문에 두꺼운 모자 천을 활용해 뿌리친다.

레이피어와 대거(보병)

✛ 양손 무기 ✛ 방어 주체 ✛ 왼손 공격

네 가지 기본자세

오른손에는 레이피어, 왼손에는 대거. 이것은 두꺼운 갑옷을 입지 않았던 시대의 기본적인 무장 중 하나다. 레이피어만 드는 경우도 많지만 왼손에도 무기가 있어야 방어나 공격에 모두 유리하기 때문이다.

'레이피어와 왼손(보병)' 047 에서처럼 대거로 수비하면서 레이피어로 공격하는 경우가 많은데, 레이피어로 막는 수비 중심의 방어 태세도 있다. 그 경우의 기본 방어 자세는 네 종류가 있다.

그림 ❶은 레이피어를 칼집에서 빼든 상태의 자세다. 긴 검을 빼면 아무래도 팔을 오른쪽으로 비스듬히 위로 뻗게 된다. 분명 과장된 자세이나, 이것은 검을 뺀 사람이 위축되는 것을 피하고 스스로 용기를 갖기 위한 자세다. 오른손의 레이피어로 적을 위협하고 가슴 앞에 둔 왼손의 대거로 콤팩트하게 수비한다.

❶
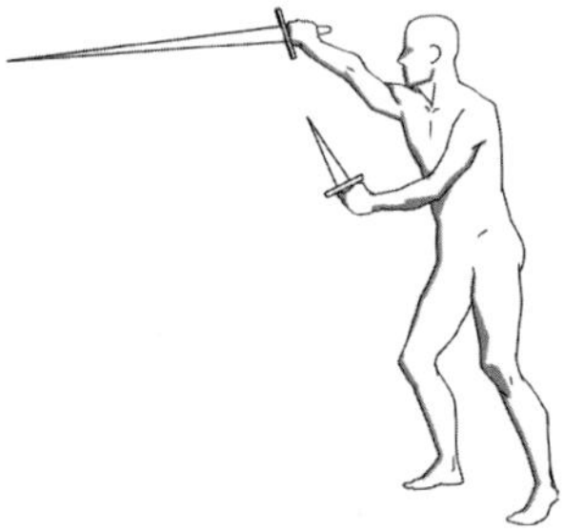

그림 ❷는 레이피어를 쥔 손을 조금 아래로 향하게 하고 적의 몸 중앙에 갖다놓음으로써 공방의 자세가 된다. 다리를 벌리고 있는 만큼 발밑을 방어하기 쉽도록 레이피어의 끝을 아래로 향한다.

❷
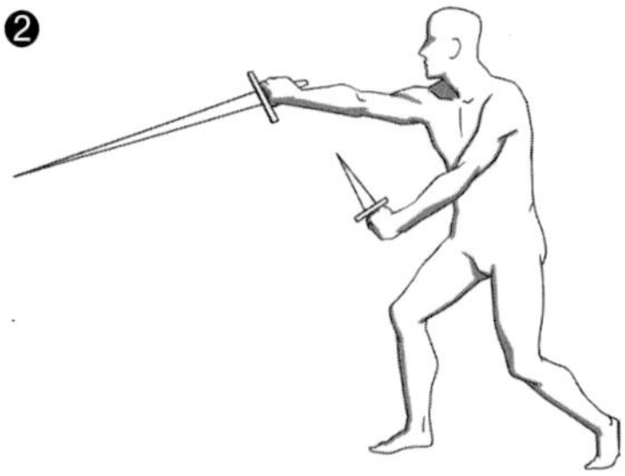

그림 ❸의 자세는 레이피어를 대거와 마찬가지로 중간 위치에 놓는다. 오른쪽 다리를 뒤로 빼면 적의 찌르기를 피할 수 있는 거리를 확보할 수 있다. 거꾸로 앞으로 내딛으면 이쪽에서 찔러 들어갈 수 있다. 옆에서 본 그림이라 이해하기 쉽지 않지만 오른팔은 오른쪽 앞으로 뻗고 오른쪽 팔꿈치는 오른쪽 무릎보다 바깥쪽에 오게 하며, 왼팔은 가슴 앞에 둔다.

❸
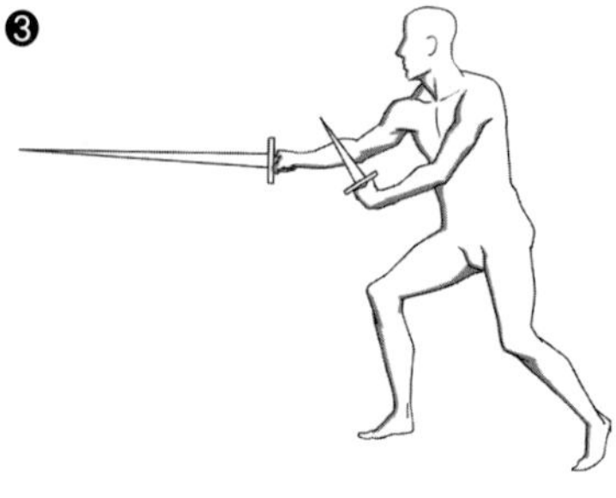

그림 ❹는 오른손의 레이피어로 몸 전체를 수비하며

머리 부분을 왼손의 대거로 지키는 자세다. 대거를 든 왼팔이 머리 위에 있기 때문에 몸 앞쪽의 방어가 약해진다. 이를 위해 오른팔을 오른쪽 팔꿈치보다 안쪽에 오도록 가슴 앞에 둔다.

❹

모든 자세를 봐도 오른손 레이피어가 수비의 기본이다. 레이피어를 앞으로 내밀고 적을 위협함으로써 적의 공격에 대비하는 것이 전제다. 실제로 이 자세에서 적의 무기를 레이피어로 쳐내고 대거로 찌르는 공격도 많다.

기본자세를 바탕으로 한 공격과 방어

이 네 가지 자세를 기본으로 다양한 공격과 방어를 한다.

예컨대 그림 ❷의 자세에서 오른쪽 다리를 앞으로 더 깊게 내딛어 몸을 왼쪽으로 비틀고 오른쪽 어깨를 앞으로 내밀어 오른쪽 팔을 더 앞으로 내지르는 공격이 그림 ❺다. 상반신을 앞으로 기울이면 검 끝을 좀 더 뻗을 수 있다. 이로써 레이피어의 칼 몸체만큼 앞으로 내지를 수 있다.

그림 ❻은 그림 ❸의 자세에서 레이피어와 대거를 교차시킨 형태로 이행했다. 두 개의 검으로 적의 무기를 정확히 막아내기 위한 방어 태세다.

그림 ❼은 적이 그림 ❶의 자세로 오른손에 든 검으로 이쪽의 오른쪽 어깨 부분을 노리고 들어왔을 때의 자세이다. 오른쪽 다리를 왼쪽 앞으로 내딛고 적이 볼 때 오른쪽으로 이동해 왼손을 오른쪽 어깨 쪽으로 가져와 공격을 막는다. 이 시점에서는 오른손의 변화는 없지만 이후 오른손에 든 레이피어로 내리치며 적의 머리 혹은 동체 부위를 공격한다.

❺

❻

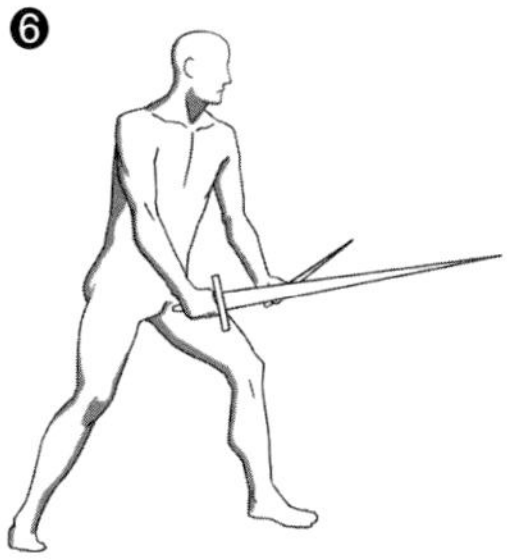

❼

049 Dagger

대거(보병)

✚ 최후의 무기 ✚ 암살 ✚ 단검 전투술

최후의 무기 손에 든 검이나 창 따위가 파괴되거나 날아갔을 때 최후의 무기로 사용되는 것이 대거(단검)다. 작고 거추장스럽지 않고, 야영이나 조리 등 전투 이외에도 사용하기 편리하기 때문에 대부분의 병사가 대거를 몸에 지녔다.

대거는 값싸며 누구라도 손에 넣기 쉽고, 칼집에서 빼서 찌르기까지 시간이 다른 무기보다 짧다는 이점이 있다. 그런 의미에서 암살에 적합한 무기라고 할 수 있다.

대거를 잡는 법에는 바로 잡기❶와 거꾸로 잡기❷가 있다. 바로 잡기는 공격적이고 거꾸로 잡기는 방어적이다.

대거는 현대나 중세나 바로 잡기가 더 유리하나 중세 때 단검술의 주류는 거꾸로 잡기였다. 대거를 오른쪽 허리에 찼기 때문이다. 왼쪽 허리에는 검을 찼기 때문에 대거는 오른쪽 허리에 찼다.

바로 잡기 거꾸로 잡기

오른쪽 허리에 찬 대거를 오른손으로 빼려면 아무래도 방향이 거꾸로 될 수밖에 없다. 그리고 급하게 대거를 빼야 하는 상황에서 다시 바로 잡기로 바꿔 들 짬이 없었다.

단검술에는 명확한 기법이 별로 없다. 대거가 필요한 상황 대부분이 갑작스레 발생하기 때문에 제대로 준비를 갖출 틈이 없다. 그래도 기본자세는 있다.

거꾸로 잡기의 기본은 '상단 자세'❸다. 하반신이 뚫리지만 거꾸로 잡기 상태에서는 이렇게 하지 않으면 적이 칼을 꽂을 수 있기 때문이다.

바로 잡기의 기본은 '좁은 긴 꼬리 자세'❹다. 보통 검을 쥐는 자세와 거의 같다. 즉, 대거를 조금 짧은 검으로 다루는 방법이다.

'강철문 자세'❺는 바로 잡기 시 '방어 자세'의 기본이다. 대거의 칼날을 왼손으로 쥐고(물론 손이 베일 정도로 강하게 잡지 않는다.) 몸 앞으로 내려 든 상태다. 적의 무기를 양손으로 막는 방어가 가능하다. 날에 손이 베이지 않도록 날의 배를 손바닥에 대고 저지한다.

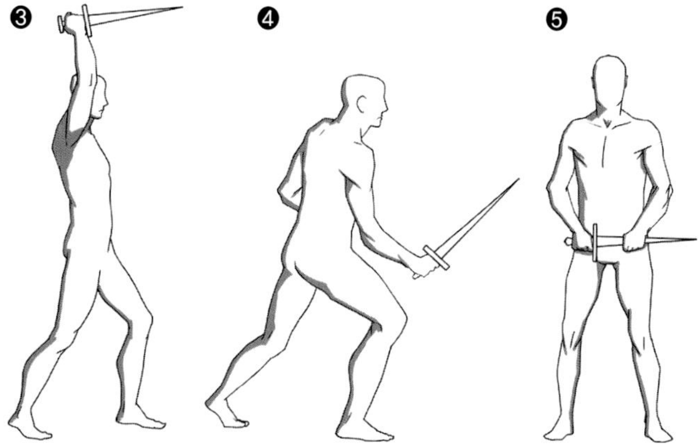

상단 자세　좁은 긴 꼬리 자세　강철문 자세

단검술에서 중요한 것은 대거로 싸우는 기술이 아니라 맨손으로 대거를 쥔 적과 싸우는 기술이다. 자신이 대거를 가지고 있지 않은 상황에 의문이 들지 모른다. 그렇지만 대거는 암살에 사용되는 일이 많으며 암살자가 재빠르게 대거를 뽑아 공격해 들어오는 경우, 대거를 뽑을 틈조차 없다. 그렇기 때문에 맨손으로 하는 호신은 목숨이 걸린 중요한 일이다.

예를 들어, 대거를 상단 자세에서 내리치는 적에게 대처하는 방법을 소개한다.

그림 ❻에서처럼 A는 앞 팔로 거꾸로 잡기 상태인 B의 앞 팔을 막는다. 그대로 적의 팔을 쥐고 반시계 방향으로 비틀어 팔을 짓누른다❼. 이에 대한 응용으로 그림 ❽의 A처럼 팔을 적의 팔에 엮어 그대로 바싹 붙여 비트는 기법도 있다.

대거를 이용한 싸움은 현대의 단검 전투술도 참고가 될 것이다.

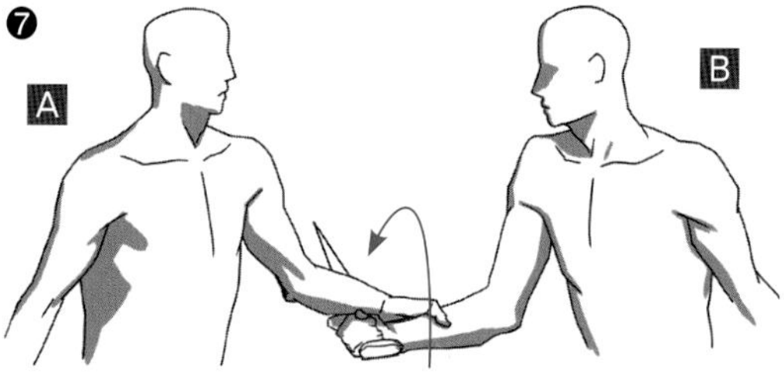

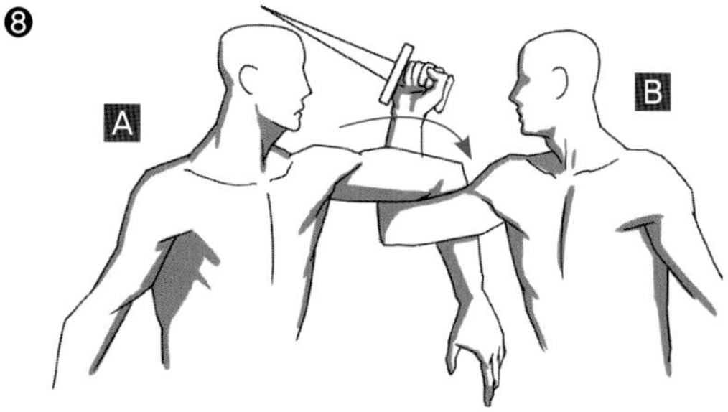

이종(異種) 백병전(보병)

✚ 공격 범위 ✚ 손놀림 ✚ 위력

무기의 차이와 전법의 차이

당연한 이야기지만 적이 자신과 같은 무기를 사용하리라는 보장은 없다. 오히려 다를 때가 더 많다. 이와 같은 싸움에서 생각해야 할 점은 다음 네 가지다.

- **자신의 이점:** 내 무기는 적의 것에 비해 어떤 점이 뛰어난가. 어떻게 하면 그 이점을 살릴 수 있는가.
- **자신의 약점:** 내 무기의 약점은 무엇인가. 그 약점을 어떻게 보완할 것인가.
- **적의 이점:** 적의 무기의 이점은 무엇인가. 그것을 활용하지 못하게 하려면 어떻게 해야 하는가.
- **적의 약점:** 적의 무기의 약점은 무엇인가. 그 약점을 어떻게 공략할 것인가.

전투 훈련을 받은 사람은 항상 이 네 가지를 의식하면서 싸운다(이론이 아닌 직감으로 판단하는 사람도 있다). 이렇게 함으로써 전투에 지성과 전술성을 담을 수 있다. 이야기에서, 이러한 부분을 생각하지 않는 무지하고 난폭하기만 한 적을 그리면 상대적으로 주인공의 유능함을 돋보일 수 있다.

그 예로 검과 창의 싸움을 생각해보자. 이 경우 무엇보다 전투 거리의 유불리가 행동의 커다란 기준이 된다. 검을 지닌 측은 다가오려 하고, 창을 지닌 측은 멀어지려 한다.

이러한 기본을 토대로 다양한 기법이 존재한다.

그림 ❶에서 B는 창을, A는 검(하프 소드)을 들고 있다. B는 검의 공격 범위 밖에 있지만 A는 창의 공격 범위 안에 있기 때문에 A는 방어를 우선한다.

❶

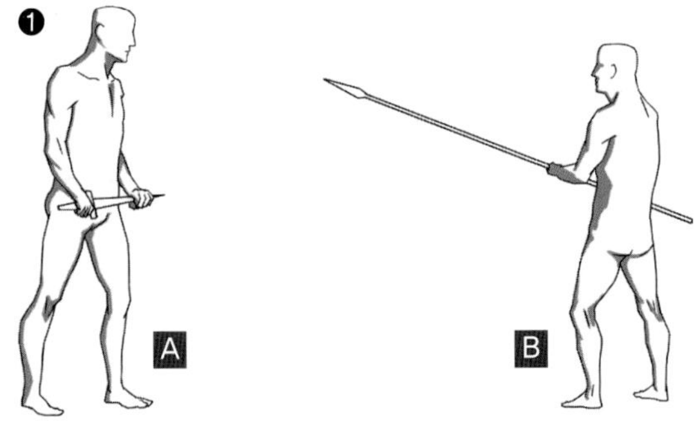

B가 한 걸음 앞으로 내딛으며 창을 내지르는 경우 A는 검을 올려서 창끝을 세게 튕긴다. 그림 ❷에서 A는 칼 몸체를 쥔 왼손을 올려서 검 끝으로 튕겨내고 있는데, 양손을 올려서 양손 사이의

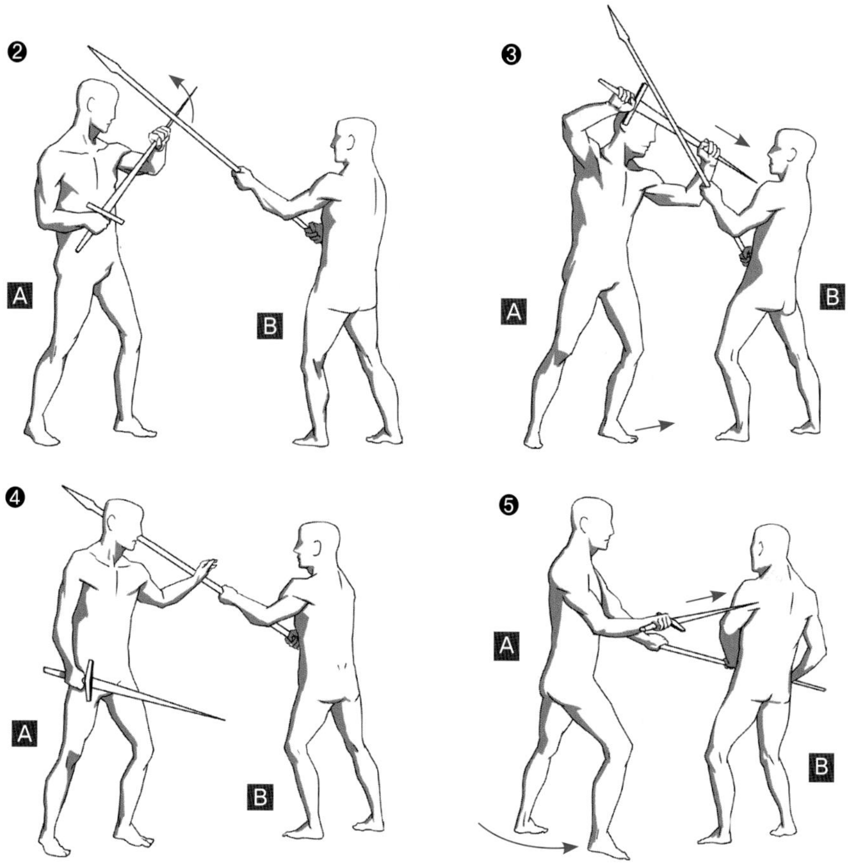

칼 몸체로 튕길 수도 있다. 이렇게 막는 방법은 이후에 일어날 행동에 따라 바뀐다.

그림 ❸에서 A는 검으로 창을 들어 올린 채 방어해 창의 공격 공간을 좁게 하여 위기를 모면했다. 그리고 적의 갑옷 틈새를 노려 검 끝으로 그대로 찌른다.

그림 ❹에서 A는 ❶의 자세에서 검을 쥔 왼손을 내려놓고 그 손으로 B의 창을 잡았다. 창의 약점은 가까이 다가가면 공격하기 어렵다는 점 이외에도 적에게 손상을 입힐 수 있는 부분이 창끝뿐이고 나머지는 그저 막대기일 뿐이라 적에게 잡히기 쉽다는 점이다.

다음으로 A는 창을 잡아당긴다. 그러면 B는 무기를 빼앗기지 않기 위해 다시 힘껏 잡아당기려고 한다❺. 이렇게 잡아당기는 싸움에서 이길 필요는 없다. 오히려 B가 끌어당기는 힘을 이용해 앞으로 나가 검으로 B를 찌른다. B는 창을 끌어당기느라 힘을 쏟아서 순간 피하지 못한다.

무장 격투술(보병)

✚ 밀어 넘어뜨리기 ✚ 누르기 ✚ 목 베기

최후의 수단

갑옷을 입고 있어도 모든 무기를 잃는 경우가 있다. 또, 갑옷을 입은 병사끼리 붙어 격투를 벌이면 이미 큰 무기를 사용할 여지가 없다.

그래서 갑옷을 입은 상태로 하는 격투술이 필요하다. 그중에는 플레이트 메일을 착용하고 벌이는 격투술이나 기마 상태에서 하는 격투술도 있다.

중요한 것은 다음과 같이 갑옷 때문에 생기는 상황의 변화다.

- 갑옷이 충격을 완화시켜주기 때문에 때려봐야 거의 효과가 없다.
- 갑옷 때문에 손발의 움직임이 둔하여 영역이 좁다.
- 갑옷이 무겁기 때문에 넘어지면 다시 일어나기 힘들다.
- 쓰러진 적을 깔고 누워 움직이지 못하게 하면 공격하기가 쉽다.

이러한 상황의 격투술을 무장 격투술이라고 한다. 이때 주의해야 할 것은 격투에 들어갈 때 반드시 대거를 지녀야 한다는 것이다. 왜냐하면 대거는 눌러서 꼼짝 못하게 한 적의 목을 베는 무기이기 때문이다.

던지기와 누르기

무장 격투술에서는 던지기라고 부르는데, 실제로는 적을 넘어뜨리고 눌러서 움직이지 못하게 하기 위한 기술이다.

그림 ❶에서는 A가 B를 넘어뜨리려고 한다. 그림에는 생략되어 있지만 둘 다 갑옷을 입고 있다.

먼저 A가 B의 왼쪽으로 나가기 위해 B의 왼팔을 바깥쪽에서 때려 동체 앞으로 오게 한다. 이렇게 하면 몸의 왼쪽이 무방비 상태가 된다. 그리고 A는 B의 왼쪽으로 나와 오른쪽 다리를 B의 왼쪽 다리 뒤로 건다❷.

다음으로 A는 B의 왼쪽 다리를 자신의 다리로 조인다. 이것은 B가 꼼짝 못하게 하는 의미도 있다. 플레이트 메일 따위를 입고 있으면 다리를 움직이기 불편하기 때문에 다리를 크게 벌려 쓰러지는 것을 막기가 불가능하다. 그 뒤, 왼손으로 적의 얼굴을 강타한다.

그 기세로 A는 오른손으로 B의 어깨를 잡아당겨 뒤로 넘어뜨린다❸. B는 왼쪽 다리가 끼어 있는 탓에 오른쪽 다리를 크게 벌려 버티지도 못하므로 뒤로 쓰러지고 만다.

쓰러뜨리기는 갑옷을 입은 적에게 효과적인 공격이다. 갑옷을 입고 있으면 체중이 1.5배 정도나 된다. 이 무게로 쓰러지면 적의 몸에 더 큰 타격이 가해진다.

마지막으로 적을 눌러서 움직이지 못하게 한 뒤 대거를 빼서 숨통을 끊는다. 대거가 없다면 헬멧 커버를 열고 얼굴을 가격한다. 그림 ❹는 왼쪽에서 팔을 누르는 짓누르기다. A는 양다리로 B의 왼팔을 누르고, 자신의 왼팔을 사용해 B의 오른팔에 체중을 실어 누른다. 이 누르기는 B의 다리가 자유롭기 때문에 공격할 수 있어 최대한 빨리 숨통을 끊어야 한다.

또, 대거는 자신의 것이 아닌 적의 대거를 빼서 사용하면(보통 오른쪽 허리에 차고 있다.) 적은 무기를 잃게 되고 자신은 대거를 지킬 수 있기 때문에 이상적이다.

적을 넘어뜨리는 방법에는 이 외에 무릎꺾기도 있다❺. 갑옷은 무릎을 타격이나 공격으로부터 보호해주는데 관절기술로부터는 지켜주지 못한다. 관절기술은 적의 다리를 걸기보다 차듯이 관절을 꺾는다. 체중을 실으면 더 효과적이다.

무장 격투술에는 이 밖에 적이 무기를 가지고 있을 때 재빠르게 절묘한 타이밍에 날아들어 격투로 몰고 가는 기술이나, 쓰러진 적의 동체의 서코트[22]를 감아올리거나 그 주변의 흙이나 모래를 모아 눈에 뿌려 시야를 차단하는 기술 따위가 있다.

❶
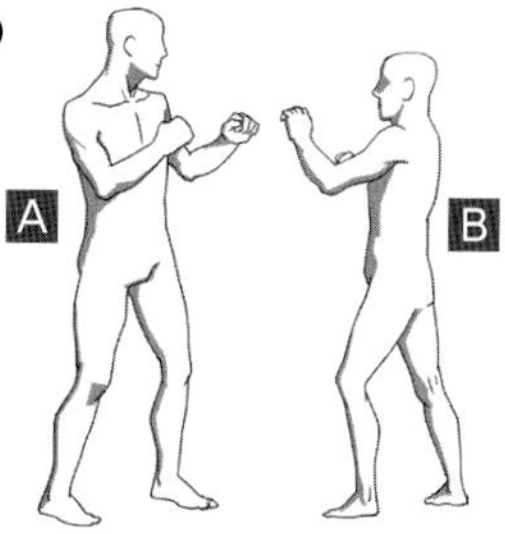

❷
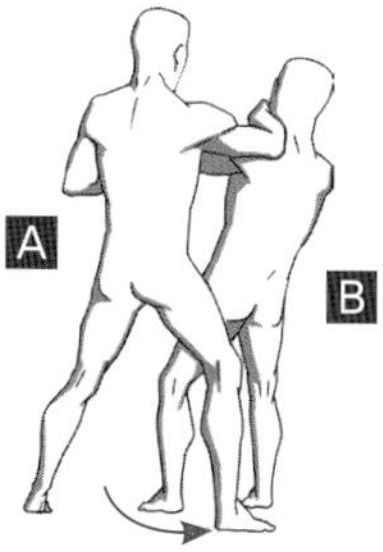

❸
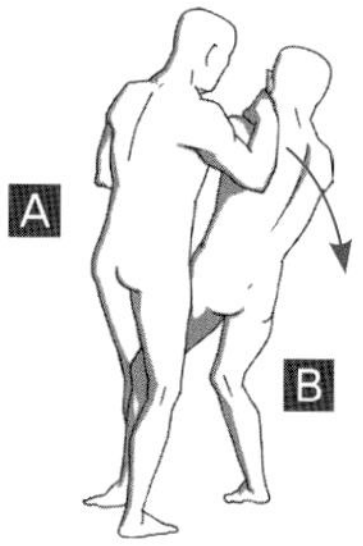

❹
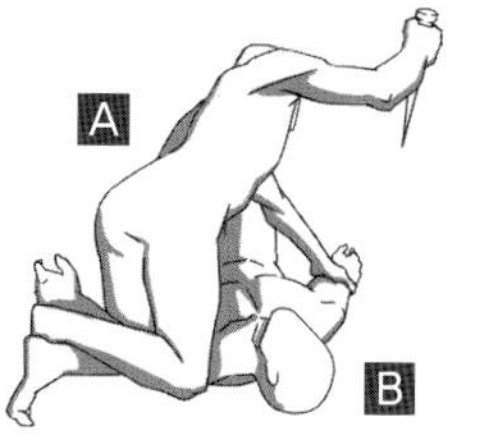

❺
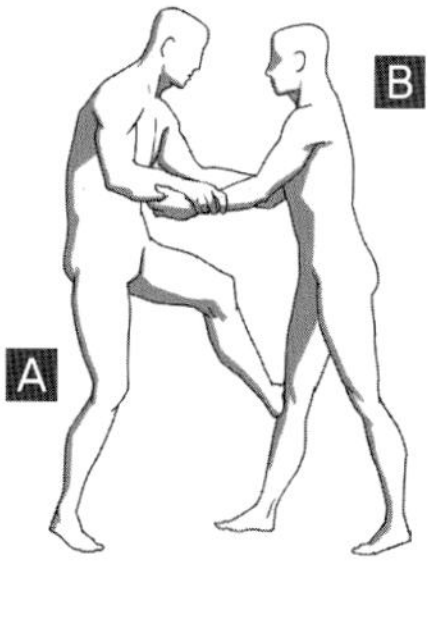

22 갑옷 위에 입는 겉옷.—역주

랜스(기병)

✚ 랜스 차지 ✚ 랜스 레스트 ✚ 박차

랜스 차지

기사의 대표적인 공격 수단은 랜스를 사용한 랜스 차지(돌격)다. 말에 타면 그만큼 키가 커지고 몸의 폭도 커지는데, 팔 길이는 그대로이므로 일반적인 무기로는 적에게 닿지 않는다. 그래서 랜스를 사용해 적을 공격하면 유리하다.

랜스 차지를 할 때는 기본적으로 적의 말이 자신의 왼쪽을 통과하도록 한다. 오른손에 있는 랜스를 적에게 맞추기는 어렵지만, 그 대신 자신도 왼손의 방패로 적의 랜스를 막기 쉽기 때문이다. 중장 기병은 전장에 머물면서 그 위압감을 계속 뿜어내는 역할을 하기 때문에 이는 방어를 중시한 공격 방법이다.

말 위에서 랜스를 다룰 때의 요령 다섯 가지를 소개한다.

체중을 실어서 찌르지 않는다

랜스를 찌를 때 체중을 앞으로 너무 실으면 몸을 움직이기 힘들어 중심 잡기가 곤란하다. 게다가 공격이 빗나갔을 때 그 힘에 밀려 말에서 굴러 떨어질 수도 있다. 충돌하는 순간 그림 ❶처럼 랜스를 꽉 쥐고 있어도 말의 체중이 있어 적을 쓰러뜨리기에 충분한 힘이 나온다. 굳이 자신의 체중만 실으면 말의 체중이 실리지 않으므로 오히려 약해진다.

❶

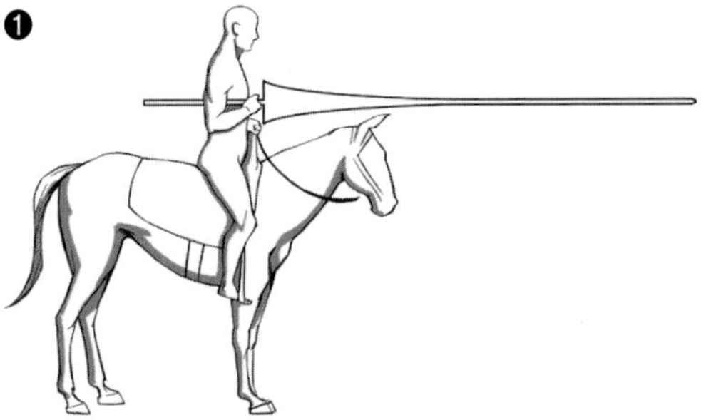

안장 꼬리를 높여 허리를 지지한다

안장 꼬리란 안장의 뒤쪽을 말한다. 이것은 충돌 시 부딪치는 힘 때문에 뒤로 밀려나는 것을 방지한다.

박차를 빈번하게 가하지 않는다

박차란 발뒤축에 붙인 가시로, 말을 자극하기 위해 사용한다. 무능한 기수는 돌격 때 무턱대고 창을 준비하지 않고 박차를 가하다가(가시로 말을 자극하다가) 박차를 멈추고 만다. 그러면 말의 가속도가 떨어져 돌격에 실패한다.

✠ 랜스 레스트의 활용

기사의 플레이트 메일의 오른쪽 가슴에는 그림 ❷처럼 랜스를 지지해주는 금속 도구 랜스 레스트(lance rest)[23]가 있다. 이것은 창을 겨드랑이 밑에 끼우기 위한 장치다. 랜스에는 그래퍼(grapper)라는 원반이 붙어 있어서 랜스 레스트에 끼워두면 충돌했을 때 랜스가 뒤로 밀려 공격력을 잃는 것을 막는다. 즉, 자신과 말의 체중을 적절히 이용해야 공격의 효과를 볼 수 있다.

❷

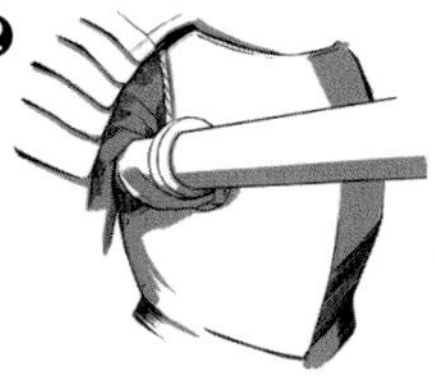

✠ 랜스의 자세

의외라 생각할지 모르지만 랜스는 그림 ❸의 A처럼 왼쪽으로 비스듬히 아래로 향하게 든다. B처럼 적을 향해 똑바로 드는 것은 공격하는 순간뿐이다. 이것은 그림 ❹처럼 충돌 시에 적의 랜스를 아래서 쳐올리기 위해서다. 쳐올린 뒤, 그대로 적의 랜스 밑을 따라 미끄러뜨리면 이쪽의 랜스 끝이 적의 동체에 맞는다. 왜냐하면 적은 겨드랑이 아래 높이에서 랜스 자세를 취하기 때문에 적의 랜스 밑을 따라 들어가면 자동으로 랜스의 끝은 적의 동체 높이가 된다.

❸

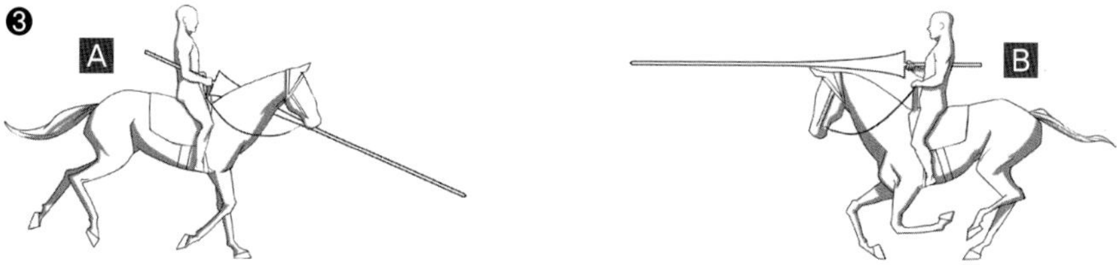

❹

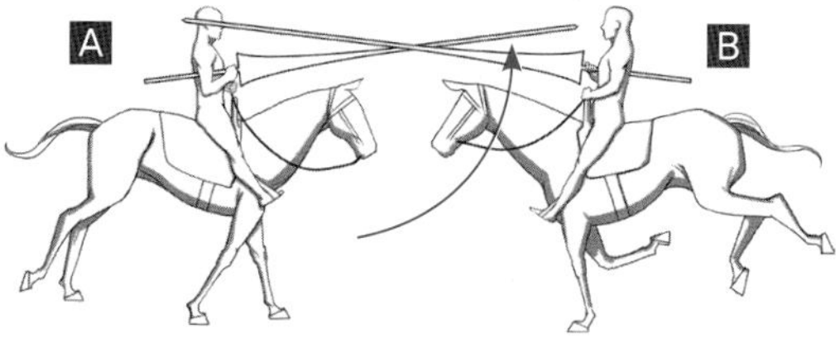

23 창 받침.—역주

사브르(기병 vs 기병)

사브르 | 자세 | 방어 유형

사브르 검술

나폴레옹 시대가 되면 이미 총이 일반화되어 두꺼운 갑옷을 입는 병사는 사라졌다. 이 때문에 갑옷 위로 후려치는 둔탁하고 무거운 직검보다 닥치는 대로 베는 사브르(곡도)가 주류가 되었다. 기병으로서 총병을 상대하는 경우, 랜스로 뚫고 나가는 것보다는 적 대열 속에서 사브르를 휘두르는 편이 많은 적에게 피해를 입힐 수 있기 때문에 훨씬 효과적이다.

사브르의 기본자세를 가드라고 하는데, 오른손에 쥔 사브르를 얼굴 높이 정도로 바로 옆에 든 자세다❶. 이때 왼손은 고삐를 쥔다. 이 자세를 취한 기병이 집단으로 돌격하면 적은 두려워할 수밖에 없다.

❶

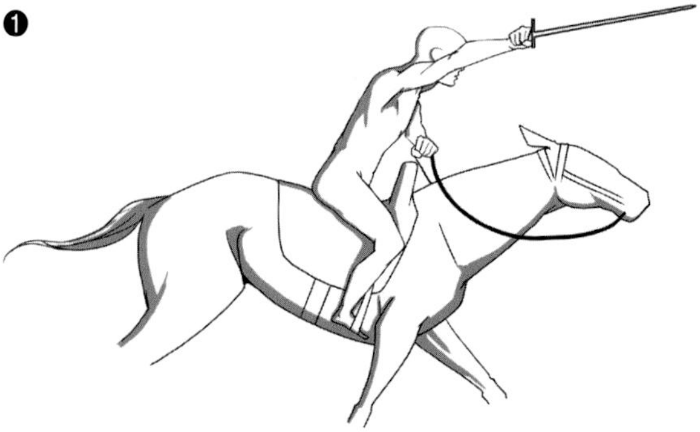

기본적으로 사브르는 오른손에 들고 있기 때문에 나란히 달려나가 싸우는 경우 자신의 오른쪽에 적을 두는 것이 유리하다(이 시대에는 방패를 들지 않았다). 이 위치를 잡게 되면 자신은 오른손으로 바로 공격할 수 있지만 적은 왼쪽이 무방비 상태이므로 우위에서 싸울 수 있다. 게다가 조금 떨어져 교차하여 달리다 보면 자신의 검만 닿고 적의 검이 닿지 않는 순간을 맞이할 수 있다.

따라서 자신의 왼쪽을 공격받으면 불리해진다. 이 때문에 방어는 왼쪽의 공격에 대처하는 것이 기본이다.

방어의 유형

영국과 프랑스는 방어의 유형에도 차이가 있다. 이를 그림으로 살펴보자. 그림 ❷와 ❸에서 색이 들어간 쪽이 영국 병사, 흰색이 프랑스 병사다.

그림 ❷는 영국형 방어다. A는 가드 자세에서 오른손을 조금 내리고 검을 세워서 왼쪽 방향으로 뿌리친다. 이렇게 함으로써 적의 검 끝을 자신의 몸 밖으로 빠지게 한다.

그림 ❸은 프랑스형 방어다. A는 가드 자세에서 검 끝을 조금 내리며 팔을 왼쪽으로 돌린다. 그리고 상대의 검 끝을 쳐올려서 위로 넘긴다.

그러나 그림 ❹처럼 공통된 형태도 있다. 공통된 형태라기보다 이 경우는 다른 방도가 없기 때문이다. 왼쪽 뒤에서 몸을 순식간에 공격해 들어오는 B에 대한 대처다. A는 몸을 왼쪽으로 비틀고 오른팔을 어깨 위로 올려서 칼끝을 아래로 향하게 한다. 그리고 검을 자신의 동체 왼쪽에 세로로 위치하도록 해서 적의 공격을 막는다. 앞 팔은 얼굴보다 위로 올려 들도록 한다. 그러지 않으면 자신의 팔에 시야가 가려 적을 볼 수 없다.

나아가 기병 대 기병인 경우 말을 노리는 일도 있다.

그림 ❺는 A가 자신의 왼쪽을 통과하는 B의 말 머리를 오른쪽에서 공격하는 것으로, B는 말 머리의 왼쪽을 막고 있다. 오른손을 뻗어서 하는 방어이기 때문에 이런 형태가 된다.

그림 ❻은 A가 자신의 오른쪽을 통과하는 B의 말 머리를 왼쪽에서 공격하는 것으로, B는 말 머리의 오른쪽을 막고 있다. 오른쪽이므로 오른손은 앞으로 더 나가기 때문에 이런 형태로 막게 된다.

❷

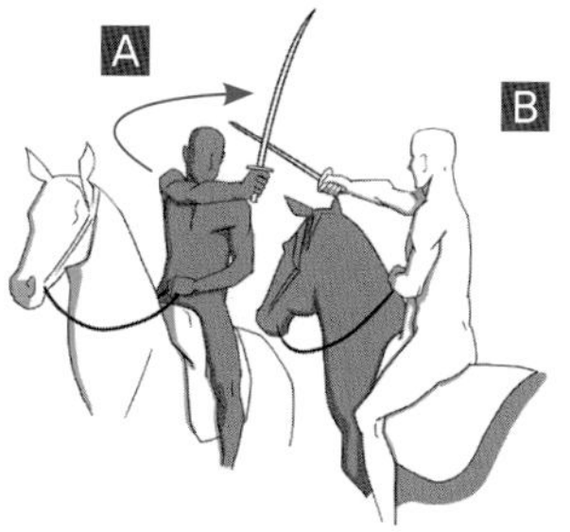

❸

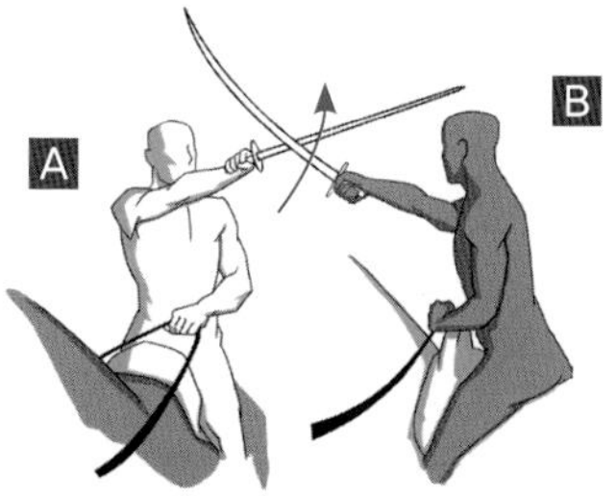

❹

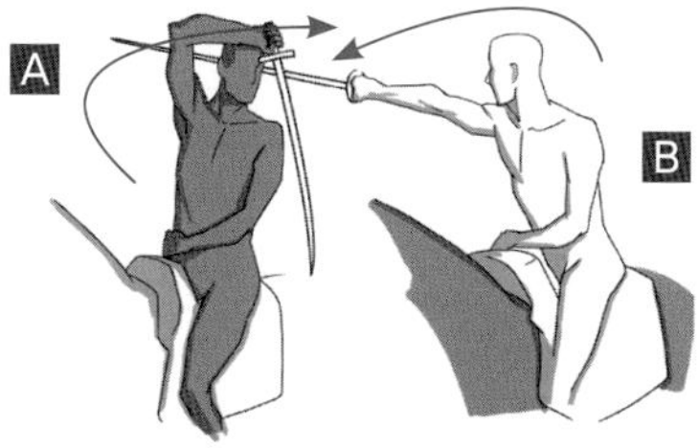

❺

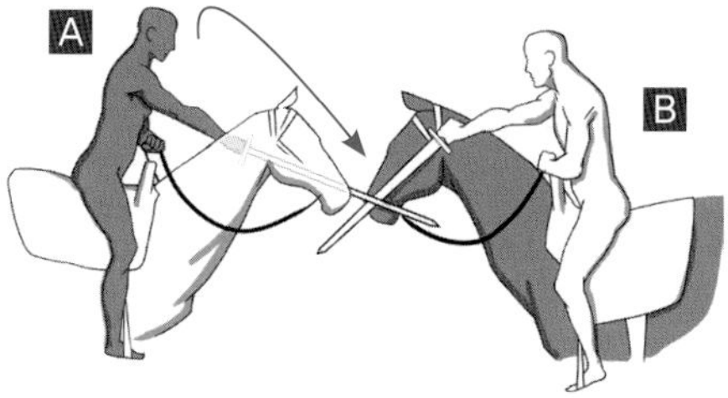

❻

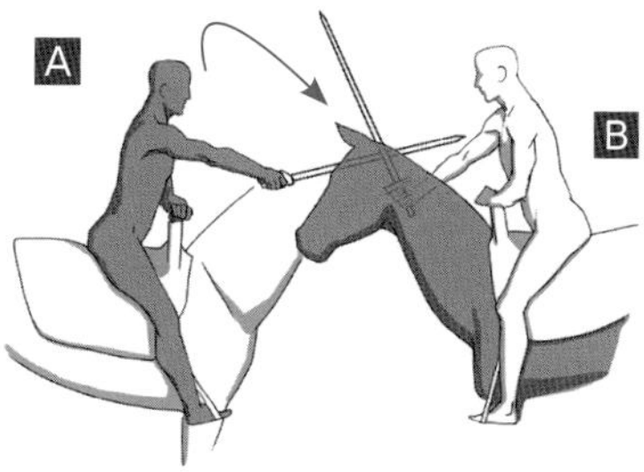

사브르(기병 vs 총병)

✚ 총검 ✚ 방어 ✚ 접근전

총검과 싸우기

총이 발달하면서 기병이 활약할 수 있는 전쟁터는 점점 좁아졌다. 그렇다고 기병과 검이 도움이 안 되는 존재로 전락한 것은 아니다. 특히 기병총이나 피스톨로 적의 총에 맞서 싸우다가 적이 혼란에 빠졌을 때 기병 돌격을 하는 방법은 상당히 효과적이다. 총병은 자신도 지키지 못한 채 우왕좌왕한다.

그러나 17세기가 되어 총병이 총검을 사용하게 되자 기병은 압도적인 우위를 잃게 되었다. 그때까지 총병은 기병보다 무력하며 창병에게 수비를 받아야만 하는 병사였지만 총검으로 스스로를 지키고 기병에게도 반격할 수 있게 되었다. 그래도 러일전쟁까지는 적의 총병을 유린하는 병력으로 기병은 계속 사용되었다.

그런데 기병의 검(사브르)과 총병의 총검을 놓고 보면 총검이 조금이나마 도달 거리가 길기 때문에 기병이 먼저 공격을 당한다. 기병은 일단 그 공간을 벗어난 뒤 반격으로 적을 쓰러뜨려야 했다.

총검을 가진 총병에 대한 기병의 사브르 돌격은 그림 ❶처럼 방어를 위한 자세로 행해진다.

오른손을 말의 갈기 부근에 놓고, 칼의 몸체는 갈기와 나란히 하여 앞을 향하게 한다. 몸은 살짝 오른쪽 앞으로 기울인다(밸런스를 무너뜨릴 만큼 기울여서는 안 된다). 이렇게 하면 오른손에 쥔 사브르를 적인 B에게 접근시킬 수 있다(적이 자신의 오른쪽에 오도록 이동한다). 이 자세는 적의 전열로부터 약 76 m 떨어진 곳에서 잡는다. 말 위에서 총을 쏘아 적을 혼란에 빠뜨리고 나서 돌격 자세로 들어가기 때문이다.

❶

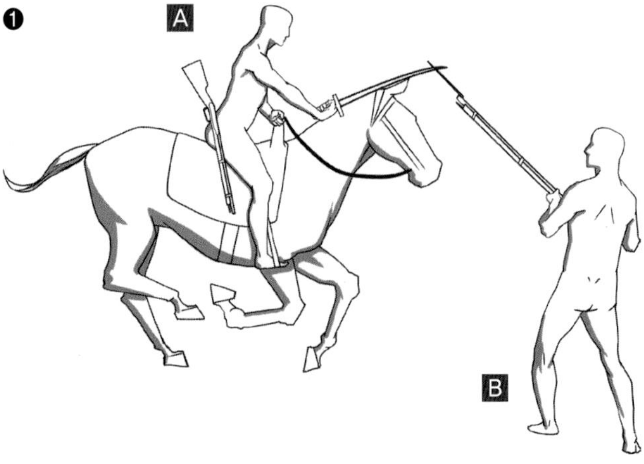

왼손은 말을 통제할 수 있도록 고삐를 쥔다. 급한 퇴각이나 다른 장소로 이동해야 할 상황이 생길 수 있기 때문이다.

이 자세에서 총검의 공격을 쳐낸다. 총검으로 가능한 것은 찌르기뿐이므로 기병은 적이 말을 노리고 있는지 자신을 노리고 있는지를 판단해 반격한다.

먼저 총병이 말을 공격해왔을 때다. 말의 머리를 노렸을 때는 사브르가 닿지 않기 때문에 말을 움직여 피하는 수밖에 없다. 그러나 말의 머리처럼 돌격 중에 크게 움직이는 작은 부위에 총검을 찔러 맞추기란 어렵기 때문에 표적이 되는 일은 좀처럼 없다.

총병이 가장 많이 노리는 것은 그림 ❷와 같이 말의 동체다. 이 경우 기병은 그대로 칼 몸체를 내려서 반시계 방향으로 칼을 돌려 적의 총검을 쳐올린다. 몸을 조금 일으키면 검에 힘이 붙어서 쳐내기가 쉬워진다.

참고로 자신의 다리를 노렸을 때도 마찬가지 방법을 쓴다. 실제로는 말의 몸을 노리는지 자신의 다리를 노리는지 구별하기 어렵다.

❷

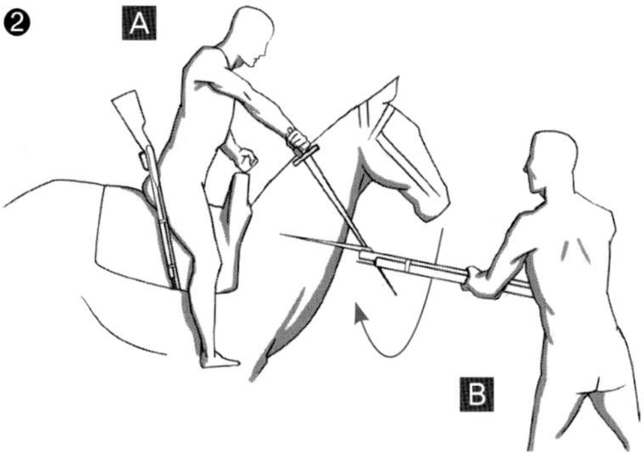

총검의 검 끝을 말 몸에서 떼어놓고 말로 다가가면 총병은 총검으로 찌르기 어려운 거리가 된다. 다가가면 기병의 사브르가 높은 위치에 있어 유리해진다.

그림 ❸은 총병이 말이 아닌 기병의 상반신을 공격해오는 경우다. 총병이 기병의 머리 혹은 몸을 노리고 찌르면 기병은 오른손을 당기듯 하여(세워 막기라고 한다.) 총병의 총검을 오른쪽 바깥을 향해 쳐낸다. 또 총병의 팔, 특히 앞으로 나와 있는 왼팔을 공격해 적의 공격을 막아낼 수도 있다.

❸

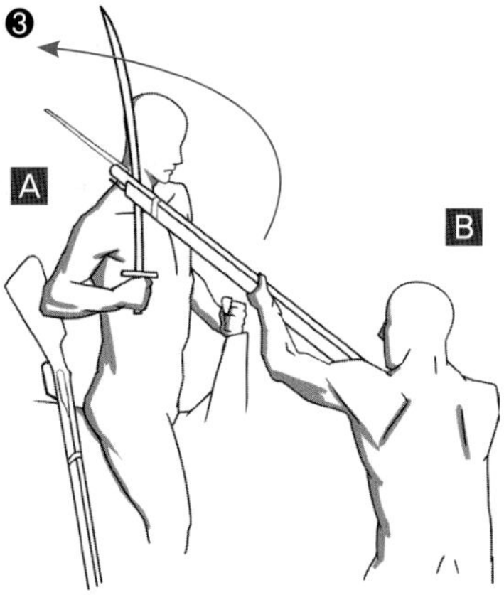

나아가 총병이 미숙해서 세워 막기까지 가지 않은 경우라면 그림 ❶의 자세에서 오른쪽 아래로 베어버릴 수도 있다.

갑옷(무사)

✚ 가동성 ✚ 틈새 ✚ 스케일 메일

갑옷의 유무

일본 센고쿠 시대의 전투는 에도 시대의 칼싸움과는 완전히 다른 전투였다. 에도 시대 사람들은 맨몸(전투복이 아닌 평상복만 입었다는 뜻이다.)으로 싸웠다. 급소를 보호해주는 것은 몸에 걸친 옷 뿐이었다.

그러나 센고쿠 시대의 합전에서는 갑옷을 입었다. 급소는 보호되었다. 이와 같은 적에게 검술로 치명적인 피해를 끼치지 못하는 것은 당연지사다.

갑옷을 입은 적을 공격하는 데는 다음과 같은 방법이 있다.

- 갑옷을 관통할 만큼 강력한 무기를 사용한다.
- 갑옷의 틈새를 겨냥해 신체를 공격한다.
- 갑옷이 있든 없든 타격 무기를 이용해 공격한다.
- 적을 쓰러뜨리고 나서 움직이지 못하게 누르고 치명상을 입힐 공격을 한다.

서양 갑옷을 입고 적과 싸우는 경우와 같다. 그러나 일본 갑옷은 서양 갑옷과 구조가 다르기 때문에 그 이점과 약점도 다르다.

일본 갑옷과 그 약점

일본 갑옷은 서양 갑옷보다 활동성을 중시했다. 이 때문에 쇳조각을 엮어 블라인드처럼 늘어뜨리는 구조로 되어 있다. 이와 같은 갑옷(유럽에서 말하는 스케일 메일)은 비교적 틈새가 많다. 또 신체를 덮는 구조가 아니라 상부만 막고 늘어뜨리는 형태의 구조(시코로나 구사즈리, 소데 따위)로 되어 있는 부분이 많아서 젖혀지면 약하다는 문제가 있다. 그래도 무게와 방어력을 생각하면 충분히 뛰어난 갑옷이다. 센고쿠 시대에 일반적으로 사용된 당시 갑옷❶의 각 부위별 명칭은 다음과 같다.

- **가부토:** 머리를 보호한다. 정수리 부분을 보호하는 둥근 부분은 하치[鉢]라고 한다.
- **시코로:** 투구의 하치에서 스커트처럼 내려온 부분으로 목의 좌우와 뒤를 보호한다.
- **멘보:** 얼굴을 보호하는 것인데 착용하지 않는 무장도 꽤 많다.
- **노도와:** 목의 앞쪽을 보호한다.

◎ **소데:** 어깨부터 위팔까지 보호한다.

◎ **고테:** 아래팔과 손등을 보호한다. 뒤는 뚫려 있다.

◎ **도:** 동체를 보호한다.

◎ **구사즈리:** 도의 아래로 늘어진 4~8장의 직사각형 모양으로 배를 덮는다.

◎ **하이다테:** 넓적다리에 동여매어 보호한다.

◎ **스네아테:** 종아리를 보호한다. 앞쪽만 가리는 것도 있다.

◎ **고가케:** 발등을 보호하기 위해 조리[24]에 동여맨다.

❶
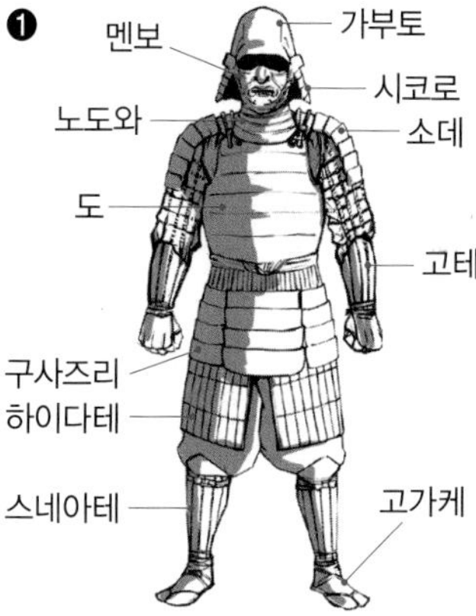

일본 갑옷은 활동성을 우선시하기 때문에 비교적 얇고, 형태상 갑옷으로 막을 수 없는 부분도 있다. 약점 부분은 찌르기 공격을 당할 수 있다. 주요 약점은 그림 ❷와 같다.

◎ **안면:** 가면을 써서 보호하는 경우도 있다.

◎ **어깨 틈:** 투구에서 시코로를 따라 날아든 칼이 파고드는 경우가 많다.

◎ **목:** 가동 부위이기 때문에 틈새가 벌어지기 쉽다.

◎ **팔 안쪽:** 일본 갑옷은 팔 안쪽에 장갑이 없다.

◎ **겨드랑이 밑:** 장갑이 없고 무기를 휘두르는 방법에 따라 틈이 크게 벌어질 수 있다.

◎ **도와 구사즈리 사이:** 구사즈리와 도 사이는 가동 부위이기 때문에 틈이 있다.

❷
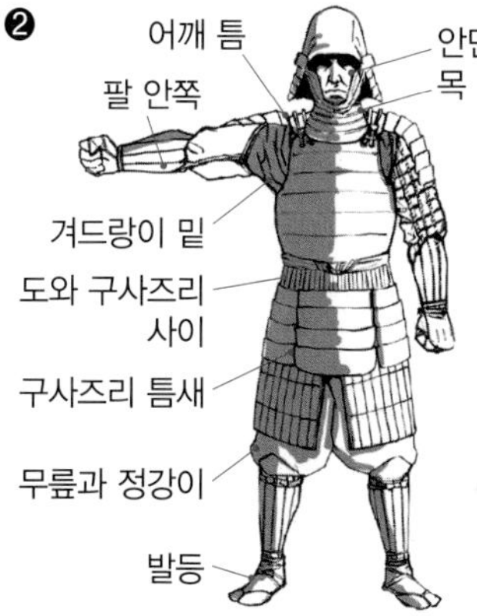

◎ **구사즈리 틈새:** 직사각형 모양의 블라인드 형태로 늘어뜨려 있기 때문에 틈새가 있다.

◎ **무릎과 정강이:** 무릎은 가동 부위이기 때문에 갑옷이 없다. 정강이도 앞에는 장갑이 있지만 뒤에는 없다.

◎ **발등:** 발은 조리만 신고 있는 경우가 많기 때문에 쉽게 공격할 수 있다. 발등을 찌르면 제대로 걸을 수 없다. 걷지 못하면 전투요원으로서는 죽은 것이나 다름없다. 창의 자루 끝으로 공격하는 기술도 있다.

---

24 짚신. —역주

창(무사)

✚ 개인전 ✚ 집단전 ✚ 타이밍

여러 가지 창

유럽의 창에는 스피어와 파이크가 있는데, 이 두 가지는 용도가 다르다. 스피어는 집단전, 개인전에 모두 쓸 수 있지만 파이크는 집단전용 무기다.

일본에서는 스피어에 해당하는 창을 모치야리[持鑓], 파이크에 해당하는 창을 나가에야리[長柄槍]라 한다.

나가에야리는 아시가루 집단의 전용 창이다. 그 사용방법에 대해서는 '아시가루' 016에서 소개했다. '겁이 많고 약한 병사일수록 긴 창을 선호한다.'라는 말이 있다. 오다 노부나가가 이끄는 오와리[尾張]병은 약병으로 유명했다. 그들은 조금이라도 멀리서 적을 치려고 길이가 6.3 m나 되는 창을 사용했다. 거꾸로 강병으로 유명한 에치고[越後]병은 4.5 m 정도의 짧은 창을 사용했다. 나가에야리는 평균 5.4 m 정도다.

모치야리는 다음에서 제시하듯 용도에 맞춘 명칭이 있다❶. 길이도 용도별로 다른데, 어디까지나 표준적인 길이다. 각자가 선호하는 길이로 창을 만들었기 때문에 범주에 들어가지 않는 길이의 창도 많다.

- **시노야리(2.5~3.5 m):** 도보(徒步) 무사의 창.
- **바죠야리(2~2.5 m):** 기마무사의 창. 일반적으로 말을 탔을 때 자신의 높이와 비슷한 길이의 창이 쓰기 편하다.
- **요진야리(2~2.5 m):** 에도 시대 무사의 집에 상비해두던 창. 무가의 저택이 적에게 습격당했을 때 문지방 위 등에 걸어둔 창을 빼어 들고 응전했다(반드시 창끝이 왼쪽, 자루 끝이 오른쪽이 되도록 걸어두었다).

❶

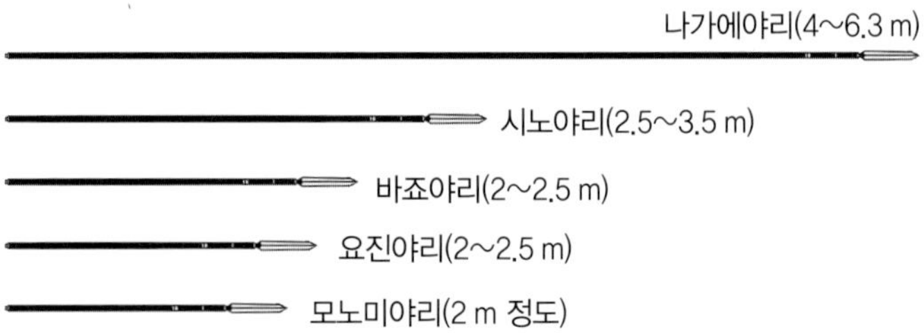

◎ **모노미야리(2 m 정도):** 정찰 임무를 맡은 무사가 지닌 창. 너무 눈에 띄지 않도록 하지만 여차하면 싸울 수 있도록 약간 짧은 창을 장비했다.

창 잡는 자세

창은 팔 힘으로만 찌르면 안 된다. 창끝 쪽을 쥔 왼손은 덧대듯이 잡아 움직이지 말고, 손 가운데로 창이 미끄러질 수 있게 한다. 그리고 창의 자루 쪽 끝을 쥔 오른손을 움직여서 창을 찌르고 뺀다.

특히 재빠르게 빼는 것이 중요하다. 찌른 채 멍하게 있으면 적에게 자루를 잡히기 때문이다.

오른손을 창의 자루 끝에서 띄워 잡는 방법은 다양하다❷. 보통은 자루 끝 가까이를 잡아서 가능한 한 멀리까지 찌를 수 있도록 한다.

하지만 일부러 자루 끝에서 30~60 cm 정도 떨어진 곳을 잡기도 한다. 특히 타인보다 긴 창을 사용하는 무사가 그렇게 한다. 이렇게 하면 적에게 창의 타이밍을 착각하게 만들 수 있다(오른손 뒤에 자루가 얼마나 남아 있는지는 대치하고 있는 적이 파악하기 힘들다). 그리고 적이 이쪽 타이밍을 파악했다는 생각이 들 때 바꿔 잡아 방금 전보다 멀리까지 나가는 찌르기로 공격해 적을 쓰러뜨린다.

❷ 창 잡는 자세

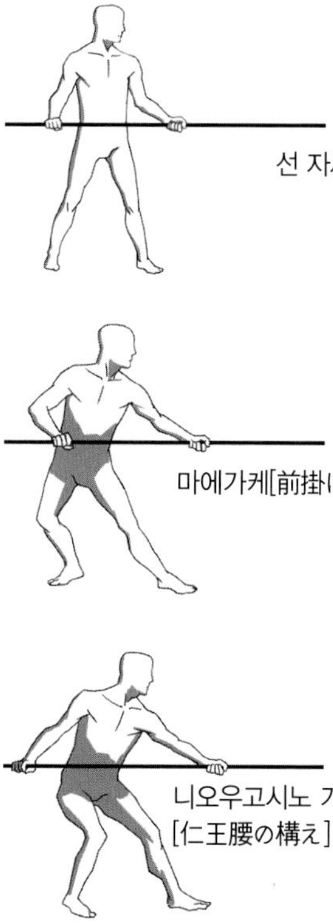

왼손의 미끄러짐을 더 원활하게 하기 위해 구다야리[菅槍]❸를 사용하기도 한다. 이것은 그림과 같이 창이 관통하는 파이프다. 끝에 둥근 판상이 붙어 있는데, 이것은 칼의 날밑과 마찬가지로 적의 무기가 창의 자루를 타고 내려와 손목을 베는 것을 막아준다. 이 구다야리를 왼손으로 꽉 쥐고 창의 방향을 잘 조정하면 오른손으로 재빠르게 창을 움직일 수 있다.

❸ 구다야리

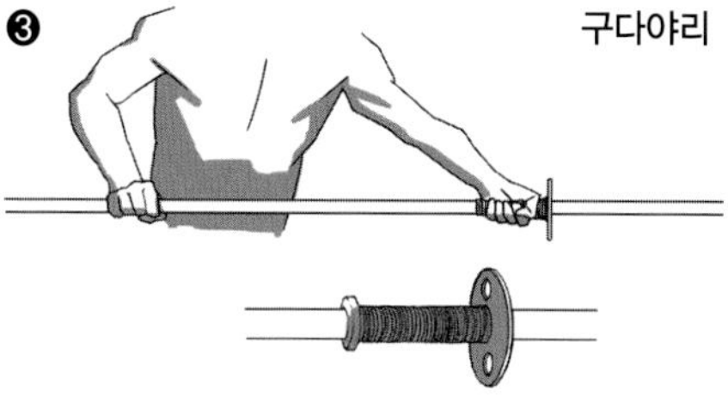

057 Kaisha-Kenjutsu

개자 검(무사)

✚ 갑옷 | ✚ 전법 | ✚ 공격적

갑옷과 칼

유럽의 검과 마찬가지로 칼은 휴대하기 편리한 무기다. 갑옷을 입고 있을 때는 물론 일반 옷을 입었을 때도 칼은 허리에 찰 수 있다. 그런데 전장에서는 애매한 무기다. 무사가 전장에서 주 전력으로 쓰는 무기는 활과 창이지 칼은 아니다.

하지만 활이나 창처럼 큰 무기는 전장에서 파손되거나 잃어버릴 가능성이 있다. 그런 긴급시에 허리에 찬 칼이 도움이 된다. 게다가 평상복을 입어도 들고 다닐 수 있다. 보통 허리에 찬 칼은 가장 사용하기 쉬운 예비 무기다.

❶

사람들은 이렇게 만약의 경우를 대비해 칼로 갑옷 무사를 쓰러뜨릴 방법을 생각했다. 명확한 유파는 없지만 각자 연구하거나 유파에 전해지는 기술 중 하나로 갑옷을 입은 적을 쓰러뜨리기 위한 고민의 흔적이 남아 있다. 이런 기술을 후세에 이르러 '개자 검술'이라 불렀다. 개자 검술은 유파는 없지만 그 기술이 남아 있다.

개자 검술의 기본자세는 그림 ❶처럼 먼저 발을 크게 벌리고 허리를 낮춘다. 무거운 갑옷을 입고 있는 탓에 넘어지면 그 즉시 궁지에 몰리기 때문이다.

그리고 다리를 벌린 채 뛰어다닌다. 한순간도 다리를 모으고 있지 않으려고 한 것이다.

❷

고개는 약간 숙인 채 눈을 치뜨고 적을 본다. 이것은 가능한 한 약점인 얼굴(특히 눈)을 드러내지 않으려는 의도다.

소데(어깨에 착용한 직사각형 덮개)는 앞으로 늘어뜨려 가슴을 방어한다. 그림 ❷처럼 비스듬히 내리치거나 혹은 똑바로 찌르며 들어간다.

공격할 때는 칼이 투구나 투구의 장식에 걸리지 않도록 그림 ❶처럼 사선으로 들고 사선으로 내리친다. 혹은 똑바로 찔러 들어간다.

실용적 개자 검술은 방어를 갑옷에 맡기고 칼로 공격해서 적을 쓰러뜨린다. 실제로 개자 검술은 검술치고는 치졸한 것이 많으며, 갑옷을 입지 않은 상태라면 일반적인 검술에 이길 수 없다. 개자 검술이 통하는 것은 갑옷 무사 간의 싸움에 한해서다.

구로다[黒田] 번의 가신이자 무공자로 알려진 노구치 가즈시게[野口一成]가 도장에서 병법가와 대련했다. 그러나 가즈시게는 목검을 왼팔로 막고 오른쪽 목검을 드미는 것밖에 할 수 없었다❸.

❸

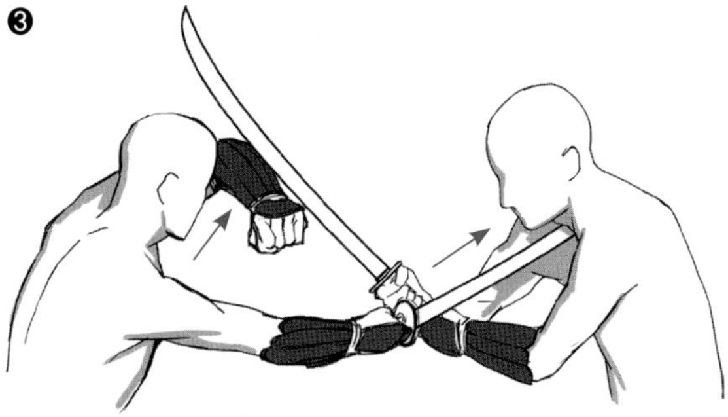

병법가가 "자신의 손을 잘리면서 싸울 무사가 있겠는가. 팔로 막는 일은 하지 마라."라고 비난하자, 가즈시게는 "나는 늘 이 방법으로 전장에서 살아남았다. 믿기 어렵다면 내 집에 와보라."라고 답했다.

가즈시게의 집에 가 갑옷 궤를 열어보자 그 안에는 다치 흔적이 무수히 박힌 튼튼한 철 갑옷 토시가 있었다. 가즈시게는 "방패 대용으로 쓰기 위해 특히 공들여서 철근을 넣었다. 전장에서의 싸움은 늘 이러했다."라며 병법가를 가르쳤다.

그리고 가즈시게의 다치는 겉보기에는 허술했지만 직도에 가깝게 끝에만 날이 있는 단단하기 이를 데 없는 검이었다. 이것도 적의 갑옷 틈새를 찌르는 용으로 일자에, 틈새를 찌르지 못하고 갑옷에 맞아도 망가지지 않도록 만들어졌다.

개자 검술이란 기술이라기보다 전법이었던 셈이다.

Column

하늘을 나는 마법사

마법사는 마녀처럼 빗자루를 타고 하늘을 나는 일이 많다. 그 경우 비행 병과에 포함할 수 있다.

하늘을 나는 마법사 부대가 존재하는 경우, 상공에서 지상으로 파이어 볼 같은 영역 마법 공격을 수행하는 부대로 운용하는 것이 가장 효과적이다. 먼저 상공에서 마법 공격이 닿는 높이까지 강하한다❶. 다음, 마법 공격을 실시한다❷. 마지막으로 최대한 빨리 적의 공격이 미치지 못하는 상공으로 되돌아간다❸.

상공에서 쏘는 공격 마법이 적에게 닿을 높이까지 강하한다는 것은 지상에 있는 적 마법사의 공격 마법도 하늘을 나는 마법사를 맞힐 수 있음을 뜻한다. 지상의 적은 강하에 맞춰 반격을 노린다. 강하할 때가 가장 위험한 시간이다. 급강하 폭격기와 대공포의 관계와 같다. 실전에 따르면 폭격기의 강하 각도가 급하고 속도가 빠를수록 적의 반격을 받기 어렵기 때문에 안전하지만, 그러한 강하는 두려움이 따르는 일이라 누구나 할 수 있는 것은 아니다.

다음과 같은 방법으로 지상의 주의를 돌려서 강하하기도 한다. 모두 적이 오인하도록 만드는 방법이다.

- **강하 속도를 늦춘다:** 일부러 강하 속도를 늦춰 타이밍을 어긋나게 한다. 상공에 있는 적의 고도는 눈으로 봐서는 파악하기 어렵기 때문에 일부러 천천히 강하하면서 적절한 타이밍에 마법을 쏠 수 있다.
- **미끼 부대를 투입한다:** 미끼 부대가 지상에 있는 적의 사정거리 바로 근처까지 강하한다. 그리고 적이 그쪽에 시선을 빼앗긴 동안 본 부대가 강하하여 공격한다.
- **투창이나 투석 따위를 투하한다:** 강하하는 척하며 적의 사정거리 밖에서 창이나 돌 따위를 투하한다(가능하다면 폭탄 투하). 투하를 꼭 마법의 사정거리 미치는 곳에서 하고 강하할 필요가 없다(명중률은 낮다). 적은 마법 공격인지 투하인지 모르는 채 반격의 타이밍을 망설인다.

이처럼 하늘을 나는 마법사는 상대가 반격하기 어렵게 만들어 자신의 안전을 확보한다.

제5장

Tactics 전술

전술이란 전투를 유리하게 이끌기 위한 다양한 책략을 말한다.
전술이 뛰어나면 전투에서 승리할 수 있고 지더라도 손해를 줄일 수 있다.
이 장에서는 기본이 되는 전술에 대해 설명한다.
지휘관이나 군사의 캐릭터에 참고가 된다.

전투력

✚ 공격력 ✚ 방어력 ✚ 기동력

다양한 전투력

전투에서 '적은 어느 부분이 강하다.' 또는 '아군의 승산은 이 부분에 있다.'라는 이야기를 하기 위해서는 먼저 전투력이란 무엇인지 알아야 한다. 전투력의 다양한 면을 알면 각각을 활용한 다양한 승리법이 있다는 사실을 알 수 있다.

전투력이란 어떤 개인 혹은 부대가 적을 쓰러뜨리는 능력을 말한다. 단순히 적에게 주는 타격의 양이라고 생각하기 쉬운데, 미군의 야전교범에서는 다음 네 가지를 전투력의 요소로 규정한다.

◎ **공격력**: 적에게 타격을 주는 힘. 공격력에는 화력과 충격력이 있다.

- **화력**: 화력은 '무기의 타격과 명중 정밀도의 곱'으로 나타낸다. 100의 타격을 주는 공격에서 30 %만 명중했다면 공격력은 30이다. 사정거리의 길이를 화력에 포함하기도 한다.
- **충격력**: 돌격의 강도를 나타낸다. 물리적인 강도에 더해 공격받은 측의 심리적 충격도 포함한 값이다. 현대전에서는 전차의 돌진이 가장 큰 충격력을 발생시키지만, 중세 전투에서는 기마병력(특히 중장 기병)의 돌격이 가장 컸다. 특히 장갑이 없는 보병에게 기마부대가 돌진하는 건 공포 그 자체였다.

◎ **기동력**: 개인이나 부대가 얼마나 빠르게 이동할 수 있는지를 나타낸다. 크게 중요해 보이지 않지만 상당히 중요한 능력이다. 아무리 공격력을 갖추었다 해도 필요한 시점에 그 자리에 없다면 제로나 마찬가지다. 단순히 '전투력 = 공격력 × 기동력'인 경우도 있다. 기동력은 이동력과 운동력으로 나뉜다.

- **이동력**: 전장에서의 이동 속도를 나타낸다. 이동 속도는 발의 빠름과 편제로 결정된다. 부대의 편제가 무너지면 이동력은 떨어진다. 이동하기 쉬운 편제와 이동하기 어려운 편제가 있으며, 곧은길은 나아갈 수 있지만 돌기는 어렵다거나, 뒤로는 천천히 갈 수밖에 없는 제한이 있는 편제도 있다.
- **기동력(협의)**: 좁은 의미에서 기동력은 전장에서 전장으로의 이동, 후방에서 전장으로의 이동 등 전장 이외에서 이동하는 속도를 나타낸다. 기동력은 이동 속도보다 교통로나 병

참의 영향이 크다. 철도 따위를 이용할 수 있으면 빨라지고, 물이나 식량을 자력으로 짊어지고 이동하는 경우에는 기동력이 떨어진다. 이 기동력은 작전이나 전략을 발휘하기 위해서 필요한 속도다.

◎ **방어력**: 적의 공격을 얼마나 막을 수 있는지를 말한다. 갑옷을 입고 있다면 당연히 방어력이 좋은 것이고 참호나 마방책(馬防柵)을 만드는 공작 능력이 있다면 그것 역시 좋은 방어력이다. 판타지 세계에서는 마법에 대한 방어력도 생각할 수 있다.

◎ **지휘 능력**: 이것은 통제력 · 지휘력 · 선동력 따위로 나뉜다.

- **통제력**: 부대를 정리해서 움직이는 능력. 부대의 통신 능력에 따라 좌우된다.
- **지휘력**: 부대를 적절히 사용하는 능력. 지휘관의 재능으로 결정된다. 전투력이 필요 없는 곳에 부대를 보내면 병력의 운영을 잘못하는 것이다.
- **선동력**: 병사의 사기를 올리는 능력. 지휘관의 리더십과 보급 따위로 좌우된다. 사기가 떨어지면 사소한 일에도 동요되어 싸움에 집중할 수 없다.

최근에는 다음과 같은 요소도 전투력에 포함시켜야 한다는 주장이 있다.

◎ **정보력**: 적이나 아군의 전투력이나 위치, 전투 국면이 유리한지 불리한지를 판단하는 능력을 말한다. 적 지휘관의 성격이나 능력, 적이 사용하는 무기에 대한 정보를 모으는 것도 정보력에 포함된다. 이는 부대를 어디에 배치하고 적의 어디를 공격해야 하는지를 판단하는 기초가 되는 정보로, 현대전에서는 필수다. 정보력은 정보부나 정찰 부대 따위의 첩보에 따라 결정된다.

◎ **병참력**: 전투를 이어나가기 위해 필요한 물자나 먹거리(병참)를 준비하는 능력이다. 이 능력이 부족하면 전투력은 단숨에 떨어진다. 또, 고장 나거나 손상된 무기를 수리하는 능력도 병참의 일부다. 대부대끼리 싸울 때는 병참력이 승패를 좌우하는 경우도 많다.

이와 같은 항목을 종합적으로 판단해 전투력을 판정한다. 공격력만이 전투력은 아니다. 또, 전투력은 환경에 따라 달라진다. 예컨대 강력한 기병도 성 공격에는 서투르기 때문에 공성전에 대한 전투력은 낮다. 이것을 알면 작품에서도 전투별로 각기 다른 요인으로 승리하는 상황을 연출할 수 있다.

059 Basic Principle of Battle

전투의 원칙

✚ 공세 ✚ 기동 ✚ 기습

9가지 원칙

이야기 속 전투에서 운이 좋아 이기거나 아무리 봐도 무모한 싸움인데 설득력 없이 이기는 식의 전개가 펼쳐지면 독자는 흥이 깨진다. 현실에서도 어떻게 이겼는지 알 수 없는 승리가 있기는 하지만 이야기이기 때문에 좀 더 설득력 있는 근거가 필요하다.

전투의 승리를 그리기 위해서는 몇 가지 원칙을 지켜 그것에 따라한다. 이 원칙은 다양한 책에 여러 가지 형태로 정리되어 있는데, 여기서는 존 프레더릭 찰스 풀러(John Frederick Charles Fuller)의 9가지 원칙을 들었다. 이 원칙은 현재도 미군이나 자위대의 사관 교육에서 가르친다.

1. **목적의 원칙**: 군사 작전의 목적은 명확히 정의된 확실하고 달성 가능한 것이어야 한다. 즉, 목적이 무엇이고 그것을 위해 무엇을 해야 하는지가 명백해야 한다. 목표 달성이 불가능한 목적은 실행자의 의욕을 사라지게 만든다.
2. **공세의 원칙**: 전투의 주도권을 쥐고 그것을 활용한다. 어떤 작전을 실행할지 이쪽에서 결정해 적을 조급하게 만든다. 이것이 주도권을 쥐고 있다는 뜻이다.
3. **집결의 원칙**: 전력을 전투의 결승점에 집중시켜 이용한다. 즉, 전력은 집중시켜두고 전투의 결과를 좌우하는 중요 지점에 타이밍에 맞게 그 전력을 이용한다.
4. **전력의 경제성 원칙**: 결승점이 아닌 장소에서는 가능한 한 소수의 전력으로 해결한다. 여기도 저기도 지키고 싶고 여기도 저기도 공격하고 싶은 욕심이 패배를 부른다. 때로는 비정한 결단으로 큰 것을 위해 작은 피해를 감수해야 하는 상황이 오는데 그때를 놓쳐서는 안 된다.
5. **기동의 원칙**: 재빠른 기동으로 필요한 때와 장소에 전력을 집중시킨다. 또, 적군을 속여 쓸데없는 장소에 내버려두고 간다. 기동이 빠르면 적은 아군의 출현을 예측할 수 없고(기습), 아군은 먼저 군을 집결할 수 있다(집결). 게다가 주도권도 쥐기 쉽다(공세). 방위전에서도 소수로 적의 발을 묶으면서 집중한 전력으로 적군을 차례로 공격하는 '내선 작전' 101의 기동 방어도 가능하다.
6. **지휘 통일의 원칙**: 명령 계통은 명확해야 한다. 누구의 명령에 따라야 하는지, 그 사람 이외의 명령은 듣지 않아도 된다는 사실을 명확하게 해야 한다. 아무리 유능해도 지휘권을 가진 사람이 여럿이면 이길 확률이 희박하다. 하물며 무능한 지휘권자가 여럿이라면 패배는 불 보듯 빤하다. 명령 계통

이 명확해도 지휘관의 정신이 연약하거나 조령모개(朝令暮改)식 명령을 내려서는 안 된다. 긴급 시 용단을 내려 명령을 변경할 필요는 있지만 쓸데없이 자주 명령을 바꾸면 이길 수 없다.

7. **방비의 원칙:** 유사시에 대비해둔다. 적에게 기습이나 예상 밖의 공격 따위를 허용해서는 안 된다. 적의 정보를 수집하고 그 행동을 경계한다. 또, 적이 움직일 때를 대비해 긴급 투입할 수 있는 '예비 병력' 069 을 준비해둔다.
8. **기습의 원칙:** 적이 준비하고 있지 않은 때와 장소에 예기치 못한 방법으로 결정적인 공격을 가한다. 기습에는 여러 가지 측면이 있다. 적이 예기치 못한 때와 장소를 공격하는 등 일반적으로 생각하는 기습(전술적 · 작전적 기습) 외에 기술적 기습(지금까지 없었던 전투 방법을 이용한 기습), 전략적 기습(전쟁을 생각하지 못한 적을, 그들이 전쟁 준비를 마치기 전에 공격한다.) 따위가 있다. '기습' 067 참조.
9. **단순의 원칙:** 군사적 명령은 명령을 받은 자가 그 목적이나 실제 행동을 곧바로 이해할 수 있는 단순 명쾌한 내용이어야 한다. 전쟁 중에는 예기치 못한 트러블이 계속해서 발생한다. 때문에 너무 복잡한 작전은 도중에 어긋나서 반드시 실패한다.

이 9가지 원칙은 제1차 세계대전 후에 영국에서 제창되어 현대에는 전 세계의 군이 익히는 전쟁의 기본으로 사관이라면 누구나 알고 있다.

그러나 이 원칙을 지키지 않아 패배한 나라가 수없이 많다.

제2차 세계대전에서 일본은 이것을 무시하고 싸우다가 패배했다. 참모가 마음대로 명령을 내리고(지휘 통일의 원칙), 무의미한 중국에 대군을 배치해둔 채 내버려두고(전력의 경제성 원칙) 그리고 무엇보다 전쟁의 목적마저 명확지 않았다(목적의 원칙).

미국 역시 제1원칙을 지키지 않은 탓에 베트남전에서 패배했다.

원칙을 만드는 것도 없애는 것도 인간이다. 원칙이 무시되는 원인은 '당사자의 무능', '위로부터의 강제', '부하의 명령 위반', '체면이나 의지' 등 여러 가지가 있다. 이러한 원인들은 패배로 연결된다. 하지만 바로 그런 인간적인 면 때문에 이야기의 소재가 되기도 한다.

란체스터의 법칙

✚ 기준 ✚ 수적 우위 ✚ 능력의 차

싸움은 수다

전투는 수로 결정된다는 말이 있는데, 수의 효과를 정량적으로 나타낸 것이 '란체스터의 법칙'이다. 이는 두 가지 다른 전투 상황에서 수의 영향을 알려준다.

제1 법칙은 두 가지 상황에 적용된다.

첫 번째는 1 대 1 전투가 계속되는 상황이다❶. 한쪽이 이길 때까지 상대를 바꾸어 전투하는 경우나 산개해서 개별로 싸우는 경우다.

두 번째는 일정 면적의 땅에 적의 군대가 존재하는데, 어디에 있는지 모르는 채 서로 총을 쏘는 상황이다❷. 예컨대 잘 은폐된 포병 진지가 여기에 해당한다. 이 경우, 적의 부대가 있는 땅 전체에 균등하게 공격을 가하고 적이 맞기를 기대한다. 적도 마찬가지다. 이때 만일 적의 병력이 2배라면 2배의 탄이 날아든다. 그러나 아군은 같은 면적에 절반의 사람밖에 없기 때문에 명중률도 절반이 된다. 즉, 적군과 아군은 같은 수가 쓰러진다.

❶

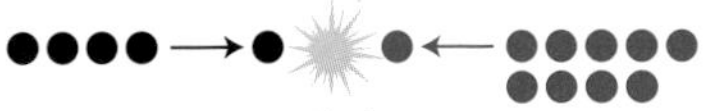

❷

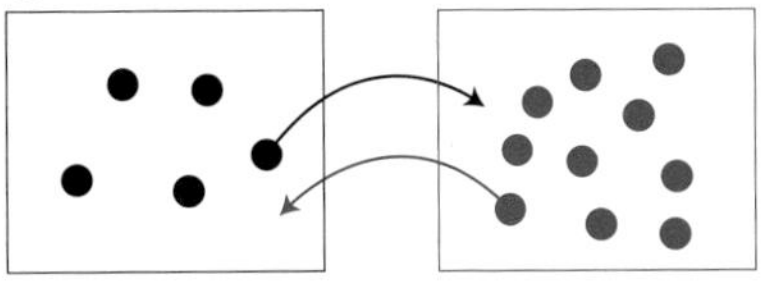

양군의 병사 수의 변화는 다음의 공식으로 나타낼 수 있다.

$$A_0 - A = E(B_0 - B)$$

A_0: A군의 초기 병력 수 E: A군과 B군의 병력의 질(무기 따위도 포함)의 비율

A: A군의 현재 병력 수 B_0: B군의 초기 병력 수

B: B군의 현재 병력 수

병력의 질에 차이가 없다면 A군과 B군의 병사가 1 대 1로 감소한다. B군의 병사가 A군보다 2배 강한 경우, 병력의 질의 비율 E를 2로 설정한다. 이 경우, 양군의 병사는 2 : 1로 감소한다. 제1 법칙에서는 병력 인원이 많은 쪽이 당연히 유리하지만, 병력의 질에 따라 어느 정도 뒤

바뀔 수도 있다.

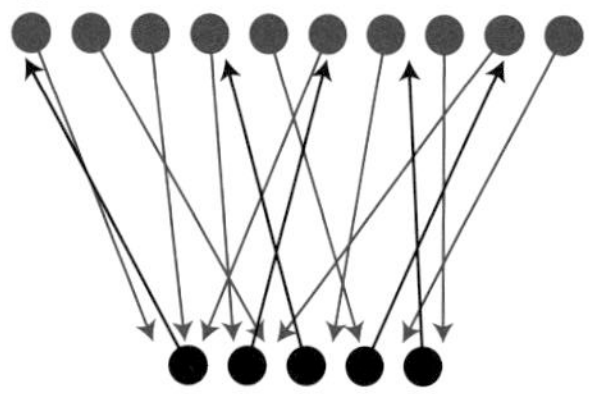

제2 법칙은 일반적인 다인수 전투에 해당한다. 적 부대가 보이거나 혹은 어디에 있는지 알고 있을 때, 그곳을 공격해 적이 쓰러지기를 기대한다❸. 이렇게 하면 인원이 많은 쪽이 한 번에 많은 수의 적을 쓰러뜨릴 수 있어 유리하다. 따라서 다음의 공식이 성립한다.

$$(A_0^2 - A^2) = E(B_0^2 - B^2)$$

변수의 의미는 제1 법칙과 같다.

이 공식은 기본적으로는 사람의 제곱의 비율로 적에게 타격을 줄 수 있음을 나타낸다. 즉, A군이 B군의 2배만큼 수가 많을 때, B군은 A군보다 4배(2의 제곱) 더 강해야 대항할 수 있다. 사람 수가 3배 이상이라면 9배의 강도가 필요하다.

제2 법칙에서는 병력 수의 차이가 전투 결과에 큰 영향을 미친다. 질로 수의 차이를 뒤집기란 상당히 어렵다.

법칙의 적용

수적 우세가 유리하게 작용하는 것은 제2 법칙이다. 예로부터 '대군에 병법 없다.'라고 했는데, 정면에서 무조건 치고받고 하는 것이 대군에게는 유리하기 때문이다.

대군이 해야 할 일은 소수인 측의 작전에 말려들지 말고 정면에서의 싸움으로 유도하는 것이다. 적의 책략에 걸려 당황한 나머지 잘못된 대처를 하면 최악의 상황이 벌어진다.

거꾸로 소수인 측은 정석대로 제2 법칙을 적용해서는 승산이 없다. 따라서 제1 법칙을 적용할 수 있는 싸움이나 그 밖의 요인이 발생하는 싸움으로 끌고 가야 한다.

- **게릴라전:** 소수끼리의 조우전이 몇 번이고 반복되기 때문에 전체적으로 볼 때 제1 법칙이 적용된다. 그리고 게릴라전은 거의 익숙한 근거지에서 벌어지는 싸움이기 때문에 전투가 유리하다(E 값이 큰). '게릴라전' 104 참조.
- **일대일 대결:** 도발 따위로 장수 대 장수의 일대일 대결이 펼쳐지면 병사의 수는 상관없다. 그 뒤에 회전이 되어도 일대일에서 이기면 적의 사기를 떨어뜨릴 수 있다.
- **각개격파:** 대군은 이동하기가 힘들기 때문에 보통은 분산해서 진군한다. 이것을 노려 소수의 적을 아군의 최대 수로 격파한다. 이렇게 하면 제2 법칙은 아군에 유리하게 작용한다.

전력의 집중

✚ 집중하기 ✚ 분산하기 ✚ 버리기

전력은 집중해서 쓴다

이야기에서 주인공의 적은 대부분 최강인데 그런 적을 쓰러뜨리려면 전력을 집중해야 한다(전술 · 작전 · 전략 어느 레벨에서도 사용할 수 있다).

'란체스터의 법칙' 060 에서도 알 수 있듯이 수는 힘이다. 적보다 병력이 많으면 이길 확률이 높아진다. 적의 2배가 되면 일단 지지 않는다. 여기서 중요한 것은 란체스터의 법칙은 어디까지나 전장의 법칙이며, 전쟁 전체의 법칙은 아니라는 점이다. 즉, 전쟁 전체를 놓고 보면 적보다 병력이 적더라도 특정 전장에서 적보다 많은 병력을 모으면 그 전장에서는 승리할 수 있다.

거꾸로 우세한 군이 패배하는 원인은 전력의 분산에 있다. 병력이 너무 분산되어 개별 병력으로 싸우다 보니 적에게 진다. 그래서 병력이 적은 측은 다음과 같은 대책을 쓴다.

1. 몇 가지 방법으로 적을 분산시킨다.
2. 각 부대의 발을 묶는다.
3. 아군을 집중한다.

4a. 적의 가장 중요한 부대를 친다.
4b. 시간 차로 적 부대를 각개 격파한다.

승산을 고려하다

동서고금의 전쟁에서 소수가 다수를 격파한 예는 얼마든지 있다. 오다 노부나가가 이마가와 요시모토[今川義元] 군을 격파한 '오케하자마 전투', 한니발의 완승으로 이름 높은 '카나에 전투' ('포위 섬멸전' 080) 같은 수많은 명승부가 알려져 있다. 그러나 이러한 명승부는 소수가 다수를 깨뜨렸다는 특별한 전쟁 성과 때문에 유명해진 것이며, 보이지 않는 곳에 그 100배나 많은 평범한(다수가 승리한) 전투가 있다.

더군다나 소수가 다수를 무찌른 전투도 결코 '전력을 집중한다.'는 원칙을 깨지 않았다. 오히려 소수이기에 그 소수의 전력을 더 집중해 싸웠다.

예컨대 1560년 일본 '오케하자마 전투'에서는 이마가와 군이 3만~4만 명이고 오다 군이 3,000~5,000명으로 병력 수에서 10배나 차이가 났다❶. 그러나 이마가와 군은 오다령의 성을 차례차례 무너뜨리는 것에 낙관했는지 군 대부분을 오와리 성을 공격하는 데 투입했다❷. 이마가와 요시모토를 지키는 본대는 기껏해야 5,000명 정도였는데 그마저도 비가 와서 휴식 중이었다. 이때 오다 노부나가가 2,000명의 부대를 이끌고 돌입했다❸. 전력적으로는 이마가와가 앞섰지만 그래도 10배 차가 2배 차로 줄었다. 뿐만 아니라 이마가와 군 본대가 휴식 중이었던 반면 오다 군은 전투 준비를 충분히 갖춘 상태였음을 감안하면 전력은 거의 비슷한 수준이었다.

게다가 오다 노부나가는 부하 장수들에게 이마가와의 목만 노리라고 선언했다. 즉, 주위에 있는 5,000명과 싸우지 말고 그 중심인 이마가와 및 그를 지키는 자만 공격하라고 명령했다. 이것도 전력의 집중이라 할 수 있다.

❶ 압도적 다수인 이마가와 군이 오다령에 침입.

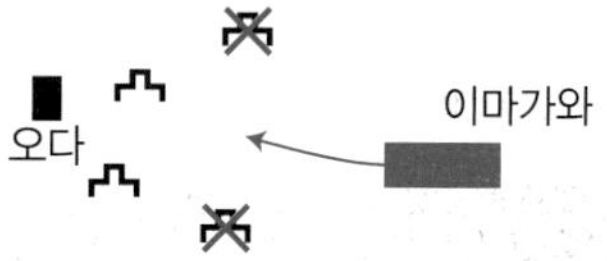

❷ 차례로 오다령의 성을 가볍게 함락시킨다. 전쟁 성과를 내고자 이마가와 군은 분산되어 오다령의 성을 뺏으러 간다.

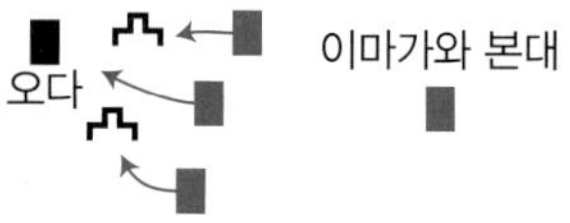

❸ 소수가 된 이마가와 본대에 오다 군의 전력 대부분이 쳐들어간다.

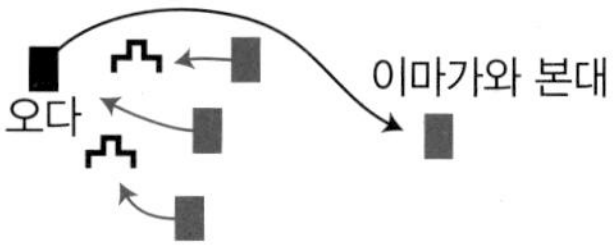

위험한 도박이었지만 오다 노부나가에게는 이것이 가장 승리 가능성이 높은 작전이었다. 그는 이 전투에서 자신이 이끄는 정예 부대를 집중시켜 이마가와 요시모토의 목을 쟁취했다.

오다 노부나가는 이마가와 군의 공격을 받고도 아군의 성에 원군을 보내지 않았다. 이것은 당시 다이묘로서는 상상할 수 없는 선택이었다. 성은 지배권의 상징으로 성을 잃는 것은 곧 영지를 잃는 것이었기 때문이다. 보통 다이묘는 성이 공격당하면 가능한 한 원군을 보낸다. 그러나 오다 노부나가의 생각은 달랐다.

- 원군을 보내도 이마가와의 대군을 상대로 성을 지켜내기란 불가능하기 때문에 원군은 소용없다.
- 귀중한 병사는 따로 쓸 데가 있다(이마가와를 노려야 한다).
- 이마가와가 죽으면 이마가와 군은 철퇴할 테니 성은 되찾을 수 있다. 이마가와를 죽이지 못하면 자신도 끝이므로 생각할 필요가 없다.

오다 노부나가는 전력의 경제성 면에서 (중요하지 않은) 성을 버리고 (가장 승산이 유력한) 이마가와 본대에 전력을 집중시켰다. 이 명쾌한 결론이 오다 노부나가에게 승리를 가져다주었다.

분진합격

+ 집중의 원칙 + 운송 능력 + 이동 능력

운송력의 한계

'전력의 집중' 061 이 승리의 기본이라면 성공했을 때는 화려한 승리를, 실패했을 때는 볼품없는 패배를 연출할 수 있는 작전이 분진합격(分進合擊)이다.

'전력의 집중'에 따르면 부대는 최대한 모여 대군으로 움직이는 게 유리하다. 그러나 여기에는 큰 문제가 있다. 바로 도로 운송력의 한계다.

보병이 도로를 진군한다. 중세 도로이기 때문에 긴 열을 이룬 병사가 행진할 수는 없다. 기껏해야 4열 종대 정도다(좁은 길이라면 2열 종대). 인간의 보행 속도는 초속 1.1 m(시속 4 km)이므로, 병사의 앞뒤 간격이 2.2 m(무기를 들고 있으므로 이 정도는 필요하다.)라고 해도, 1초에 2명(4열 종대 기준)밖에 길을 지날 수 없다. 이 계산으로는 주둔지에서 100명의 부대가 출발하는 데 50초 정도 걸린다. 1,000명이라면 8분 20초, 1만 명이라면 1시간 23분이 걸린다.

뿐만 아니라 부대가 뒤섞이지 않도록 부대 간에는 최소 수십 미터 이상의 간격이 필요하고 그 외에도 이론대로만 되지 않는 경우가 많기 때문에 실제로는 시간이 더 걸린다.

이렇게 계산했을 때 1만 명의 병사가 도로를 진군하기 위해서는 주둔지에서 출발하는 데만 2시간 정도 걸린다. 하루에 8시간 동안 쉬지 않고 진군해도 그중 2시간은 출발 지점이나 도착 지점에서 기다리는 시간이다. 행군하는 시간은 6시간이 전부다. 소수가 움직이는 여정에 비하면 4분의 3 이하의 속도밖에 내지 못하는 셈이다.

참고로 1만 명이 4열 종대로 서면 길이는 8 km 정도가 된다. 즉, 선두에서 말미까지 전령을 보내는 데만도 상당한 시간이 걸린다.

마찬가지로 중세의 병참도 도로의 제한을 받았다. 짐마차에 물자를 실어 운송하는 것은 비현실적이다. 짐마차의 속도는 도보와 크게 다르지 않을뿐더러 운송력도 말 1마리당 400~500 kg이 적정 무게다. 이것으로 물자 수송까지는 불가능하다. 실제로 중 · 근세에는 예비 무장이나 (혹시 있다면) 총이나 대포의 탄약 같은, 현지에서 구할 수 없는 것에 한해 운송했다.

식량 따위는 진군 중에 있는 촌락에서 징발해 조달했다. 즉, 도로 주변 마을이 보유하고 있는 식량이 군대 물자의 가장 큰 부분을 차지했다. 이 때문에 도로 1개당 진군할 수 있는 병사의 수에 제한이 있었다. 사단(8,000명 정도의 소규모 사단)은 도로 1개에 이동할 수 있는 인원을 독립시켜 운용할 수 있도록 한 군의 단위다.

실제로 한 군대가 진군한 뒤에 같은 길을 간 다른 군이 마을에서 식량을 징발하지 못해 굶주렸다고 한다.

분진합격 그래서 생각한 대책이 분진합격이다. 다른 길로 진군하여 목적지에서 합류해서 적과 싸운다는 작전이다. 잘되면 각 부대가 보급에 허덕이지 않고 진군할 수 있으며, 대군으로 싸울 수 있다. 게다가 분산한 군의 속도는 함께 모여 이동한 군의 속도보다 빠르다.

그러나 분산한 군은 적에게 각각 공격당할 위험이 있다. 프랑스 황제 나폴레옹이 대프랑스 동맹에 대해 쓴 전략이 '내선 작전' 101 에 의한 각개 격파였다.

1. 프랑스를 쓰러뜨리기 위해 각국에서 프랑스를 향해 연합군을 보냈다.
2. 프랑스군은 합류 전의 적군 중에 가장 가까이 있는 연합군을 격파했다(그림에서는 오스트리아군을 울름에서 격파).
3. 프랑스군은 조금 이동하여 연합군의 일부인 러시아군과 싸웠다(그림에서는 러시아군을 아우스터리츠에서 격파).

이 작전은 나폴레옹의 장군들이 우수해서 예정 일시에 목적지에 군단을 도착시켰기 때문에 가능했다. 실제로 나폴레옹 측도 군의 이동 속도를 올리기 위해 군을 사단으로 분할해 분진합격했다. 대프랑스 동맹의 대규모 분진합격에 대해 프랑스군은 각 장군이 이끄는 사단 단위의 소규모 분진합격으로 이동 속도를 올렸다. 뿐만 아니라 내선 작전인 관계로 나폴레옹 군의 이동 거리는 길지 않았다. 이 두 가지를 이용해 적보다 선수를 쳐서 시간 차를 두고 각개 격파했다.

전투 거리

✚ 저격 거리 ✚ 유효 사정거리 ✚ 최대 사정거리

최대 사정거리와 유효 사정거리

두 부대가 싸울 때 그 부대 간의 거리를 전투 거리라고 한다. 아군이 유리해지는 전투 거리는 사용하는 무기의 사정거리나 적군의 방어 무기에 따라 달라진다.

대다수 전투는 화살전(혹은 다른 원거리 무기를 이용한 공격)으로 시작한다. 각종 원거리 무기에는 사정거리가 있어서 서로의 거리에 따라 어떤 무기는 닿고 또 어떤 무기는 닿지 않기도 한다. 사정거리를 잘못 파악하면 일을 그르치게 된다.

원거리 무기에는 최대 사정거리와 유효 사정거리 그리고 저격거리가 있다.

- **최대 사정거리:** 탄이나 화살이 닿는 범위. 비스듬히 위로 발사해서 포물선을 그리며 도달하는 거리. 맞출 목표를 정하기란 불가능하나(어느 주변을 향해 발사한다는 정도만 가능하다.) 그래도 명중하면 적에게 부상 정도는 입힐 수 있다.
- **유효 사정거리:** 탄이나 화살이 직선에 가깝게 날아가 닿는 범위. 적의 부대를 노려(개인을 겨냥하는 것까지는 기대할 수 없다.) 발사할 수 있다.
- **저격거리:** 탄이나 화살로 특정 개인을 노려 발사할 수 있는 범위.

대표적인 원거리 무기와 그 특징을 알아보자.

- **활:** 활의 화살은 가늘고 길어 공기 저항이 적다. 또, 뒤에 화살 깃이 있어 직진 안정성이 늘어나 멀리까지 날아갈 수 있다.
- **크로스보:** 활에 비해 무겁고 굵은 화살을 강력한 반작용으로 날리기 때문에 발사 속도가 매우 위력적이다. 그러나 그만큼 공기 저항도 크게 받고 직진 안정성도 떨어지기 때문에 최대 사정거리는 활보다 못하다.
- **총:** 총탄은 현대와 다른 구 형태로, 공기의 움직임에 영향을 잘 받는다. 최대 사정거리는 활보다 뛰어나지만 공기 저항으로 탄도가 흔들리기 쉽고, 최악의 경우 100 m에 1 m 이상이나 오차가 생긴다.
- **투창:** 무게 때문에 위력은 있지만, 사정거리는 짧은 원거리 무기다. 투창은 포물선을 그리며

던지는 물건이기 때문에 유효 사정거리가 없다. 또 개인당 2~3개 정도밖에 휴대할 수 없다.

- **스태프 슬링:** 특정한 무언가를 겨냥하기는 어려운 원거리 무기다. 따라서 저격 거리가 없다. 또, 돌이기 때문에 갑옷을 뚫을 정도의 위력도 없다.

	활	크로스보	총	투창	스태프 슬링
판금 갑옷을 뚫는다	30 m	50 m	100 m	20 m	–
저격거리	100 m	30 m	50 m	20 m	–
유효 사정거리	100 m	100 m	200 m	–	10 m
최대 사정거리	400 m	200 m	500 m	50 m	100 m
처음 속도	50~70 m/s	200 m/s	500 m/s	20 m/s	30~50 m/s
발사 속도	10초/사	30~60초/사	20~60초/사	20초/투	30초/개
훈련	훈련 필요	쉽다.	쉽다.	비교적 쉽다.	비교적 쉽다.

표는 어디까지나 기준이다. 강한 활이라면 사정거리가 더 길어지고, 짧은 활이라면 사정거리가 더 짧아진다. 총의 유효 사정거리가 눈에 띄는데, 이것은 부대 전체를 표적으로 생각했을 경우다. 보통 사람이 표적이라면 저격 거리에서 알 수 있듯이 활이 더 유용하다.

적이 대군이라면 최대 사정거리로 발사해도 효과가 있다. 적군 중 누군가의 어디든 맞으면 되기 때문이다. 면제압 사격이라면 최대 사정거리로도 도움이 된다.

적절한 전투 거리

표를 보면서 아군과 적군의 무장을 비교해서 최적 전투 거리를 생각한다. 예컨대, 활 부대가 크로스보 부대와 싸울 때 활 부대가 200 m 이상 떨어져 활을 쏘면 크로스보 부대를 일방적으로 공격할 수 있다.

아군의 사정거리가 불리한 조건이라면 아군의 공격이 미치는 거리까지 타격을 어떻게 최소화하며 다가가는지가 문제다. '갑옷을 입는다.', '속도를 내어 단숨에 돌파한다.', '위장전술을 이용해 주의를 돌린다.', '연막 따위로 시야를 차단한다.' 같은 방법이 있다. 마법 공격을 설정하는 경우도 일종의 원거리 무기라 생각하고 '저격거리', '유효 사정거리', '최대 사정거리'를 비교 검토하면 좋다.

064 Wire Obstacle

철조망

✚ 이동 저지 **✚ 적의 위치 고정** **✚ 가시철사**

새로운 발명

중세의 기술로도 만들 수 있었던 장애물 중 가장 효과적인 것이 철조망이다. 철조망은 철사로 만든 장애물이다. 철사는 가시철사❶이기 때문에 넘으려는 사람을 상처 입히고 공격 속도를 늦출 수 있다.

❶

목장 등에서 가축의 도망을 막기 위해 19세기 전반부터 보통의 철사로 울타리를 만들기 시작했다. 그러다가 가축 도둑을 막기 위해 가시철사로 철조망을 만들었다. 이것이 꽤나 유용했기 때문에 이후로는 가시철사를 주로 사용했다.

현재 사용되는 가시철사는 1874년에 발명되었다. 19세기에 발명된 이 가시철사는 철사의 양 끝을 사선으로 잘라 다른 철사와 꼬아서 엮은 게 전부다. 기원전 30세기 이집트에서 철사가 만들어졌고, 영국에서도 15세기에 사용되었다. 그렇기 때문에 중세 기술 수준으로도 만들려면 충분히 만들 수 있었다.

본래 가축을 가둬놓기 위한 철조망이 인간을 막기 위한 도구가 되고 또 전쟁에 활용되기까지는 그리 오랜 시간이 걸리지 않았다. 1899년, 제2차 보어전쟁(영국과 남아메리카의 네덜란드계 주민의 전쟁)에서는 이미 철조망으로 저지선을 만들어 기관총을 배치해두고 철조망에 걸린 적병을 기관총으로 소탕하는 이른바 기관총 진지로 활용했다.

철조망의 뛰어난 점은 단순한 철사라는 점이다. 이 때문에 바로 가까이에서 폭발이 일어나도 폭풍(爆風)으로는 바람만 스칠 뿐 망가지지 않는다. 마찬가지로 공격 마법의 종류 중에서도 불이나 전기, 냉기 따위로는 망가지지 않는다.

군사적 장애물로 만든 철조망은 일반적인 철조망보다 통과하기가 어렵다. 그 예로 다음과 같은 것이 있다.

- **나이프 레스트(knife rest)**: 목재와 가시철사로 만들었다. 현대의 마방책으로 사용된다❷.
- **콘서티나 와이어(concertina wire)**: 가시철사를 지름 90 cm의 코일 형태로 말아둔 것❸으로, 옆에서 보면 원 3개가 삼각형을 이루며 쌓아 올려져 있다. 원 1개의 철사를 절단해도 서로 얽혀 있어 빠지지 않고, 또 이동시키기도 힘들다. 제1차 세계대전 때 다수의 보병이 이 철조망에 발이 묶이기도 했다. 상당히 성가신 철조망이다. 또한, 이 철조망을 만들려면 대량의 가시철사가 필요하다.
- **더블 에이프런 펜스(double apron fence)**: 철조망 중에서도 가장 좋다고 알려진 방식이다❹. 12개의 가시철사로 연결되어 있으며, 뛰어넘을 수도 없고 절단하려 해도 여러 개를 잘라야 하기 때문에 시간이 많이 걸린다. 중심에서 각각 1.5 m씩 퍼져 있으며 가장 낮은 가시철사(A와 C)는 지면에서 10 cm, 높은 것(B)은 70 cm 정도 뻗어 있다.

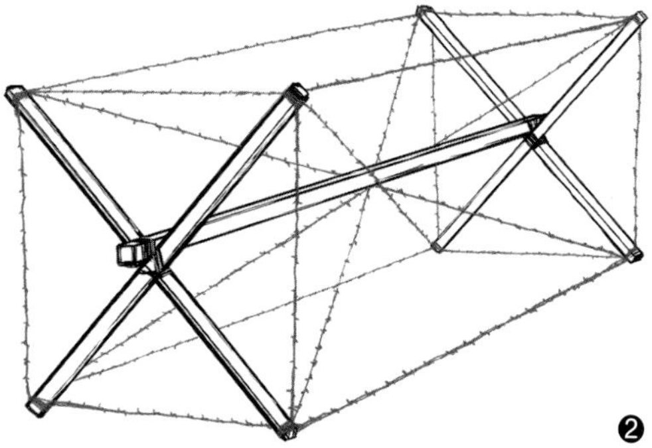
❷

❸
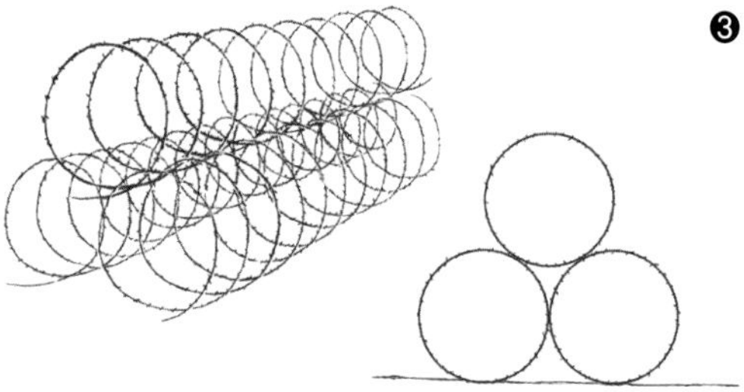

❹
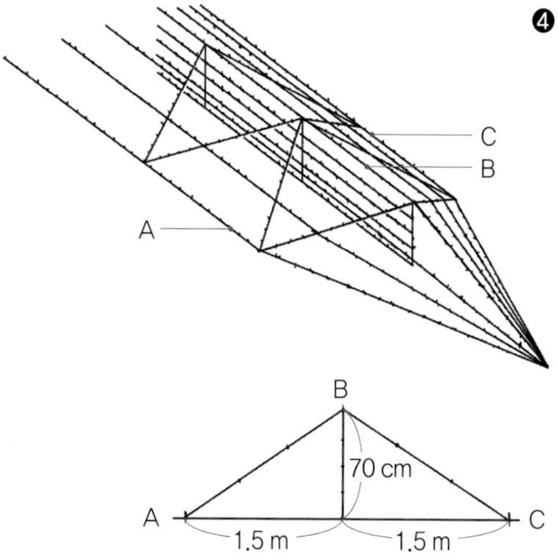

참호

✚ 구덩이 ✚ 낮은 위치 ✚ 대지의 방어

중세부터 존재한 참호

참호도 판타지에는 자주 등장하지 않지만 아이디어만 있으면 실현 가능한 방어 시설이다. 특히, 총이나 크로스보처럼 직사로 공격하는 원거리 무기에 대해 강력한 방어력(지면 자체가 방어해준다.)을 자랑한다. 판타지에 종종 등장하는 일직선으로 날아드는 공격 마법에 대항하는 시설로도 사용할 수 있다.

참호란 인간이 들어갈 만큼의 구덩이를 전선과 평행이 되도록 도랑을 파 그 안에 들어가 적의 사격이나 화살로부터 몸을 숨기기 위한 것이다. 참호 자체는 7세기 아라비아의 발명(칸다크 전투에서 사용되었기 때문에 아라비아 어로는 참호를 '칸다크'라고 한다.)으로, 당시는 기병 돌격을 막기 위한 도랑으로 이용했다.

참호가 있으면 기병은 위험해서 돌격할 수 없다. 천천히 다가가면 그만큼 요격의 화살을 받게 된다. 게다가 다가가도 적병은 참호 안에 있기 때문에 기병의 검이 닿지 않는다. 반대로 참호 안에 있는 병사의 창은 무방비 상태인 기마에 닿는다.

문명이 뒤떨어진 중세 유럽에서는 참호를 사용해야 할 수준의 전투가 오랫동안 일어나지 않았지만, 총이나 대포 같은 화포가 발달하면서 참호의 필요성이 커졌다. 특히 공성전에서 성을 바라보며 무방비하게 몸을 노출해야 했던 공격수 측에게 참호는 필수였다.

참고로 참호는 영어로 트렌치(trench)라고 한다. 트렌치코트는 제1차 세계대전 때 뼛속까지 추위가 스미는 참호 속에서 입었던 군용 코트가 그 기원이다.

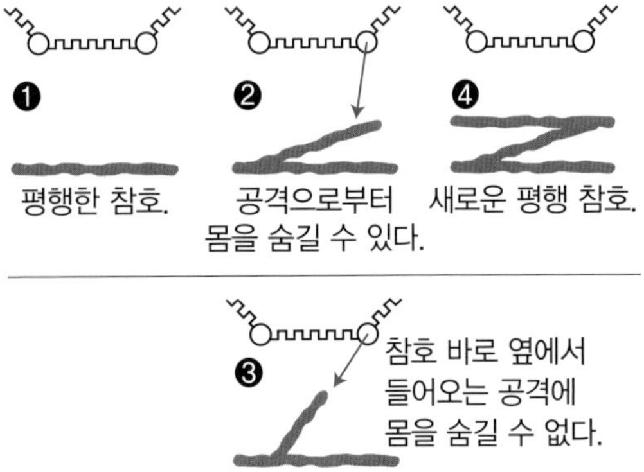

17세기 공성전에서는 참호를 다음과 같은 순서로 파나갔다.

1. 적의 원거리 공격이 닿지 않는 곳에서 성벽에 평행한 참호를 판다❶.
2. 사선으로 참호를 계속 파서 성벽에 다가간다❷. 여기서 성벽에 수직인 참호나 그

림 ❸처럼 수직까지는 아니더라도 각도가 급격한 참호를 파면, 성벽에서 참호 안의 병사가 노출되어 직접 사격의 대상이 된다.

3. 어느 정도 대각선 방향으로 나아갔을 때 다시 평행한 참호를 판다❹. 이곳을 새로운 출발점으로 다시 대각선 방향의 참호를 파 성벽에 다가간다.

참호에 대처하기

참호을 파고 접근하는 적이 있다면 곡사 무기(포물선을 그리며 날아가는 원거리 무기)를 사용한다. 바로 위에서 날아오는 공격이라면 참호 안에 있는 병사를 쓰러뜨릴 수 있기 때문이다. 단, 화살 따위는 참호의 지붕을 덮으면 적이 막을 수 있다.

참호를 이용하는 쪽이라면 날아드는 수류탄에 대해 참호 안을 경사지게 하고 가장 낮은 곳에 구멍을 만들어 효과적으로 대처할 수 있다. 참호 안으로 날아든 수류탄은 경사면을 굴러 구멍 속으로 떨어지고 그곳에서 폭발한다❺. 손잡이가 달린 수류탄처럼 구르지 않는 수류탄은 병사가 손으로 구멍에 빠뜨린다. 허겁지겁 도망치기보다 수류탄을 구멍에 던져 넣는 편이 생존 확률이 더 높다. 폭발할 때 폭풍이나 파편은 구멍의 수직 위로만 퍼지기 때문에 그 자리만 피하면 참호 안에 있는 사람은 피해를 줄 수 있다❻.

❺

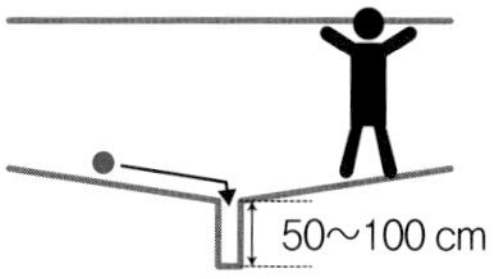

수류탄이 굴러서
구멍 속으로 빠진다.

❻

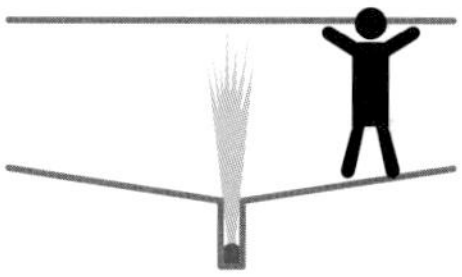

폭발 시 파편이 구멍의
수직 위로만 퍼지기 때문에
사람은 무사하다.

그래도 폭탄을 처리할 시간이 부족할 때를 대비해 참호를 지그재그로 파는 경우도 종종 있다. 폭발 지점에서 떨어져 코너를 돌아 피하면 폭풍이나 파편 따위로부터 몸을 피할 수 있으므로 한 번에 전원이 쓰러지는 일은 막을 수 있다.

판타지 세계의 경우, 파이어 볼과 같은 마법을 참호 바로 위에서 폭발시켜 그 안의 병사를 공격한다. 나아가 파이어 월(불꽃 벽)의 마법이 있으면 참호 속에 불꽃 벽을 만들어 그 안을 태울 수 있다.

066 High Ground

고지대

+ 위치 에너지 + 급경사 + 시야

높은 곳에는 이점이 있다

고지대에 포진하면 전투를 유리하게 끌어갈 수 있다는 것은 ≪손자병법≫에도 기술되어 있을 정도로 오랜 군사적 상식이다. 시야가 트여 적을 내려다볼 수 있고 심리적으로도 우위에 설 수 있다. 고지대에는 다음과 같은 이점이 있다.

- **시야 양호:** 지구상에서 지표(높이 1.5 m)에 시점이 있는 경우 4.4 km까지 볼 수 있는데, 그보다 더 먼 곳은 지평선에 가린다. 또, 이 시점에서는 다가오는 적병을 바로 옆에서 보기 때문에 집단의 선두밖에 볼 수 없다.

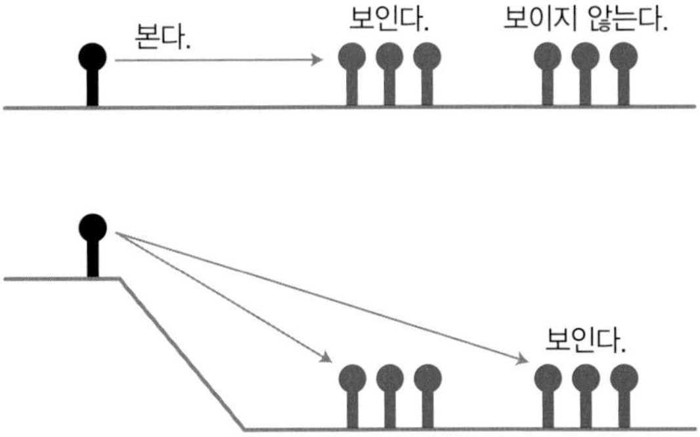

  높이 100 m 정도의 조금 높은 장소에 시점이 있는 경우, 이론상으로는 35.7 km 앞까지 내다볼 수 있다(실제로는 시력 한계가 있기 때문에 거기까지는 미치지 못한다). 또한, 위에서 내려다보기 때문에 가려지는 부분도 없다. 집단이 있어도 맨 뒤까지 보인다.

- **화살의 화력 강화:** 높은 곳에서 쏜 화살은 위치 에너지만큼 운동 에너지를 얻어 적에게 꽂힌다. 즉, 약한 병사가 쏜 화살이 호걸 수준의 강한 화살이 된다.

  화살의 속도는 최대 90 m/s 정도인데, 10 m 정도 더 높은 곳에서만 쏴도 그만큼의 위치 에너지의 영향으로 10 % 이상 빨라져 104 m/s가 된다. 운동 에너지 레벨에서 생각하면 거의 20 % 강화된다(현실에서는 공기 저항 때문에 차이가 조금 줄어든다).

  거꾸로 낮은 땅에 있는 적은 높은 곳으로 화살을 쏘아 올려야 하기 때문에 그만큼 화살의 힘이 약해진다. 90 m/s의 화살이 76 m/s로 속도가 떨어지기 때문에 그만큼 타격도 줄어든다.

- **돌격력의 강화:** 언덕길을 달려 내려오면 본래 이상의 속도로 돌격할 수 있다. 단, 속도가 너

무 붙어 발이 따라가지 못해 넘어지기 때문에 속도가 과해지지 않도록 주의해야 한다.

거꾸로 낮은 땅에 있는 적이 기병 돌격을 하는 경우, 언덕을 뛰어 올라오다가 기력이 쇠진되어 아군 앞에 도착했을 때는 본래의 속도를 내지 못한다. 주춤거리며 달려오는 기병은 화살의 좋은 표적이 되고 창 자세로 막기도 쉽다. 특히, 말에도 갑옷을 입힌 중장 기병은 너무 무거워 경사가 급한 언덕을 다 올라오면 힘에 부쳐 공격할 기운조차 없다.

- **베어 내리기의 강화:** 검은 중량이 있기 때문에 베어 내리는 것보다 베어 올리는 게 더 힘들다. 조금 높은 위치에 서 있으면 내리칠 때 힘이 더 커지기 때문에 싸움에 유리해진다. 창을 찌를 때도 올려 찌르기보다 내리 찌르는 편이 중력이 더해져 위력이 증가한다. 아시가루끼리 싸울 때는 창을 휘두르는데 당연히 높은 위치에서 휘둘러 내리는 편이 강하기 때문에 숙련도가 비슷한 아시가루 부대가 싸우면 높은 위치에 있는 쪽이 이긴다.

  높은 위치에서 공격할 때의 문제점은 적의 발밑을 노리기 힘들다는 점과 거꾸로 상대가 발밑을 노리기 쉽다는 점이다.

- **심리적 압박:** 누군가가 위에서 내려다보고 있으면 누구든 심리적으로 압박감을 느낀다. 이 때문에 낮은 위치에 있는 측은 사기가 떨어지기 쉽다. 즉, 도망치기 쉽기 때문에 이것만으로도 중세의 전투는 승패가 결정되기도 했다.

이러한 높은 위치에 아군이 진을 치면 많은 이점이 있다. 아군의 공격력이 강화될 뿐만 아니라 적의 공격력이 떨어지기 때문에 간접적으로 아군의 방어력도 강화된다. 이 때문에 전장에서 조금 더 높은 위치를 확보하기 위해 양자가 부대를 보내 쟁탈전을 펼치는 경우도 종종 있다. 또, 먼저 전장에 도착하면 약간 높은 장소를 일방적으로 쟁취할 수 있기 때문에 전장이 어디가 될지 예측할 수 있는 것도 전투를 유리하게 만드는 포인트다.

물론 이것을 역이용하는 경우도 있다. 적이 무리하게 높은 곳을 빼앗도록 만들어서 승리하고자 하는 적의 바람을 역이용하는 전술이나, 구릉을 달려 내려간 끝에 늪지가 있다고 해서 적에게 유리한 것처럼 오해하게 만드는 전술도 있다. 그러나 이것도 높은 곳을 선점하는 것이 유리하다는 적과 아군의 공통된 인식이 있기 때문에 가능한 술책이다.

기습

✚ 전술 ✚ 전략 ✚ 기술

예기치 못한 공격

기습이란, 적이 예측 못 한 때 · 장소 · 방법을 이용한 공격이다. 기습을 받은 적은 혼란에 빠져 올바른 대응을 하지 못하고 큰 손해를 입는다.

기습에는 규모 따위에 따라 네 가지 패턴이 있는데, 그 실행 방법과 효과가 각기 다르다.

전술적 기습

전술적 기습이란, 소부대(수 명~수백 명)로 이루어지는 기습이다. 소수로 이루어지므로 살금살금 이동하거나 투명 마법 같은 자잘한 재주를 활용해 기습할 수 있다.

전술적 기습에 따른 적의 혼란은 몇 초에서 몇 분에 지나지 않으나, 몇십 명 정도라면 몇십 초의 혼란으로 승리할 수 있다. 수 명의 공격조라면 단 몇 초로 공격할 수 있다.

작전적 기습

작전적 기습이란, 대규모 부대(수천~수만 명)가 적의 대부대에 대해 예기치 못한 시간이나 방향에서 공격하는 기습이다. 잔재주가 아닌 '지형 지물을 이용한 복병을 준비한다.', '적을 유도하기 위해 일부러 적에게 등을 보인다.' 같은 적절한 전술이 필요하다.

작전적 기습에 따른 적의 혼란은 몇 분에서 몇십 분, 많게는 며칠 동안 이어진다. 기습 받은 부대의 대응은 다음과 같은 순서로 이루어진다.

1. 기습 공격을 받은 부대(전체 중 일부일 것)가 무슨 일이 일어났는지를 이해한다.
2. 그 부대의 지휘관이 임시 대응을 하면서 상급 지휘관에게 보고한다.
3. 상급 지휘관이 무슨 일이 일어나고 있는지를 이해한다. 하급 지휘관의 보고가 어설프거나 상급 지휘관의 능력이 낮은 경우, 상세하고 정확한 보고가 오갈 필요가 있다.
4. 이해한 상급 지휘관이 기습 공격을 받은 부대나 그것을 지원하는 부대에 명령을 내린다. 지휘관의 능력에 따라서 상황을 악화시키는 명령을 내리는 경우도 있다.
5. 명령을 받은 부대가 실제로 행동한다.

보고에 걸리는 시간은 통신 수단에 따라 다르지만 전령은 보통 몇 시간까지도 걸린다.

전략적 기습

전략적 기습이란, 상대 국가가 전쟁이 일어나지 않을 것이라고 믿고 있을 때 전쟁을 시작하는 것이다. 개전에는 전투 장비 증산, 병사 징집, 병참 확보 등으로 몇 개월에서 몇 년간 준비 기간이 필요하다. 이 때문에 한 달 전에 개전 준비가 들통나더라도 전략적 기습은 성립한다.

전략적 기습은 상대국이 전쟁 준비를 갖추기 전까지 계속된다. 전쟁을 하면서 준비를 갖추려면 눈앞에 벌어진 전쟁에 대한 대응을 우선시하게 되어 (전선부대에서 요구받은 보급 물자 생산이 우선된다.) 상대국은 효율적인 준비를 할 수 없다. 이러한 혼란은 평상시보다 훨씬 길어져 최악의 경우 혼란에 빠진 상태로 패전하기도 한다.

제2차 세계대전에서는 독일이 소련을 상대로 전략적 기습을 펼쳤다. 소련은 이를 알고 있었지만 스탈린은 독일의 전쟁 준비 보고를 무시하여 참패하고 말았다. 보통 전쟁 준비를 상대국에게 숨기기는 불가능하다.

기술적 기습

기술적 기습이란 미지의 신기술을 이용한 전투다. 적은 대응 방법을 알지 못해 혼란에 빠진다. 여기에는 '신병기 이용'과 '새로운 전략 · 전술 사상 이용'이 있다. 다만 적도 대응책을 연구하기 때문에 기술적 기습은 1년 이상 길게 끌고 갈 수 없다.

기술적 기습의 예로는 다음과 같은 것이 있다.

- **전차:** 신병기. 제1차 세계대전 중 영국은 전차를 이용해 철조망과 참호를 장갑과 화력으로 밀어붙여 공격했다. 독일은 장갑차에 대한 대응 방법을 몰라 여러 곳에서 돌파당했다.
- **침투 전술:** 전술 사상. 제1차 세계대전 당시 독일군은 많은 인원으로 참호선을 돌파하려다가 연합군에게 반격당해 큰 타격을 입었다. 그래서 돌파를 들키지 않도록 소수로 조금씩 적의 후방으로 이동해 적의 후방에서 전투를 일으키는 신전술을 취했다.
- **항모결전 사상:** 전략 사상. 제2차 세계대전을 비롯해 여러 나라들은 항공모함의 전투력을 크게 사용하였다. 일본 해군은 항공모함을 집중 배치해 공격기 · 폭격기로 적의 함대를 침몰시키려는 새로운 해군 독트린(전투교의)을 만들었다.

068 Ambush

복병

✚ 은폐　✚ 예측　✚ 유인 매복

항상 최량의 전술

복병이란 미리 병사를 숨겨두고 적군이 다가왔을 때 후방을 공격하는 전술이다.

적을 복병 앞으로 데려오는 방법은 다음 세 가지가 있다.

- **진로 예측:** 적이 진군해오는 경로를 예측해 그 길목에 병사를 숨긴다.
- **전장 지배:** 회전이 이루어지는 전장에 먼저 가서 적이 대열을 펴는 뒤쪽에 병사를 숨긴다.
- **적병 유도:** '적과 싸우다가 도망'가거나, '약한 척 모습을 보이고 빠지는' 등의 작전으로 적을 복병 앞으로 유인한다.

복병은 기습의 일종인데 일반적으로 기습보다 큰 이점이 있다.

- **성공률이 높다:** 부대는 그저 숨어 있기만 하면 되기 때문에 적에게 발각될 확률이 낮아 기습의 성공률이 높다.
- **유리한 대열이나 위치:** '진로 예측'의 경우, 적은 이동 중에 전투를 시작한다. 이동 대형은 전투 대형보다 약하기 때문에 복병 측이 유리하다. '전장 지배' 방법을 쓰면 적의 측면과 후방에서 공격할 수 있다. '적병 유도' 시에 적은 추격 대형이기 때문에 대형이 길게 늘어지는 경우가 많아 좌우에서 공격하면 약하다.

이처럼 성공하면 얻는 것이 많지만 복병에는 문제점도 있다.

- **진로 예측이 어렵다:** 적의 진로를 파악하지 못하면 복병은 모두 허사가 된다. 그뿐만 아니라 적에게 후방을 둘러싸여 복병이 고립될 수도 있다.
- **유도 부대가 위험하다:** 적병을 유도하는 경우, 아군의 유도 부대는 괴멸당할 위험이 있다. 복병이 매복하고 있는 지점이 적에게 포착되어 전멸하는 경우도 있다.

두 가지 복병

적의 '진로 예측'에 따른 복병 매복으로 성과를 올린 것이 기원전 3세기 한니발이 펼친 트라시메누스 호반 전투다❶.

로마군이 자신의 군을 쫓아오고 있음을 알아차린 한니발은 일부러 트라시메누스 호수의 북쪽에 있는 가도로 나아간다. 로마군의 행군길은 산과 호수에 둘러싸인 험한 길로, 산 쪽은 병사를 숨기기에 최적의 땅이었다.

한니발은 도로 앞을 차단하듯 중장 보병을 배치하고, 산지에 경장 보병 · 갈리아병 · 기병을 숨겨두었다. 이날은 안개가 짙어 복병이 발각될 염려는 거의 없었다. 로마군은 도로를 진군해오다가 중장 보병에게 막혔고 한니발의 기병이 급진해 등 뒤를 차단했다. 이때 경장 보병과 갈리아병이 양옆에서 공격에 들어갔다.

이리하여 한니발의 승리가 확정되었다. 뒤쪽은 진군 대형이라 전투 준비가 되어 있지 않았던 로마군을 호수 쪽으로 압박하고, 꼼짝할 수 없게 되자 섬멸했다.

일본 센고쿠의 다이묘 시마즈[島津]가의 유인 매복은 '적병 유도'를 이용한 복병으로 알려져 있다. 소수로 다수를 포위하여 섬멸하려는 욕심 많은 전법으로, 성공시키려면 복병 부대의 숙련도 · 지형에 대한 지식 같은 까다로운 조건이 충족되어야 한다.

그중에서 유명한 미미가와[耳川] 전투를 예로 들어 보자. 그림 ❷, ❸, ❹와 같이 진행되어 완전히 패배한 오토모[大友] 군은 강의 수심이 깊은 곳을 건너지 못하고 익사했다. 이 패배에 겁이 난 강 건너편 오토모 군대는 도망쳐버렸다.

❷ 양군 초기 배치

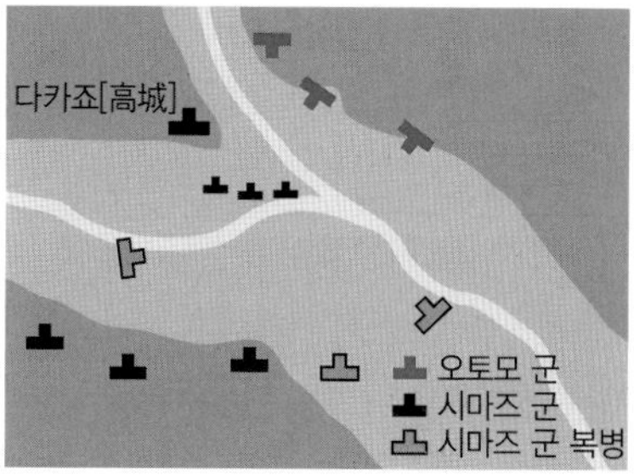

❸ 오토모 군은 다카죠 부근의 적을 쫓아 해산시키고 강을 건너 아군을 도우러 나타난 시마즈 군과 싸운다.

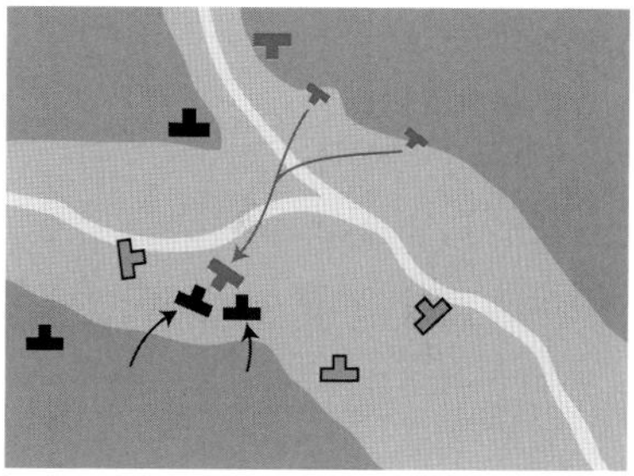

❹ 그러나 그것은 시마즈가 예상한 시나리오로, 복병이 좌우와 다카죠 쪽 후방에서 나타나 적을 포위한다.

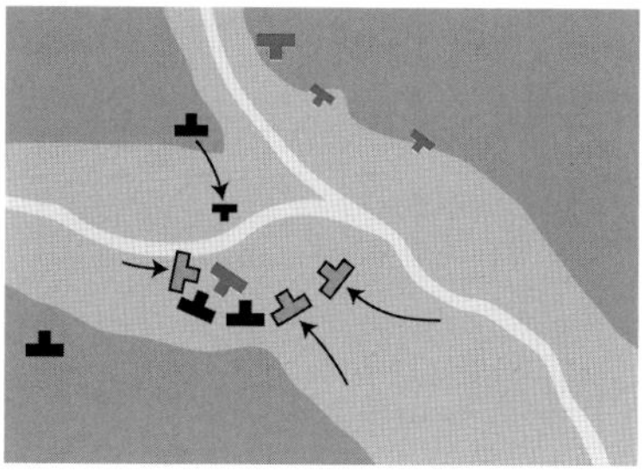

예비 병력

+ 전략 예비　+ 전술 예비　+ 긴급 대응

예상하지 못한 상황

전투 시 예상 밖의 사태는 종종 일어난다. 이때 효과적인 것이 예비 병력이다. 전 부대를 전선으로 내보내면 유사시에 대응할 수 없다. 전투에 들어간 병력을 빼내기란 여간 어려운 일이 아니기 때문이다. 또 전투에서 이탈하면 적에게 틈을 보여 큰 피해를 가져오기 쉽다.

예비 병력의 임무는 공격 예비와 수비 예비 그리고 적의 예비에 대한 대응 세 가지로 나뉜다.

공격 예비

공격 예비는 승리를 부르기 위해 공격을 취할 때 사용한다. 공세 예비를 사용하는 방법도 크게 세 가지로 나뉜다.

- **수적 우세:** 전투 중인 부대에 일부 예비 병력을 투입해 수적 우세를 확보하여 국소적 승리를 얻는다. 그 국소적 승리를 전면적 승리로 연결시키는 것은 또 다른 책략이다.
- **우회 공세:** 예비 병력을 우회시켜 적의 측면과 후방으로 나오게 하여 옆과 뒤를 공격해 적 부대의 일부를 무너뜨린다.
- **돌파 부대:** 아군의 공격이 성공해 적의 전선에 구멍이 뚫리면 그로부터 적의 전선을 돌파해 적의 후방으로 전개해나간다.

수비 예비

수비 예비는 아군 부대의 일부가 불리해졌을 때 투입하는 예비 병력이다.

- **수적 열세:** 싸우고 있는 부대의 일부가 수적으로 열세해 불리해졌을 때 예비 병력을 투입해 형세를 바로잡는다.
- **약점 방어:** 적이 돌아 들어오거나 복병을 계속 내보내 부대의 약점(후방 · 측면 따위)을 공격당할 위기에 처했을 때 예비 병력을 배치해 약점을 지킨다.
- **돌파 저지:** 적의 공격이 성공해 아군의 전선에 구멍이 뚫렸을 때 예비 병력을 투입해 그 구멍을 막는다. 또는 전선의 구멍으로 돌파해온 적 부대와 싸워 배면 전개 따위를 막는다.

예비 대응

적의 예비 부대에 대응한다. 적이 공세를 할 때 공격 예비 병력을 쓰면 점점 적의 공격이 강화되어 불리해진다. 마찬가지로 모처럼 아군이 공세를 잡아 유리해지려 하는데 적이 수비 예비 병력을 사용하면 불리해질 수 있다. 그래서 적이 예비 병력을 투입하려 할 때 그 예비 병력에 대해 아군의 예비 병력을 맞붙여 적에게 예비 대응을 하지 못하게 한다. 혹은 예비 병력을 써도 효과를 발휘하지 못하게 만든다.

이처럼 예비 병력에는 전쟁에서 기회를 만들고 아군을 위기에서 구하는(적의 기회를 없애는) 중요한 임무가 있어 군은 가능한 한 많은 예비 병력을 보유하려 한다.

거꾸로 말하면 전선에 붙어 있는 부대는 가급적 최소한으로 하고 싶은 법이다. 유능한 장수는 전선에는 유지를 위한 최소한의 부대만 배치하고 나머지를 예비 병력으로 둔다. 그리고 예비 병력을 쓸 때에도 그 일부를 따로 예비로 남겨둔다.

예비에는 전술 예비 외에 전략 예비도 있는데 기본은 다르지 않다. 전술 레벨 사태에 대응하는 예비와 전략 레벨 사태에 대응하는 예비일 뿐 예비 병력이라는 면에서는 다르지 않다.

제2차 세계대전 당시의 소비에트 연방은 예비 병력 운용의 실패와 성공을 보여주는 좋은 예다.

소비에트 연방은 전략 예비를 중시하는 군으로, 전군의 40 %를 전략 예비 병력으로 둔 적도 있다(독일은 10 % 정도). 그러나 제2차 세계대전 때 소비에트군은 유능한 장교를 숙청으로 많이 잃은 탓에 전선의 지휘관은 경험이 부족해 전술 예비 병력을 거의 두지 않고 전 부대를 국경에 붙여두었다.

이로 인해 독일의 기습에 대항할 전술 예비 병력이 존재하지 않아, 전격전에 의한 돌파와 포위로 전선 부대가 괴멸했다.

그러나 전략 예비 병력은 그대로 남아 있었기 때문에 소비에트군은 붕괴한 전선에 전략 예비 병력 부대를 계속 보내 싸움을 이어갔다. 독일군은 괴멸시켰음에도 계속해서 새 부대가 등장하는 소비에트군을 상대로 예기치 못하게 작전이 틀어졌다. 독일군은 "소련은 병력을 밭에서 뽑아 오는가?" 하고 푸념했다고 한다.

후위 부대와 레어가드

패배 후퇴 전사(戰死)

가장 위험한 임무

후위 부대란 후퇴 시 제일 뒤에서 아군의 후퇴 시간을 벌어주는 부대다. 주인공의 위험을 그린다면 후위의 임무를 맡겨야 한다. 특히 자신의 탓이 아닌 패배로 후미를 맡는 것은 주인공의 용기(혹은 무모함)를 표현할 수 있는 좋은 기회다.

군대 대열은 기본적으로 전방을 향해 최대의 공격력과 방어력을 발휘할 수 있도록 만들어져 있다. 정확히 말하면 다른 방향으로 향해야 할 공격력이나 방어력을 희생함으로써 전방에 힘을 보탠다.

그래서 부대 일부를 후방 경계와 유사시의 방어를 위해 남겨둔다. 이것이 레어가드다. 레어가드는 적이 후방으로 돌아 들어오거나 복병을 둔 경우 대응하기 위한 소수 부대다. 실제로 그와 같은 비상 사태가 되면 강력한 적을 소수로 막아낼 수 없기 때문에 상당히 위험하지만 비상 사태가 발생하지 않으면 한가한 부대다. 이 때문에 배후의 안전이 확실한 경우에는 우회 공격이나 추격 부대로 사용한다.

모두 아군의 후방을 지키는 부대로 위기 때는 소수로 적과 싸워야 한다.

후위 부대

패배가 확정된 전투에서 후퇴하거나 도망칠 때는 상당한 위험이 따른다. 보통 아군이 후퇴하거나 도망칠 때는 적에게 등을 보인다. 그리고 아군은 수시로 뒤를 보며 적의 동향을 확인해야 하기 때문에 적군보다 속도가 느리다. 한편 추격해오는 적군은 아군의 등을 보면서 쫓아간다. 적군 쪽이 더 빨리 이동할 수 있으며 원할 때 아군의 등 뒤를 공격할 수 있기 때문에 추격하는 쪽이 유리하다. 이 때문에 많은 싸움에서는 후퇴하거나 도망칠 때 사상자가 많이 나온다.

이때 후위 부대가 필요하다. 후위 부대는 후퇴하거나 도망칠 때 부대의 맨 뒤에서 지켜주는 부대다. 전 부대가 완전히 도망칠 때까지 적의 추격을 막으면서 그 진격을 늦춰야 한다. 안 그래도 이겨서 사기가 오른 적에게 추격을 당하면서 말이다.

후위 부대를 대표하는 전술로는 교대 후퇴와 접전 후퇴가 있다.

교대 후퇴는 먼저 후위 부대를 둘로 나눈다. 그리고 적군으로부터 조금 멀리 떨어진 쪽이 발을 묶기 위해 견제 공격을 하고, 그 틈에 다른 한쪽 부대는 후퇴한다❶. 다음에 또 한쪽 부대가 공격하는 틈에 먼저 공격하고 있던 부대가 후퇴한다❷. 이것을 되풀이하면서 적의 추격 부대와 거리를 최대한 벌린다❸. 추격을 완전히 뿌리칠 수 있는 거리까지 멀어졌다면 양 부대 모두 한꺼번에 후퇴해 도망친다❹.

교대 후퇴는 가나가사키의 후퇴전(아사이[浅井] 가문의 배신으로 아사쿠라[朝倉] 군과 아사이 군 사이에 낄 위기에 처한 오다 군이 행한 후퇴전)에서 후위 부대를 맡은 하시바 히데요시([羽柴秀吉] 후일의 도요토미 히데요시)가 사용한 전술이다.

접전 후퇴는 조금 더 적극적으로 공격하는 전술이다. 센고쿠 시대의 센고쿠 다이묘 우에스기 겐신[上杉謙信]이 동시대 무장 나오에 가네쓰구[直江兼續]에게 전한 것으로 알려진 전술로, 철퇴하기 전에 후위 부대는 적을 향해 적극적인 공격을 가한다.

접전 후퇴는 먼저 후위 부대 전체를 4부대로 나눈다. 그리고 1부대를 복병으로 두고, 3부대로 적을 공격한다❺. 그리고 3부대는 후퇴해버리고 추격해온 적을 복병이었던 1부대로 공격한다❻. 기습을 받으면 일반적으로 적은 후퇴하기 때문에 그 틈에 전 부대가 도망치는 작전이다❼.

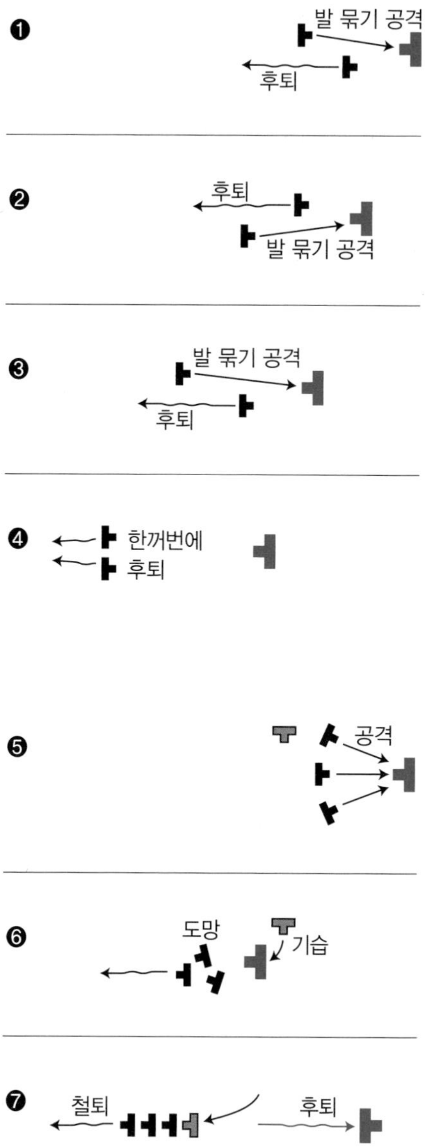

071 Pursuit

추격

+ 약자 + 압도적으로 유리함 + 두 가지 추격

물에 빠진 개는 쳐라

패배한 적을 쫓아가 공격하는 것을 추격이라고 한다. 보통은 도망치는 적을 쫓아가 해산시키는 것에 그치지만 추격하는 측과 도망치는 측의 싸움이 의미 있는 전투라 여겨지는 경우, 그것을 추격전이라고 한다.

"물에 빠진 개는 쳐라."는 중국 근대문학의 아버지라 불리는 루쉰[魯迅]이 한 말이다. 추격전을 단적으로 나타내는 말이라고 할 수 있다. 그런데 중국에는 "물에 빠진 개는 치지 마라."라는 속담도 존재한다. 이 속담이 성립하기 위해서는 조건이 있다.

- 깔끔하게 패배를 인정하고 뒤늦게 저항하지 않는 적일 것.
- 뒤에 다시 전쟁이 일어날 경우에도 개전을 정정당당히 선언하고 싸울 것.

이러한 대등한 윤리관을 가진 적이라면 구하는 데 의미가 있다는 속담이다. 그러나 루쉰은 개에는 그런 윤리관이 없으므로 감사해 하지 않고 물어뜯을 것이니 역습을 당하지 않도록 곤경에 빠뜨려야 한다는 의미에서 "물에 빠진 개는 쳐라."라는 말을 했다.

전투 중에는 이 말이 정답이다. 왜냐하면 전쟁에서 군인은 오로지 이기기를 바리기 때문이다. 일본 센고쿠 시대의 무장 아사쿠라 소테키[朝倉宗滴]는 "무사는 개라 한들 짐승이라 한들 싸워서 이기는 것이 본업이다."라는 말을 남겼다.

전쟁의 최고 전략은 약한 적을 무찔러서 승리하는 것이다. 전략적으로는 강한 나라와의 싸움은 피하고 약한 나라를 공격해서 이익을 얻는다. 전술적으로는 적의 뒤에서 습격하고, 각개 격파도 추격전이든 약한 적이 더 약할 때 공격한다.

추격전의 이점

추격전에서는 추격하는 쪽이 다음과 같은 점에서 압도적으로 유리하다고 할 수 있다.

- **위치:** 적은 등을 보이며 달아나고 아군은 정면에서 적을 잡을 수 있다.
- **진형:** 적은 도망치느라 바빠서 제대로 된 진형을 꾸리지 못한다.
- **사기:** 적은 졌기 때문에 사기가 크게 떨어져 있다.

◎ **명령:** 도망치는 적은 지휘관의 명령을 들을 여유조차도 없다.

◎ **물자:** 도망치기 위해 필요한 물자까지 버리는 일이 많다.

물론 도망가는 쪽도 이러한 문제를 방치하지는 않는다. 군으로서 기능하고 있는 부대를 '후위' 070 에 남겨둔다. 후위 부대는 적에게 등을 보이지 않고 진형을 갖춰 사기를 유지한 상태로 지휘관의 명령에 따라 상대방이 지체하도록 전투를 펼친다.

그러나 도망가는 부대는 진형 · 지휘가 정상으로 기능하지 못한다고 볼 수 있다. 그래서 추격하는 쪽은 다음과 같은 두 가지 방법을 취한다.

◎ **추미 추격:** 먼저 후퇴하는 부대의 후미를 섬멸하고 본대를 추격한다. 성공하면 적은 완전히 절망해 완벽한 추격전이 가능하다. 단, 후위 부대가 유능해서 시간을 벌어준다면 적의 본대가 멀리까지 달아날 우려가 있다.

◎ **병행 추격:** 적 부대의 후퇴로와 나란히 다른 길로 나아가 후위 부대를 피해, 도망가는 부대보다 앞에 있는 적의 본대를 공격한다. 단, 이를 간파한 적의 후위 부대가 아군을 기습할 가능성도 있다. 또 적의 도주 경로를 잘못 파악하면 헛수고가 된다.

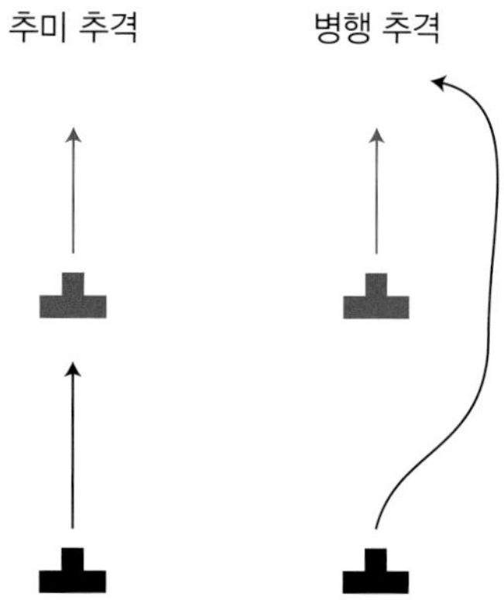

따라서 가능하다면 후위 부대와 대적하는 부대는 따로 두고 나머지 부대는 병행 추격을 하는 것이 가장 효과적인 수단이다. 물론 병행 추격로가 없다면 뒤를 쫓는 수밖에 없다.

다만 추격하다가 덫에 걸리는 경우도 있다. '복병' 068 의 유인 매복처럼 추격전이라고 기세등등해져 쫓아가다가 복병에게 공격을 당해 쓴맛을 보는 경우도 있다. 그러나 대부분의 경우는 추격을 해서 손해가 되는 일은 없다. 반드시 해야 하는 일이다.

지휘관

지휘권 | 통솔 | 자질

병사를 죽이지 않을 임무

많은 수의 병사가 싸울 때 전투에는 지휘관이 있어야 한다. 그리고 대부분, 뛰어난 지휘관이 있는 쪽이 승리를 한다. 그런데 군의 지휘관은 보통 사람과는 평가 기준이 다르다. 민간인에게 장점인 부분이 지휘관으로서는 결점이 되기도 한다. 그렇다면 좋은 지휘관과 나쁜 지휘관의 차이는 무엇인지가 중요하다.

지휘관의 자질에는 시대별로 차이가 있다. 물론 전술 · 작전 · 전략 능력이나 제대로 보급하는 것 따위는 어느 시대의 지휘관에게나 중요한 일이다. 여기서는 그 외의, 시대별로 차이를 살펴보자.

제1차 세계대전 이전, 지휘관을 명예로 여기던 시대에 영국 육군 지휘관에게는 다음과 같은 '10가지 룰'이 있었다.

1. 나는 여러분의 지휘관이자 선임이자 동지이자 전우로서 여기에 있다.
2. 적과 대치한 경우, 나는 여러분 앞에 서 있다. 적이 뒤를 친 경우, 나는 여러분의 맨 뒤를 주시하고 있다.
3. 여러분은 전우로서 서로에 대해 책임이 있다. 나는 결코 그것을 잊지 않는다. 그리고 여러분도 잊어서는 안 된다.
4. 나는 여러분에게 대가 없이 충실하고 성실하게 대하며 신뢰를 준다. 내가 여러분을 얻기 위해서다.
5. 전문 기술을 배우는 데는 왕도가 없다. 잘하는 데는 지름길도 없다.
6. 여러분의 임무는 전사가 되는 것이다. 그리고 내 임무는 여러분이 전력을 발휘할 수 있도록 힘을 실어주는 것이다.
7. 내가 여러분을 알고 싶은 이유는 여러분이 그럴 만한 훌륭한 인재이기 때문이다.
8. 성공은 여러분의 훈장이다. 신중하고 겸손한 태도로 그것을 걸쳐라. 실패는 내 책임이다. 내가 여러분을 잃었기 때문이다.
9. 여러분은 나에게 최고로 가치 있는 존재다. 우리는 한 가족이다. 멀리 떨어져도 가족이라는 사실에는 변함이 없다.

10. 여러분의 임무는 전문가가 되는 것이다. 내 임무는 매일 여러분이 성과를 얻도록 돕는 명예로운 것이다.

이처럼 병사의 가족적 일체감을 중시했고 그것을 이끄는 지휘관에게는 용기를 요구했다. 근세 국민군의 지휘관이라면 이것이 최고였을지 모른다. 자국을 지키는 기개를 가진 병사가 힘을 발휘할 수 있게 하는 것이 가장 중요했기 때문이다.

하지만 이 룰 그대로 제1차 세계대전에 참가했다가 지휘관이 선두로 돌격해 적의 기관총을 맞고 사망하자 부대가 대혼란에 빠지는 사태가 속출했다. 이로써 지휘관은 안전한 후방에서 최후까지 지휘를 맡아야 한다는 현대의 지휘관상이 만들어졌다.

중세 군대의 지휘관은 직접 전투에 참여해 영주의 의욕을 유지하고, 병사의 사기를 높게 유지시키는 것이 가장 중요한 임무였다. 책략도 전술도 군에 의지가 없다면 그림의 떡일 뿐이다. 이를 위해 필요한 것은 다음과 같다.

- **대의:** 이번 전쟁이 정의로우며 자신들이 올바르다는 확신을 심어준다.
- **보상:** 전쟁에 승리하면 자신이 바라는 보상을 얻을 수 있다는 믿음을 준다.
- **승산:** 이번 전쟁에서 아군이 승리한다고 믿게 한다.

현대 선진국의 군처럼 보급이 충분하고 병사의 질도 높으며 사기도 낮지 않은 경우, 지휘관에게는 인격, 결단력, 행동력이 필요하다. 부하를 심복시키고 통솔하기 위한 인격은 어느 시대에나 필요했지만 현대에는 부하의 자질이 높아졌기 때문에 더욱 과거의 지휘관보다 높은 능력이 요구된다.

또, 예나 지금이나 지휘관의 임무는 결단을 내리는 것이다. 옛날보다 훨씬 풍부한 군사 정보가 사령부로 모이는 현대에는 결단을 위한 자료도 풍부하고, 참모 장교의 진언도 있다. 그래도 결단만큼은 지휘관의 몫이다.

끝으로 지휘관은 결단한 것을 실행해야 한다. 현대에는 통신의 발달로 사령부가 더욱 세세한 명령을 내릴 수 있기 때문에 잇따라 명령을 내려야 한다.

사기

국민군 | 용병 | 도망

사기가 낮은 중세의 군대

중세 전투에서 사기가 가장 중요한 요소였음은 다른 항목에서도 다루었는데 문제는 중세 군대는 기본적으로 사기가 낮았다는 점이다. 이렇게 말하면 현대인인 우리는 의문스럽게 여길지 모른다. 그러나 그것은 우리가 사기가 높은 현대 군대밖에 모르기 때문이다.

현대 군대		중세 군대
자국을 지키려는 자국민 군대	↔	왕의 명령으로 움직이는 영주의 군대
		고용되었을 뿐인 용병 군대
사기가 높다.		사기가 낮다.
쉽게 도망치지 않는다.		금세 도망친다.
명령에 따른다.		제멋대로 행동한다.

현대 선진국의 국군은 국민군(자국을 지키고자 하는 국민 부대)으로, 사기가 상당히 높다. 이 때문에 다소 불리해져도 쉽게 도망치지 않는다.

그러나 중세 군대는 기사나 영주의 집합체에 용병을 더했다. 기사나 영주 들은 자신의 영지와 명예와 수입이 중요하며 그것만 보장된다면 소속국이 달라져도 상관없었다. 하지만 무리하게 징집된 농민병에게 의욕 따위는 찾아볼 수 없었다. 그리고 용병들은 직업상 하는 일이라 죽거나 다칠 만한 일은 피한다.

이러한 상황이다 보니 전투 도중에 조금 불리하다 싶으면 병사뿐 아니라 부대 전체가 도망치려 한다. 맨 처음부터 유리해 보이는 전투를 하며, 마지막까지 유리하게 끝나야만 한다.

따라서 중세의 군대는 '복병' 068 의 유인 매복처럼 일부러 불리한 척하면서 도망을 쳐서 적을 함정에 빠뜨리는 작전은 실행할 수 없었다.

사기 유지와 향상

그렇다면 사기를 높이기 위해서는 무엇이 필요할까? 먼저 부대를 대상으로는 다음과 같은 방법이 있다.

- **훈련**: 훈련이나 교육으로 동료와의 연대감이 높아지면 사기가 올라간다. 거꾸로 훈련을 빼먹으면 사기는 점점 떨어진다.
- **생활 환경**: 맛없는 식사는 사기를 떨어뜨리고 맛있는 식사는 사기를 올린다. 그 밖의 생활 환경의 질도 병사의 사기를 좌우한다.
- **포상금**: 용병들은 포상금을 지급하면 사기가 올라간다.
- **대의**: 병사가 정의로운 전투라고 믿으면 사기가 올라간다.
- **종교**: 군종 성직자의 기도 따위를 통해 신에게 축복을 받았다고 느끼면 사기가 올라간다.
- **오락**: 음주와 성욕 등의 욕구가 채워지면 어느 정도 사기가 오른다. 하지만 지나칠 경우 오히려 사기가 떨어지며, 문제가 된다.

여기에 더해 지휘관의 행동에 따라 사기가 오르내린다. 지휘관 혼자서 사기를 결정하는 것은 아니지만 지휘관이 큰 영향을 주는 것은 사실이다.

- **신상필벌(信賞必罰)**: 가령 회의에 부하가 지각한 경우, 회의를 늦춰서 기다려주면 지각한 부하에게는 지각해도 문제가 없다는 잘못된 인식을 심어주고, 거꾸로 시간에 맞춰 온 다른 부하에게는 쓸데없이 기다리게 하는 손해를 준다. 즉, 해야 할 것을 한 부하를 벌하고, 잘못한 부하에게 상을 주는 격이다. 이렇게 되면 부하들은 말을 듣지 않는다.
- **명령 변경은 신중하게 한다**: 상황의 변화에 따라 명령을 바꿔야 할 때도 있다. 그러나 조령모개식으로 명령을 내리면, 부하는 '어차피 금세 또 바뀔 텐데' 하고 진지하게 받아들이지 않는다. 한번 내린 명령은 이유 없이 바꾸지 않는다. 변경해야 한다면 그 이유를 명확히 제시하여 변경의 필요성을 알린다.
- **희망을 준다**: 이 지휘관 밑에서 싸우면 좋은 일이 있을 것이라는 희망을 준다. 희망이 있으면 힘든 역경도 참아낼 수 있다. 또, 지휘관이 연설을 잘하면 사기가 오른다. 나폴레옹과 카이사르는 연설에 매우 능했다.

식량

✚ 기아 ✚ 도망 ✚ 배급

식량이 끊기는 때가 병사가 끊기는 때다

전쟁 지휘자에게 가장 중요한 것은 최전선에서 무기를 휘두르며 싸우는 용기도, 적의 작전을 간파하여 그것을 거꾸로 이용하는 지략도 아니다. 전쟁에서 가장 중요하고 가장 성가시고 가장 힘든 일은 병사의 식사를 대는 일이다. 나폴레옹도 "군대는 위장으로 움직인다."라는 말을 남겼다.

인간은 하루에 1~1.5 kg 정도의 식량을 먹는다(물은 제외). 1만 명이라면 하루에 10톤, 마차로 20대 분량이다. 중세 사회의 인프라로는 매일 감당할 수 없는 양이다. 중세 유럽에서 1만 명이 넘는 회전이 몇 년에 한 번밖에 일어나지 않은 것은 전쟁을 하고 싶어도 할 수 없었기 때문이다.

중세에는 용병에게 식량이 배급되지 않았다. 대신 돈이 나와 군대를 따라오는 주보(酒保) 상인에게 식량과 술을 사 먹었다. 영주가 징병한 병사의 식사는 영주의 책임이므로 영주는 자기 영지에서 나르거나 상인들에게서 구입했다. 진군 시 군대 뒤에는 이러한 상인이 따라오는 것이 일반적이었다. 그뿐 아니라 다친 병장기를 수리해주는 대장장이나 매춘부 집단까지 포함하면 군보다 많은 경우도 있었다.

이것은 자기 영지의 농민을 약탈하거나 영지 주민을 겁탈해서는 안 되기 때문이다. 그렇게 하는 영주도 있었지만 결국 손해라는 사실을 바보가 아니고서야 알았다. 상인들을 약탈하는 것은 더욱 위험하다. 그렇게 하면 상인은 두 번 다시 따라오지 않을 테고, 결국 군대는 굶어서 붕괴하고 만다.

적국에 들어서면 더는 눈치 볼 필요가 없다. 적국의 농민들은 약탈과 겁탈의 대상이 된다. 그러나 그것을 알고 있는 마을에서는 군이 들이닥치기 전에 도망을 친다. 그런 의미에서 상인의 식료 공급은 적국에 들어선 이후로도 필요하다.

하지만 이 시대에는 군대가 식료 공급을 담당하는 상인을 지켜주지 않았다. 식량 공급을 담당하는 상인들이 습격당하기 쉬웠기 때문이다. 적군의 식량 상인들을 공격하면 전쟁에서 이길 수도 있었다. 단, 상인은 수가 많아서 그중 한 사람만 공격하는 것은 의미가 없다.

- **상인을 속인다:** 적군인 척하고 적군 쪽 상인을 약탈한다. 성공하면 적군은 신용할 수 없는 군대라고 오해해 상인들은 흩어진다.
- **상인을 습격한다:** 적군에 붙어 따르는 상인을 습격한다. 다수의 상인을 단기간에 습격해야 하기 때문에 번거롭다.
- **초토화:** 적군의 진군로에 있는 아군의 농촌을 파괴한다. 이를 '초토 작전' 099 이라 하며, 자신의 영지도 큰 손해를 입는 양날의 검이지만 현지 조달을 예정한 적군에게 큰 타격을 줄 수 있다.

전투 식량의 시대로

식량 문제를 해결하고자 한 이는 천재 나폴레옹이었다. 그는 상금을 내걸고 상온에서 장기 보존할 수 있는 식품을 공모했다. 그리하여 1804년에 병조림이 발명되었다. 그런데 병조림은 깨지기 쉽다는 결점이 있다. 한편 1810년에는 나폴레옹과 적대관계였던(당연히 대항해서 보존 식품을 개발했다.) 영국에서 통조림이 발명되었다. 초기 통조림은 냄비에 철 뚜껑을 납땜한 것으로, 통조림 따개가 없어 열 때 고생을 했지만 통조림 따개가 발명되자 전투 식량의 표준이 되었다.

다음과 같은 결점도 있지만 모두 대처 가능한 선이다.

- **빈 깡통이 남는다:** 깡통을 방치해두면 적에게 아군의 인원수가 발각될 우려가 있다.
- **질리기 쉽다:** 메뉴가 단조로워 질리기 쉽고, 이는 사기 저하로 이어진다. 하지만 이것은 식량 사정이 개선된 현대의 문제로, 당시에는 제때 먹을 수 있는 것만으로도 기뻐했다.

군이 식량 공급을 담당하면 다음과 같은 이점과 결점이 있다.

- **사기 상승:** 약탈할 필요가 없어진다. 군을 규율로 잘 다스리면 사기를 올릴 수 있다.
- **보급선 유지:** 보급선을 군이 지킬 수 있다. 민간 상인을 군이 지키는 일은 없지만, 군대의 일부인 보급 부대는 군이 지킨다.
- **정면 병력의 감소:** 단점으로 군의 일부를 운송이나 호위에 사용하기 때문에 전투 병력이 줄어든다.

◎ Column

예비역과 클룸퍼 시스템

군대는 평소에는 적은 비용으로 유지할 수 있도록 최소한의 인원으로 구성하고, 유사시에는 가능한 한 다수의 인원을 확보하는 것이 좋다. 그래서 많은 군대에서는 예비역이나 클룸퍼 시스템이라는 방법을 채용해 유사시 병력 수를 늘릴 궁리를 했다.

예비역이란 평상시에는 일반 사회에서 생활을 하지만 군대 경험이 있으며 때때로 훈련을 받아 유사시에 군무로 복귀할 수 있는 사람을 말한다. 재향 군인이라고도 한다.

예비역이 모이는 재향 군인회는 예비역 군인이 서로 계급이나 기능을 파악해서 유사시 대비할 수 있는 장인과 동시에 지역의 명사를 모으는 역할도 한다. 일본을 제외한 대다수 국가에서 군인(특히 사관)은 존경해야 할 명사로 여겨진다.

예비역을 위한 무장은 예비역이 처지가 된 병기(오래되어 사용 연한이 지난 병기로 원칙적으로 폐기되어야 하지만, 그러기에는 아까워서 보관되어 있는 것)가 사용된다. 장기 보존할 수 있도록 총 개구부 등을 방수 처리해둔다.

일본의 경우는 예비 자위관이라는 특별직 국가공무원 제도가 있다. 이것은 두 종류로 구성된다.

- **퇴관한 자위관:** 자위대를 퇴관했는데 그 뒤에도 유사시에 자위관이 될 것을 선서한 자. 이 중에 특수 훈련자, 전투 경험자 등이 예비 자위관으로 존재한다.
- **공모 예비 자위관:** 일반 국민 중에서 시험을 봐서 채용한 자를 예비 자위관보라 한다. 이 중에서 일정한 교육 훈련을 수료한 자를 예비 자위관에 임명한다.

클룸퍼 시스템이란, 평상시에는 일반 병을 줄이고 사관이나 하사관의 비율을 늘리는 것이다. 왜냐하면 사관이나 하사관을 교육하는 데는 시간이 걸리고 비상시에 육성하기 시작하면 시간이 부족하기 때문이다.

평상시에 사관 · 하사관의 사관 교육을 충실하게 해두고, 비상시에는 사관을 상급 사관으로 계급을 올리고, 하사관을 하급 사관으로, 상비병을 하사관으로 한다. 그리고 국민을 징병하여 병졸로 두어 순식간에 병력을 늘린다. 이 같은 시스템을 클룸퍼 시스템이라고 한다.

제1차 세계대전에서 패배한 후 상비군의 인원을 제한받은 독일이 이에 대항하기 위해 생각해낸 시스템이다. 히틀러가 단번에 병력을 늘릴 수 있었던 것도 클룸퍼 시스템으로 많은 사관 · 하사관이 확보되어 있었기 때문이다.

제6장

Operations and Formations

작전과 진형

작전이란 하나의 회전을 어떻게 이끌어갈 것인지에 대한 계획이다.
그리고 회전을 위해 전력을 어떻게 배치할 것인지가 진형이다.
전투에는 다양한 형태가 있다. 야전군끼리 전투하는 경우도 있고,
성을 공격하는 경우도 있다. 또, 싸울 때도 적의 어디를 공략할지,
어떻게 해서 아군을 유리하게 만들지 등 다양한 시점에서 생각해야 한다.
이 장에서는 이러한 작전에 대해 설명한다.
이 장도 지휘관이나 군사 캐릭터의 활약과 관계된 힌트가 많다.

075 Line Formation

횡진

✚ 대열 ✚ 전선 ✚ 돌파에 약함

보병의 기본

횡진은 횡대라고도 하며, 보병의 가장 기본적인 전투 대형이다. 사선진이나 방진 같은 대부분의 진형은 이 횡진을 기본으로 상대방 전투 대형을 뚫거나 혹은 보완하기 위해 변화했다.

그렇다면 왜 횡진이 기본일까? 다음과 같은 이유가 있다.

공격력이 높다

횡진에서는 병력이 최대한 넓게 적과 마주한다. 많은 병력이 적을 공격할 수 있는 대형이기 때문에 부대 전체의 공격력이 높아진다.

그림 ❶은 대열 중 앞에서 두 번째 줄까지 공격에 참가할 수 있다고 가정한 그림이다. 종진은 48명 중 8명밖에 공격에 참가할 수 없지만, 횡진에서는 48명 중 24명이나 공격에 참가할 수 있다. 이때 횡진의 공격력은 종진의 공격력의 3배가 된다.

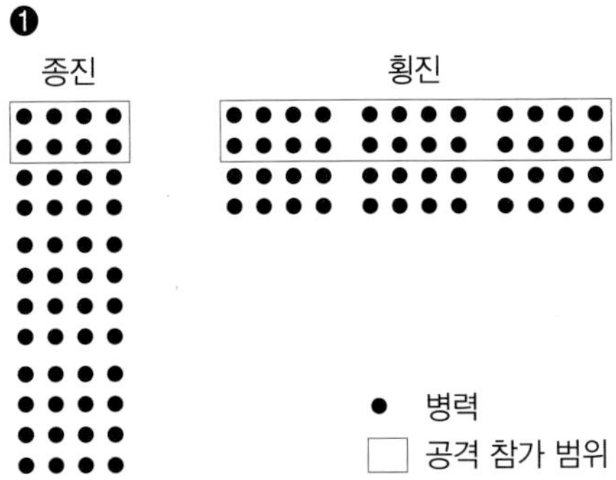

폭넓은 전선을 칠 수 있다

아군의 병력으로 전장에 선을 만들어, 적이 진영으로 들어오지 못하게 하는 것을 '전선을 친다.'라고 표현한다. 횡진으로는 폭넓은 전선을 칠 수 있다. 적이 아군의 후방으로 이동하려고 하면 크게 우회해야 한다. 그러는 동안 싸움은 끝날 테니 이는 현실적이지 못한 방법이다.

횡진은 이렇게 단순하면서 이점까지 많은 진형이다 보니 고대부터 근대까지 계속 사용되었다. 참고로 종진은 이동용 진형으로 우수하다. 진군 따위를 할 때 사용된다.

하지만 횡진에는 다음과 같은 결점도 있다.

돌파에 약하다

진형이 옆으로 얇게 퍼져 있기 때문에 적이 돌파해 후방을 에워싸면 대처할 수 없다.

이 대책으로 '예비 병력' 069 을 생각해볼 수 있다. 이를 활용해서 적이 돌파할 우려가 있는 지점의 틈을 메우거나 돌파해온 부대와 싸우기 위해 횡진의 후방에 이동력이 뛰어난 부대를 두면 유사시에 도움이 된다.

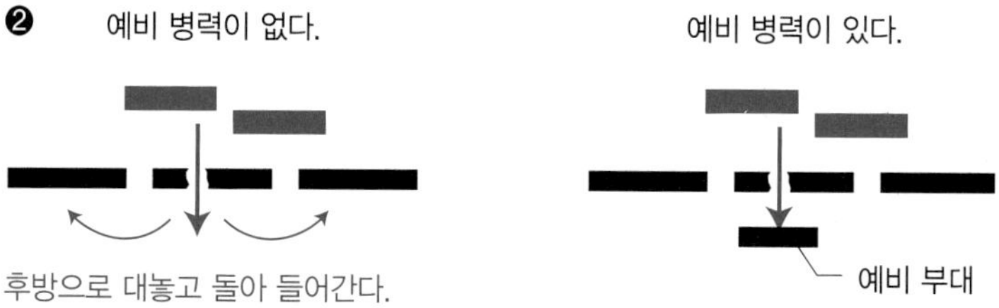

적이 집중 공격을 가하면 유휴병이 생긴다

적이 횡진의 어느 한곳만 집중 공격하는 경우가 있다. 이렇게 하면 전선을 치고 있던 남은 병사는 그 자리만 지킬 뿐 싸우지는 않는 유휴병이 되고 만다.

이에 대한 대처법으로는 두 가지가 있다. 먼저 적의 공격이 집중되는 지점을 강화한다. 예비 부대를 보내 아군의 전선을 두껍게 유지한다.

다음으로 유휴병이 된 부대를 활용한다. 예컨대 공격해오는 적 부대를 '포위' 079 하듯 이동한다. 적은 포위당했다는 생각만으로도 도망칠 가능성이 있으며, 성공하면 적을 포위 섬멸할 수 있다.

이처럼 적의 전술에 대해 적절히 대처해 횡진은 근대까지 살아남았다. 횡진은 단순하기 때문에 진형을 추가 변경하기도 쉽다.

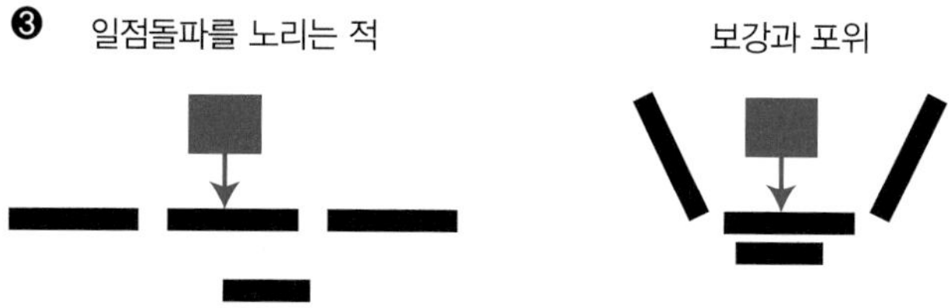

횡진(전투)

육상 전술 | 호플리테스 | 고대 그리스

횡진의 열 수

횡진끼리 싸울 때 전투는 어떻게 벌어질까? 당연히 최전열에 진을 치고 있는 병사들이 진두에 선다. 또 2~4열의 병사들도 앞 병사의 틈으로 창을 겨누며 전투에 참가한다. 5열부터 그 뒤의 병사들은 앞 병사가 쓰러졌을 때를 대비한 예비 병력으로, 처음부터 전투에 가담하지는 않는다.

횡진은 1열에 100명 전후로, 10열 편제(1,000명 정도)가 보통 1부대다. 1열 200명 이상의 대규모 편제나 세로를 20열 이상으로 한 두꺼운 편제를 짜기도 한다.

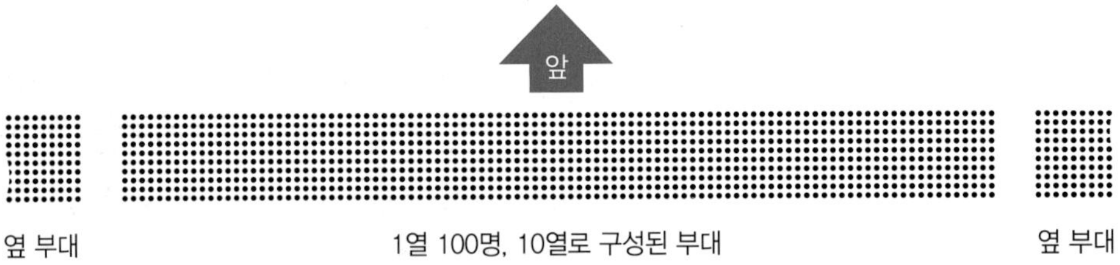

최전열 병사가 죽거나 부상당하면 교대로 2열의 병사가 최전열로 나온다. 그 뒷줄의 병사도 1열씩 앞으로 나온다. 쓰러진 병사는 뒤 열의 예비 병사가 옮겨 부상만 당했다면 부대 뒤에서 간단한 치료를 받게 한다.

이러한 방식으로 항상 최전선에서 싸우는 병사를 유지한다. 횡진 병사가 10열이나 있는 이유다. 그러다가 10열의 병사가 모두 쓰러지면 횡진에 구멍이 뚫려 아군의 후방이 적에게 돌파되고 만다.

횡진의 약점

횡진에서 가장 큰 약점은 오른쪽이다. 왜냐하면 병사는 오른손에 창을, 왼손에 방패를 들고 싸우기 때문에 몸의 오른쪽이 열려 있다.

횡진을 조직하면 자신의 오른쪽은 오른쪽에 선 아군의 방패로 가려지기 때문에 안심하고 싸울 수 있다. 그러나 맨 오른쪽 끝에 선 병사의 오른쪽은 무방비 상태다. 그래서 횡진에서는 가장 우측에 가장 강력한 부대를 둔다. 오른쪽이 뚫려 있어도 적을 압도할 수 있는 실력 있는 부대에게 가장 우측을 맡긴다. 이 때문에 횡진의 싸움은 다음과 같은 과정을 거친다.

1. 양군이 대치한다. 양군의 부대 수나 진의 공세 따위가 다른 경우도 있다. 그림 ❶에서, 아군은 큰 4개 부대, 적은 작은 5개 부대로 병력 수는 거의 동일하다.
2. 양군 모두 오른쪽이 최정예 부대이기 때문에 적의 왼쪽을 공격한다❷. 횡진 전투는 어느 쪽 왼쪽이 먼저 붕괴되는지에 따라 승패가 갈리는 경우가 많다.
3. 적군의 왼쪽이 먼저 붕괴되어 병사가 도망간다❸. 한 부대가 도망가기 시작하면 같은 편의 다른 부대도 사기가 떨어져 도망치기 쉽다. 따라서 적군은 왼쪽 부대에 가까운 부대부터 사기가 점차 떨어진다. 아군의 오른쪽은 남은 적군의 배후로 이동하기 위해 대열을 선회하기 시작한다.
4. 포위 섬멸당하는 것이 두려워서, 혹은 사기가 무너져서 완전히 붕괴된 적군이 도망친다❹. 적의 왼쪽이 무너지면 왼쪽부터 순서대로 도망치기 때문에 적의 오른쪽은 도망치는 타이밍을 놓치는 경우가 많다. 그 때 아군은 추격을 시작한다.

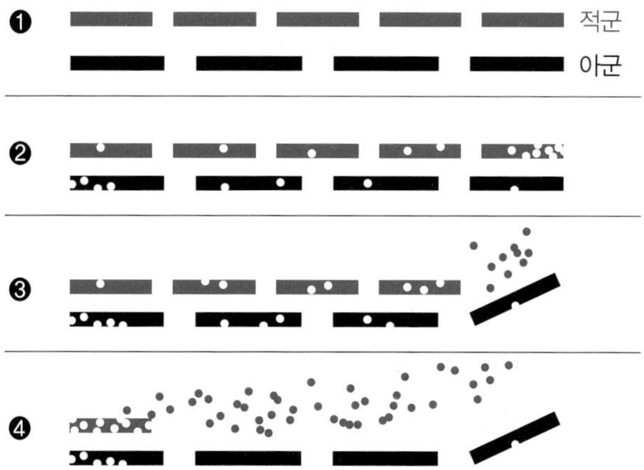

이 같은 횡진 전투에서는 오른쪽이 적의 왼쪽을 붕괴시키고 후방으로 돌아 들어가는 것을 목표로 한다. 물론 실제로는 그렇게 하기 전에 적이 도망치는 경우가 많으며, 대부분 적 전선이 붕괴해 승리한다. 후방을 내주어 포위당한다면 항복하거나(노예가 된다.) 죽거나 둘 중 하나이기 때문에 왼쪽이 붕괴한 시점에 도망치는 것이 적병에게도 옳은 행동이다.

사선진

✚ 스파르타 ✚ 에파미논다스 ✚ 고대 그리스

가장 오래된 작전

사선진이란 적의 일부(강력한 부대인 경우가 많다.)를 더 강력한 부대로 타도하여 적을 절망스러운 상황으로 몰아넣는 작전이다. 일종의 심리전 성격을 띤 작전이다. 이것을 유럽 역사상 맨 처음 시도한 이가 테베의 장군 에파미논다스(Epaminondas)다. 그의 행동은 지혜로운 장수를 그릴 때 참고하면 좋다.

당시 그리스 인의 전투는 횡진으로 이루어졌다. 횡진으로 싸울 때는 최강의 우익을 가진 군이 최강이 된다. 그리고 당시 최강이라 하면 스파르타 보병이었는데 스파르타 보병을 거느린 펠로폰네소스 동맹(라케다이몬을 필두로 한 동맹군)은 대부분의 전투에서 승리했다.

그러나 보이오티아군(테베군을 포함한 연합군) 장군 에파미논다스는 라케다이몬군(스파르타군을 포함한 연합군)과의 전투에서 결코 질 수 없었다.

문제는 스파르타 보병이 너무 강하다는 것이다. 압도적 대군으로 맞서지 않는 한 스파르타 보병은 절대 쓰러지지 않는다. 그러나 보이오티아군의 병사는 대군으로 스파르타 보병을 상대하게 하고 다른 모든 보병과도 대등하게 싸울 만큼 병력이 많지 않았다.

그래서 에파미논다스는 다음 두 가지에 주목하여 새로운 진형을 생각했다.

- 적군 중 특히 스파르타 보병이 도망치면 펠로폰네소스 동맹의 다른 부대는 사기가 붕괴되어 도망칠 가능성이 매우 높다.
- 횡진의 이동 속도는 그렇게 빠르지 않다.

레우크트라 전투

이 두 가지 이점을 활용해 에파미논다스가 발명한 진형이 사선진이다. 그리고 이 사선진을 사용한 역사상 첫 전투가 기원전 371년에 벌어진 레우크트라 전투다.

사선진은 보통의 횡진과 비슷한데 다음과 같은 점에서 다르다.

1. 부대를 일직선으로 배치하는 횡진과 달리, 좌익을 앞에, 우익을 뒤로 하여 사선이 되도록 배치한다. 그리고 좌익 부대는 대군으로 두껍게 한다. 참고로, 초기 배치는 횡진으로 시작했으나 전투가 개시

된 뒤 이동 속도의 차이로 사선진이 되었다는 설도 있다.

2. 앞에 배치된 좌익 부대는 가능한 한 급진하고 뒤에 배치된 우익 부대는 천천히 전진한다.
3. 1번의 대열과 2번의 이동 방법으로, 앞에 배치된 좌익 부대가 먼저 접적하고, 뒤에 배치된 우익 부대는 좀처럼 접적이 이루어지지 않는다.

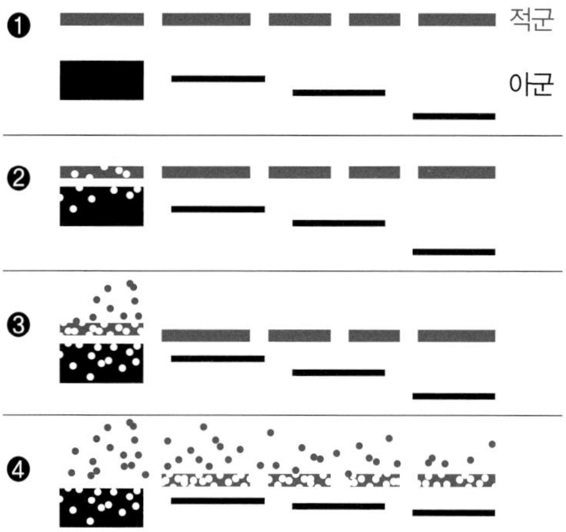

레우크트라 전투에서 에파미논다스는 12열의 스파르타군에 대해 50열의 테베군을 좌익에 집중해 앞에 배치했다❶. 그리고 전투가 시작되자 테베군이 급진했다.

좌익에 많은 병력을 투입한 대신 정예 부대를 배치해야 할 우익에는 의료병을 두었다. 그리고 보통 10~12열 정도인 대열을 줄여 옆으로 펼쳤다.

먼저 좌익의 테베군과 스파르타군이 격돌했다❷. 물론 스파르타는 강병이다. 그러나 그런 스파르타도 4배 이상의 병력에는 견딜 수 없었다. 결국 타격에 견디지 못하고 스파르타군이 붕괴했다❸. 스파르타군이 붕괴했을 때 약체였던 보이오티아군의 우익은 아직 접적조차 하지 않은 상태였다. 하지만 최정예인 우익 스파르타군이 붕괴되는 것을 보고 중앙과 좌익의 동맹군은 사기를 잃고 도망쳤다❹.

사선진은 적의 정예를 수로 밀어붙여 적의 사기를 꺾는 작전이다. 즉, '초기 전력에 집중' 061 한 것이다. 정예 부대를 수로 밀어붙이는 이상, 다른 부분은 소수의 병사로 시간을 벌어야만 한다. 이것을 에파미논다스는 사선진이라는 형태로 나타냈다. 이것도 일종의 '각개 격파'로 본다.

망치와 모루

+ 중장 보병 + 기병 + 포위

중방비와 기동력

화려하고 위대한 승리는 역시 알렉산더 대왕이나 한니발 같은 위대한 장수의 전술을 참고해야 한다. 그들의 숙련된 기술로 알려진 작전이 망치와 모루다.

먼저 견고한 방어력을 가진 부대가 꼼짝 않고 적의 공격을 버텨낸다❶. 이 부대는 버티는 것이 임무이기 때문에 이동력은 필요 없다. 그리고 이 사이에 기동력 있는 부대가 적의 후방으로 돌아 들어와서 뒤에서 적 부대를 공격한다❷. 뒤에서 공격을 당한 적은 앞으로 도망치려 하지만 앞에 포진한 아군의 견고한 수비열 때문에 도망갈 수 없다. 사이에 낀 적은 짓눌려 괴멸한다.

이 양상이 금속을 달굴 때 재료를 튼튼한 모루 위에 놓고 망치로 치는 것과 비슷해서 '망치와 모루'라고 한다.

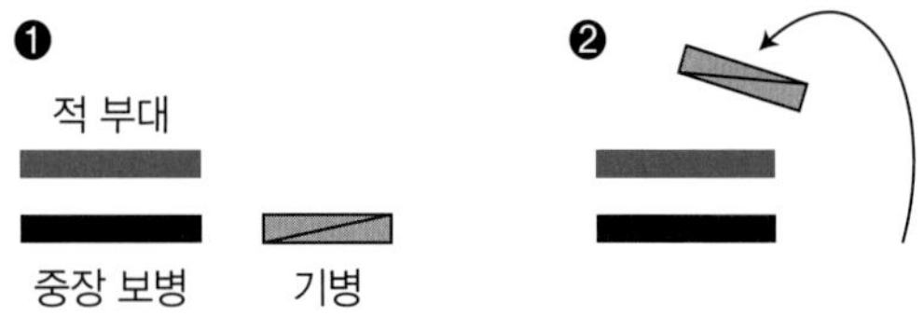

방어력이 견고하고 이동력이 낮은 부대가 모루이고 이동력이 높고 적의 배후를 뚫는 공격력이 높은 부대가 망치다. 이 때문에 일반적으로 중장 보병 부대가 모루, 기병 부대가 망치 역할을 맡는다.

망치와 모루 작전에서 가장 중요한 포인트는 병력을 전개할 때 그 인원에 최적인 면적이 있다는 점이다. 너무 넓은 면적으로 전개하면 공격도 방어도 약체화된다는 사실을 금방 알 수 있다. 또한 너무 좁은 면적에 밀어 넣으면 공격과 방어 모두 약해진다. 이것은 무기나 방패를 사용하기 위해 필요한 최소한의 면적이 있기 때문이다. 너무 좁으면 옆 병사에게 걸려 무기를 마음껏 휘두를 수 없다. 더 좁아지면 꽉 들어차서 몸을 움직이기조차 힘들다. 본래 면적보다 좁은 영역으로 밀어 넣어 약해진 적을 그 상태에서 괴멸시키는 것이 망치와 모루 작전의 진수다.

기병과 중장 보병의 조합이 전형적이지만 다른 병과, 가령 경장 보병과 중장 보병으로 망치와 모루 작전을 수행하는 경우도 있다.

그 밖에도 지형을 중장 보병 대신으로 활용하기도 한다. 언덕이나 강, 수렁 따위를 모루 삼아 그 지형으로 적을 몰아넣어 쓰러뜨린다. '복병' 068 에서 소개한 트라시메누스 호반 전투는 호수를 모루로, 복병을 망치로 활용한 예다.

대규모 망치와 모루

망치와 모루는 트라시메누스 호반 전투와 같은 하나의 회전에서만 쓰는 건 아니다. 더 큰 작전에도 응용할 수 있다. 대군단이 전력을 발휘하려면 대군단에 상응하는 면적이 필요하다. 그보다 좁은 면적에 갇힌 대군단은 적의 공격이 시작되기도 전에 패배한다.

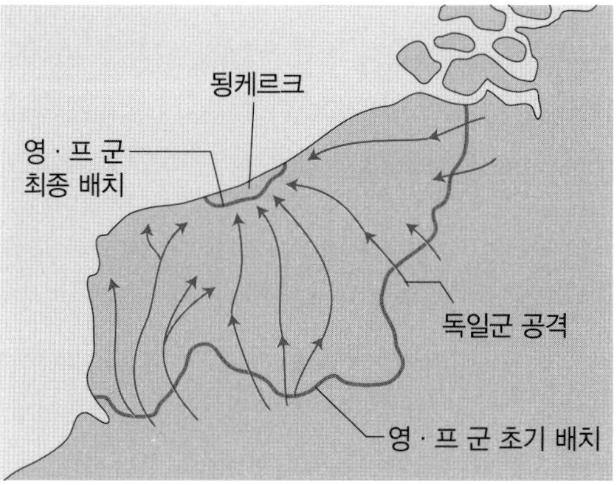

제2차 세계대전 당시 북프랑스에서 독일군의 전격전으로 영 · 프 연합군 40만 명이 됭케르크 지역에 갇혔다. 적군의 전선이 매우 짧아져, 40만 명이나 되는 병력임에도 그 전력은 거의 유휴병으로 전락하고 말았다.

이것이 대작전 레벨의 대규모 망치와 모루다. 바다라는 거대한 모루와 독일 장갑군 집단의 망치가 영 · 프 군을 물리치고자 했다.

만일 히틀러가 됭케르크 공격 명령을 내렸다면, 이 병력은 전멸이나 항복밖에 방법이 없었을 것이다. 그러나 히틀러는 공격을 금지했고, 영국은 운송선부터 거룻배까지 동원해 기적의 탈출 작전(다이너모 작전)에 따라 36만 명의 병력을 구출하는 데 성공했다.

히틀러는 이 기회를 활용하지 못했다. 연합군 병력이 구출되지 못했다면 제2차 세계대전의 승패가 바뀌었을지도 모를 만큼 상황이 크게 달라졌을 것이다.

포위

✚ 섬멸 | ✚ 항복 | ✚ 도망

다양한 포위

많은 전투는 적이 도망가거나 항복함으로써 끝이 난다. 적을 항복시키려면 적을 포위하는 것이 가장 효과적이다. 또, 포위해서 적을 항복시킨 쪽이 적을 포획할 수 있다.

물론 적은 포위당하지 않으려고 할 테니 어떤 방법으로 적을 포위하고, 또 어떻게 알아채지 못하게 포위하느냐는 지휘관의 교묘한 작전에 달려 있다.

포위할 때 부대를 이동시키는 방법은 세 가지 있다.

- **양익 포위:** 아군 전선의 양쪽에서 적군을 포위한다❶. 그리고 적군 뒤에서 퇴로를 막아 포위를 완료한다.
- **일익 포위:** 아군 전선의 한쪽에서 포위한다❷. 전장의 한쪽이 강이나 산지처럼 군이 움직일 수 없는 지형인 경우에 쓴다.
- **퇴로 차단:** 아군의 전선이 반포위(169쪽 참조)한 뒤 복병 따위가 뒤에서 나타나 달아날 길을 막는다❸.

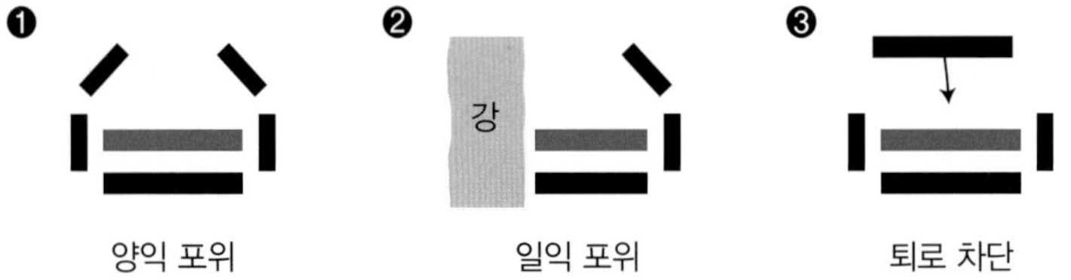

또, 포위할 부대를 어디에서 끌어다 쓰느냐에 따라 크게 세 가지로 나뉜다. 각각은 전혀 다른 작전이다.

- **전선 연장:** 아군의 좌익이나 우익의 뒤 열을 이동해 전선을 연장해서 적군을 포위한다. 대열이 흩어지기 때문에 전선이 붕괴될 가능성도 있다.
- **전선 격파:** 아군의 좌익이나 우익이 적군을 격파한 뒤 자유로워진 쪽에서 적군 중앙을 포위한다.

◎ **복병:** 아군의 전선은 그대로 유지하되 복병을 적군의 후방이나 양익으로 보내 포위한다.

포위는 정도에 따라 세 가지로 분류할 수 있다. 이에 따라 포위당한 적을 어떻게 공격할 것인지가 달라진다.

◎ **완전 포위:** 포위가 완전한 상태로 아군 병력으로 적군을 완전히 포위할 수 있는 상황. 대부분의 경우, 포위당한 측은 사기가 떨어져 항복한다. 그러나 적의 지휘관이나 적군의 사기에 따라 전멸할 각오로 마지막까지 저항하는 경우도 있다.

◎ **탈출구가 있는 포위:** 거의 포위되어 있으나 아직 완전히 마무리되지 않아 그 틈으로 적이 탈출할 수 있는 상황. 적군이 탈출구로 몰려들면 혼잡이 빚어지므로 일부러 탈출구를 만들어서 넘어지고 엉킨 적에게 큰 타격을 주는 작전도 있다.

◎ **반포위:** 포위 전선은 적군 주위의 절반 이상을 포위했지만 아직 완전히 포위되었다고는 말하기 어려운 상황. 완전히 포위하여 항복시키는 것이 목적이 아니라 양쪽에서 공격함으로써 적에게 큰 타격을 주고, 포위되는 게 두려워 도망치는 적에 대한 추격전을 벌이기 위해 반포위하는 경우가 많다. 물론 적의 움직임이 둔하면 포위가 완성된다.

아군이 포위당하려 할 때는 다음과 같은 대응책이 있다.

❹ 날개 연장　❺ 중앙 돌파　❻ 갈고리형 진

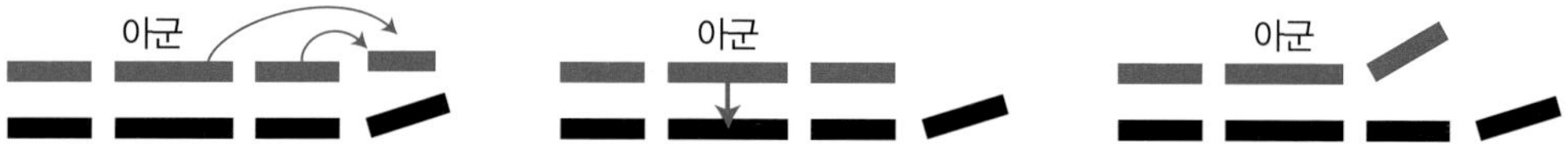

◎ **날개 연장:** 포위될 위기인 지점의 바깥쪽으로 부대를 보내 퇴로를 확보한다❹. 이로써 포위를 저지한다.

◎ **중앙 돌파:** 적은 포위를 위해 양 끝에 정예 부대를 보낼 것이다. 비교적 약한 중앙을 돌파해 퇴로를 확보한다❺.

◎ **갈고리형 진:** 포위에 따라 부대의 옆쪽이나 뒤쪽이 뚫리는 것을 막기 위해 끝에 있는 부대를 후방으로 꺾은 형태의 전선으로 만든다❻. 포위를 당하면서도 별 문제 없이 싸울 수 있다.

포위 섬멸전

✚ 본보기 ✚ 기병 ✚ 중앙 돌출

현대까지 남은 걸작

칸나에 전투는 역사상 최고의 전술가인 한니발의 최고 걸작으로 알려진 전투가 칸나에 전투다. 포위 섬멸전의 견본이라 할 수 있는 전투로, 기원전 전투임에도 현대의 전술 연구에서도 연구 대상이 될 만큼 세련된 전술을 펼쳤다.

칸나에 전투는 한니발(카르타고) 대 로마의 전투다. 그 병력은 다음 표와 같다.

	한니발	로마
보병	40,000	64,000
기병	10,000	6,000
합계	50,000	70,000

로마 쪽이 대군이지만 기병만큼은 한니발 군이 우세했다. 한니발은 이 우세한 기병을 이용해 승리를 쟁취하고자 했다.

맨 처음의 진형은 그림 ❶과 같았다. 로마군은 중앙의 중장 보병은 종심(縱深)을 깊게(대열의 열 수를 늘려) 하고, 좌우로 기병을 3,000명씩 균등하게 배치했다. 한니발 군은 중앙에 갈리아 용병과 스페인 보병, 좌우로 카르타고 중장 보병을 두었는데, 이때 중앙 앞으로 나오게 하는 대신에 중앙의 종심을 깊게 했다. 그리고 우익에 누미디아 기병을 3,000명, 좌익에 스페인 · 갈리아 기병을 7,000명 배치했다. 왼쪽으로는 강이 있었다.

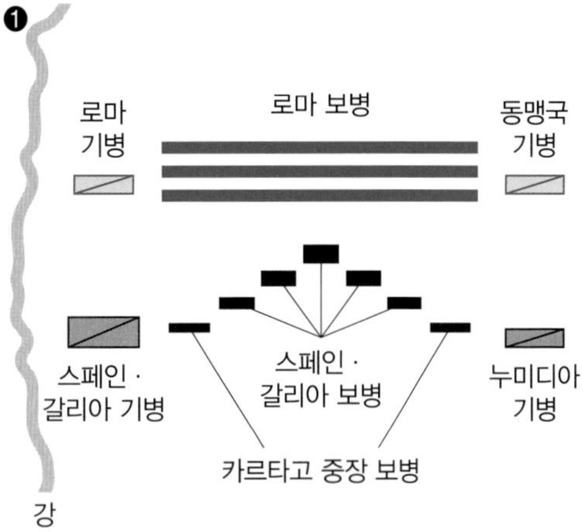

전투가 시작되자, 중앙에서 로마 보병이 오합지졸에 불과한 갈리아 용병을 밀고 들어왔다❷. 그러나 종심이 깊어 앞에 배치된 갈리아 용병은 밀리면서도 버텼다. 한니발의 용병 진형은 조금씩 평탄해졌다. 한편 한니발의 기병 중 우익의 누미디아 기병은 거의 같은 수의 동맹국 기병과

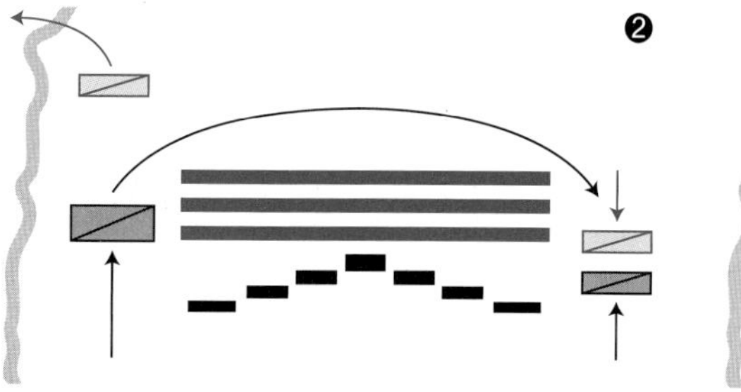

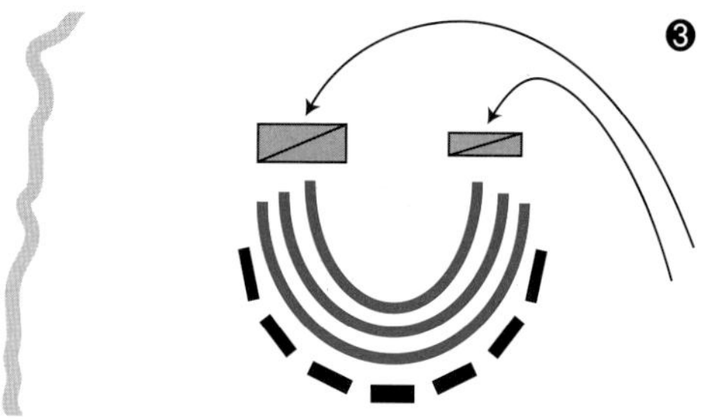

막상막하의 싸움을 펼쳤다. 그리고 스페인 · 갈리아 기병은 로마 기병의 몇 배나 되는 수로 로마 기병을 쫓아 해산시켰다. 로마 기병은 싸우는 것이 아니라 도망치면서 적을 가까이 끌어당겨 시간을 벌고자 했지만 보병과 강 사이에 둘러싸인 지형에서는 싸우는 것 외에 방법은 없었다. 스페인 · 갈리아 기병은 로마 기병을 추격하지 않고 적의 뒤를 통과해 동맹국 기병 뒤로 들어갔다. 앞뒤에서 3배나 되는 적에게 공격당한 동맹국 기병은 한순간에 괴멸했다.

한니발의 기병이 로마의 기병을 쫓아 해산시켰을 때 한니발 보병은 로마에 계속 밀렸다. 그러나 양쪽 끝에 있던 카르타고 중장 보병은 밀리지 않았던 터라 로마 보병이 중앙만 민 U자형이 되었다❸. 이것도 한니발이 계획한 대로다. 적의 중앙을 돌출시켜 반포위 형태로 만들어나간 것이다. 물론 로마군은 그것을 위기인 줄 모르고 적의 중앙을 뚫을 기회라고 착각했다. 한니발 기병은 로마 기병을 쫓아가는 데 시간을 낭비하지 않고 U자가 된 로마 보병 뒤로 이동해 퇴로를 봉쇄했다.

등 뒤에서 습격당한 로마 보병은 앞으로 도망쳐 좁은 지역에 꽉 들어찼다. 심지어 압사한 병사도 있었다. 아무리 충성스럽고 용맹한 로마 보병도 이런 상황에서는 아무것도 할 수 없다. 완전히 포위되어 사방에서 공격을 받고 괴멸할 뿐이었다.

이 전쟁으로 로마군은 7만 명 중 6만 명이 사상하고 1만 명이 포로로 잡혔다. 2명의 집정관 중 1명이 전사하고, 참가한 원로원의원(로마 전체에서 300명 정도)이 80명이나 전사하는, 로마로서는 최악의 결과였다. 한편, 한니발 군의 피해는 (나중에 다시 고용할 수 있는) 갈리아 용병을 중심으로 6,000명 정도의 사상자가 나오는 데 그쳐 압도적인 승리를 거두었다.

081 Frontal Breakthrough

중앙 돌파

✚ 기병 돌격　✚ 강력한 작전　✚ 중세 기사

전장의 꽃 전투 중에서 가장 호쾌한 승리는 중앙 돌파와 그 뒤의 배면전개다. 중앙은 적도 강력하게 방어하지만 그만큼 돌파할 수 있다면 적의 동요가 커지고 적을 철저하게 쳐부술 수 있는 전법이다.

중앙 돌파 작전은 다음과 같이 아주 간단하다. 성공하면 적의 전군이 붕괴한다.

1. 중앙에 정예 부대를 모아 적의 중앙을 격파한다❶.
2. 중앙을 격파하면 아군의 중앙 부대는 적의 배후로 돌아간다❷.
3. 중앙 부대는 좌우로 나뉘어 각각 적의 우익과 좌익을 등 뒤에서 친다❸.

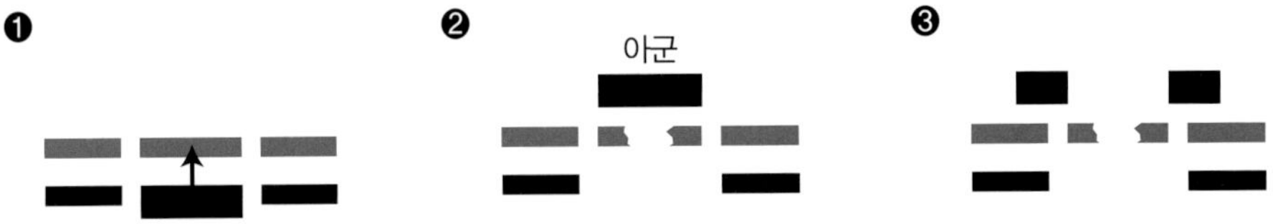

중앙 돌파에 필요한 조건은 다음 세 가지다.

1. 아군의 중앙 부대가 적의 중앙 부대를 격파할 수 있는 능력이 있다.
2. 아군의 중앙 부대는 적군 격파 후 방향을 바꿔 적의 양 끝의 배후 공격에 착수할 수 있는 이동력이 있다.
3. 아군의 양 끝은 적의 양 끝이 도망치지 못하도록 막을 만한 힘이 있다.

실제 전투에서는 중앙이 격파된 시점에 적의 양 끝이 도망치기 시작한다. 포위하기 전에 적의 전군이 붕괴할 것이다.

기병을 이용한 중앙 돌파 중앙 돌파에 필요한 조건 중에서 반드시 충족해야 할 것은 적의 중앙 부대를 격파할 수 있는 공격력이다. 이 조건을 생각하면 중앙 부대에는 돌파력과 이동력을 겸비한 기병, 즉 중장 기병이 적합하다. 한편 양 끝은 방어력은 필요하지만 이동력은 상관없기 때문에 중장 보병 부대가 알맞다. 즉, 기병의 배치로 중앙 돌파를 노릴지 포위 섬멸을 노릴지를 예측할 수 있다.

고대 그리스나 로마의 전투에서는 중앙에 보병을, 양 끝에 기병을 둔 포위 섬멸 작전을 많이 썼다. 그러나 중세 기사시대가 되면 중앙에 기병을 둔 중앙 돌파 작전이 늘어난다. 이는 시대 배경에 따른 이유가 있다.

고대에는 등자나 안장이 발달하지 못해서 주력 병사는 보병이었다. 또, 대제국도 많아 보병이 만 단위, 기병도 천 단위로 등장했다. 이 때문에 주력인 보병을 중앙에 배치하고 좌우에 기병을 두는 방식으로 포위 섬멸 작전을 펴는 것이 주였다.

반면 중세 유럽에서는 군의 병력 규모가 한 자릿수로 작아진다. 그리고 군의 주역인 귀족들은 모두 기사이며, 지휘관 또한 당연히 기사다. 따라서 기사들은 기본적으로 군의 중앙에 집중해 있다. 거꾸로 보병은 용병이나 무리하게 징병한 농민병이므로 크게 기대할 게 없다. 따라서 비교적 믿을 만한 기사의 돌파력을 이용하기 위해 중앙 돌파 작전이 주류가 된다.

이처럼 기사를 이용한 돌파작전을 쓰던 중세에는 스위스 용병처럼 기병 돌격에 대항할 수 있는 기사들이 있었고 사기도 높은 보병들이 있어 가능했다. 그들은 기병의 중앙 돌파 작전을 저지할 수 있는 힘이 있었다.

중앙 돌파에서 가장 이례적인 작전은 일본 세키가하라에서 벌어진 시마즈 요시히로[島津義弘]의 후퇴전이다. 불과 1,500명으로 세키가하라의 서군에 참가한 시마즈 군은 서군의 패배가 확실해지자 후퇴하기 시작한다. 그러나 무슨 일인지 적의 한복판으로 뚫고 들어가 그곳을 돌파하고 후퇴하는 터무니없는 작전을 편다. 하지만 어떤 의미에서 이것은 합리적인 작전이었다. 왜냐하면 여기서 후퇴하면 동군의 추격을 계속 받아, 1,500명밖에 안 되는 시마즈 군은 괴멸할 것이 분명했다. 그러나 일단 돌파만 한다면 그 방향에는 적이 없기 때문에 도망칠 수 있다고 생각했다. 실제로 겨우 80명밖에 살아남지 못했지만 그래도 요시히로(당시의 다이묘)를 살려서 영지로 돌려보낼 수 있었다.

현대전에서는 전차 부대가 이 돌파 임무를 맡는다. 판타지 세계에서는 전차에 해당하는 병과, 기병 외에도 이동력과 돌파력 있는 병과를 생각할 수 있다. 드래곤이나 골렘 같은 단단해서 적병을 물리칠 수 있는 부대 따위가 알맞다.

082 Flying Wedge Formation

쐐기형 진형

✚ 횡대 ✚ 종대 ✚ 정예부대

화력과 돌격력

기병 돌격에 가장 많이 사용되는 것이 쐐기형 진형이다. 쐐기형은 삼각형으로 배치한 진형으로, 그 선두는 돌출한 만큼 가장 위험하고 눈에 잘 띄는 자리다.

전투에서 기본적인 진형은 '횡진' 075 이다. 횡진은 정면 화력에 뛰어나지만 이동, 특히 방향 전환은 힘들다. 게다가 두께가 얇아지기 때문에 일점돌파에도 취약하다. 거꾸로 종진은 정면 화력은 약하지만 이동이나 방향 전환은 쉽다. 특히, 지휘관이 선두에 있으면 뒤는 따라오면 되기 때문에 군을 이동시킬 때는 종진이 일반적이다.

그런데 그 외에도 전투에 효과적인 진형이 있다. 그중 하나가 쐐기형 진형이다. 초공격형 진형이라고도 하는데, 실제로 다양하게 응용할 수 있는 진형이다. 다음과 같이 쐐기형을 옆으로 펼칠 것인지 좁힐 것인지에 따라 쓰임이 달라진다.

❶ 둔각 쐐기형

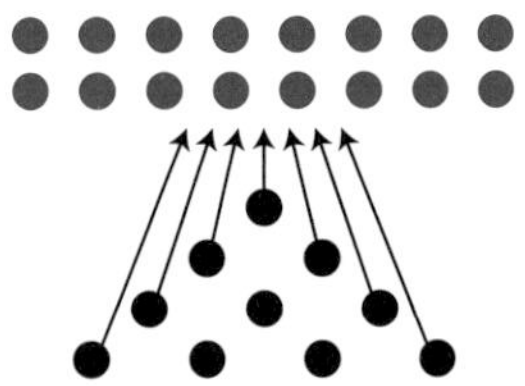

❷ 예각 쐐기형

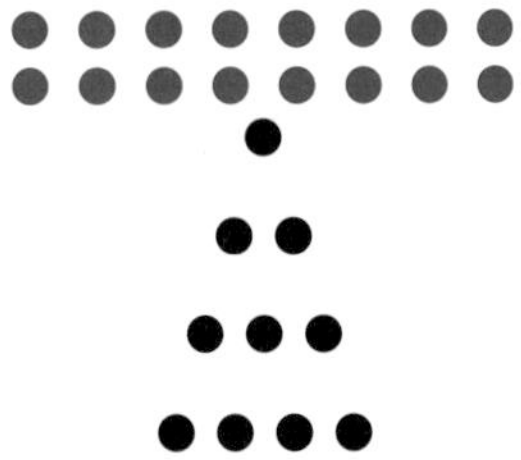

- **둔각 쐐기형:** 부대가 총이나 활로 공격할 때 공격을 집중시킬 수 있다❶. 특히, 적의 진형 중 아군 쐐기의 선두가 공격하게 될 곳을 겨냥해 적 대열의 일개소를 괴멸까지는 아니더라도 혼란에 빠뜨릴 수 있다.
- **예각 쐐기형:** 부대가 충돌해 백병전을 이용해 돌파를 시도하는 경우에 유리한 진형❷이다. 적의 좁은 부분에 공격력을 집중시켜야 효과가 높다. 또, 진형 내의 병사는 앞뒤 간격이 충분하기 때문에 전속력으로 돌입할 수 있다.

이렇게 생각하면 적 대열에 충돌하기 전에는 둔각으로 하여 적의 일개소를 원거리에서 공격하고, 그 뒤에는 예각으로 전환해 공격하면 가장 높은 효과를 기대할 수 있다.

횡진과 종진의 양 특성을 웬만큼 갖출 수 있으며 비교적 짧은 기간에 전환할 수 있다는 점이 쐐기형 진형의 특징이다. 물론 이를 위해서는 고도의 훈련이 필요하기 때문에 정예부대만이 실행할 수 있다.

지휘관과 그 위치 쐐기형 진형에서는 지휘관의 위치에 따라 다음과 같이 전법이 달라진다.

- **지휘관 선두:** 쐐기형 진형의 선두에 지휘관이 있는 경우는 무예에 자신 있는 지휘관이 직접 부하를 이끌고 돌입하는 경우다❸. 지휘관의 움직임을 전원이 볼 수 있다는 이점이 있다. 부하는 지휘관을 보고 그대로 움직이면 되기 때문에 부대의 움직임도 원활하다. 또, 지휘관이 선두에 있으면 부대의 사기도 높아진다. 결점은 지휘관이 사상당하기 쉽고, 그러면 부대가 혼란에 빠진다는 점이다. 그리고 위치상 지휘관이 먼저 백병전에 휘말리므로 '나를 따르라' 이상의 부대 지휘는 불가능하다.

❸ 지휘관 선두

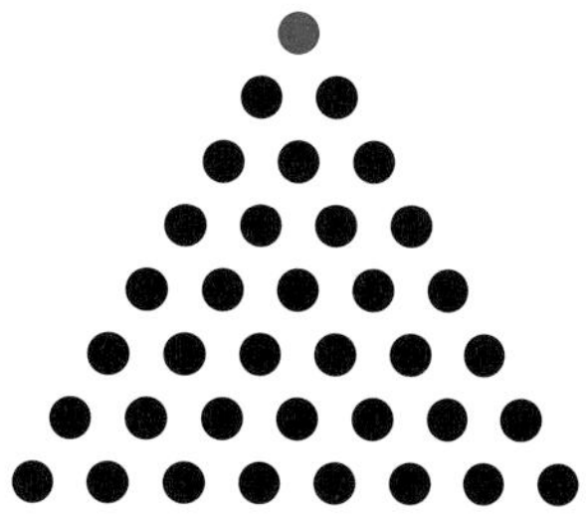

- **지휘관 중앙:** 선두는 무예에 자신 있는 부하에게 맡기고, 지휘관은 쐐기형 진형의 중앙 부근에서 지휘에 전념하는 경우다❹. 이점은 지휘관이 제대로 부대를 볼 수 있다는 점이다. 그래서 백병전이 시작되어도 계속해서 부대에 지시를 내릴 수 있다. 또, 지휘관이 비교적 안전한 장소에 있기 때문에 사상할 가능성이 낮아 부대가 혼란에 빠질 확률도 낮다. 결점은 대열의 이동 지시가 지휘관이 선두에 있는 경우에 비해 한 박자 늦다는 점이다. 또, 부하들이 지휘관의 용기에 의문을 품어 사기가 떨어질 가능성도 있다.

❹ 지휘관 중앙

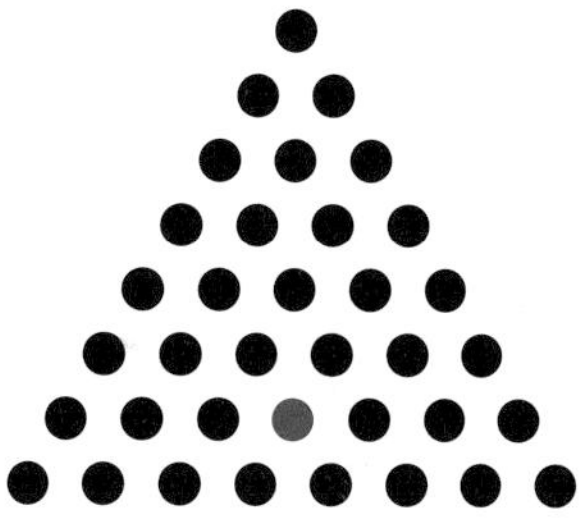

일장일단이 있으므로 지휘관의 성격이나 무예의 정도에 따라 분별해서 사용해야 한다. 단, 부대의 사기가 염려될 경우에는 '지휘관 선두' 방식을 사용하는 수밖에 없다. 적의 화력이 염려된다면 '지휘관 중앙' 방식으로 지휘관을 지켜야 한다.

테르시오

✝ 스페인 ✝ 근세 최강 ✝ 움직이는 성새

보병의 성새

타국에 점령당한 식민지를 해방하는 이야기도 판타지에서 종종 볼 수 있다. 이 경우 역사적으로 광대한 식민지를 소유했던 스페인을 적으로 간주하는 모델이 많이 나온다. 그리고 당시 스페인을 강력하게 한 원천이 테르시오였다.

테르시오(스페인 방진)는 16세기에 스페인이 개발한 보병과 총병을 조합한 군대의 편성이다. 16세기에는 최강이라 알려지며 수많은 전투에서 승리를 이어갔다.

테르시오의 근간이 되는 것은 파이크병의 방진이다.

초기 테르시오의 편제는 파이크병 10개 중대(1개 중대 219명), 화승총병 2개 중대(1개 중대 224명)였다. 화승총병 중대에는 머스킷 총병(당시 머스킷 총이란 대형 화승총을 말하며 2배 크기의 탄환을 쏠 수 있는데, 무게에 따른 반동도 커서 총대로 지탱하지 않으면 사격이 불가능했다.)이 15명, 파이크병 중대에는 20명이 포함되어 있었다. 테르시오 전체로 볼 때 총병 1명에 창병 4~5명의 비율이다.

이들 중대로 가로 100열, 세로 15~20열의 방진을 친다❶. 이 방진을 둘러싸고 총병을 1열씩 두었다(전면에는 강력한 머스킷 총병). 뿐만 아니라 방진의 네 모서리에는 가로 10~20열, 세로 5열 정도의 총병도 배치하였다.

❶

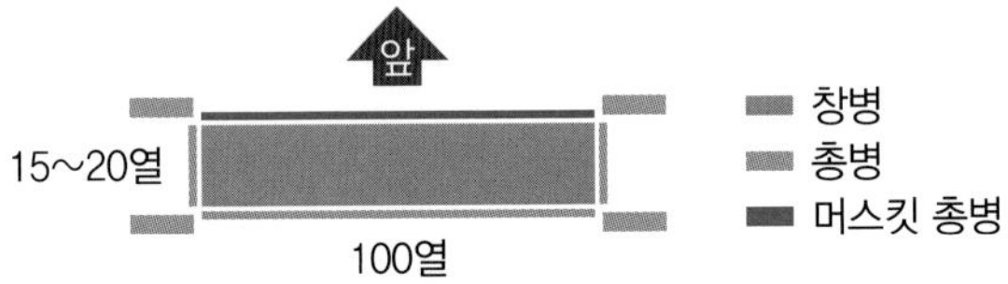

테르시오의 기본 콘셉트는 움직이는 성새다. 파이크 방어 자세로 적 기병의 돌격을 막고, 총병이 공격을 한다. 성새이기 때문에 이동력은 가장 낮다. 그러나 그것은 어쩔 수 없다고 결론짓고 방어력과 공격력에 주력했다.

방진 주위의 총병은 창병이 뒤에서 내찌른 긴 창과 별동대의 기병이 지켜준다. 네 모서리의 총병은 적이 오면 대열 안으로 대피한다. 그리하여 창병의 방어력에 총병의 공격력을 더해 균형 잡힌 부대를 만든다.

총병의 강화

테르시오는 100년 동안 사용되어오면서 변화했다. 그 원인은 총병이 강화되었기 때문이다. 16세기 말 무렵에는 총병의 수는 유지한 채 창병 대열은 가로 100열이 50열 정도로 줄였다.

다른 나라에서는 다음과 같이 테르시오에 대한 대항책을 세웠다.

- **네덜란드식 대대:** 창병을 앞에, 총병을 뒤로 늘어세운 부대❷. 창병과 총병의 비율은 1 대 1로, 테르시오에 비해 총병을 늘렸다. 200명의 집단이 4개로 800명, 게다가 지휘관이 50명, 총 850명으로 1부대를 편성한다. 창병은 가로 약 1 m 간격으로 한 명씩 늘어서 있으므로, 정면에서 본 폭은 20 m 정도다. 총병은 가로 폭이 더 필요하기 때문에 가로 2 m마다 1명씩 세우므로 정면에서 본 폭은 창병보다 더 넓게 퍼져 있다. 일반적으로 창병 뒤에 숨어 있다가 적절히 창병의 좌우로 나와 사격을 한다. 이같이 방어 대열의 줄이 적어도 가능했던 것은 총병의 화력 상승으로 적의 기병 돌격 효과가 줄었기 때문이다.

❷
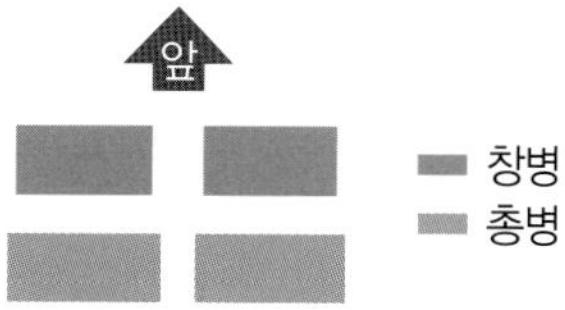

각 집단 가로 20 × 세로 10의 200명

- **스웨덴식 대대:** 네덜란드식보다 방어 태세가 한층 더 약하다. 앞이 36 × 6의 창병, 다음이 36 × 6의 총병, 맨 뒤가 예비 16 × 6의 총병을 이루는 대열이다❸. 유사시에 대응 가능한 예비 부대를 준비해서 부대 운용의 유연성을 증가시킬 수 있다.

❸
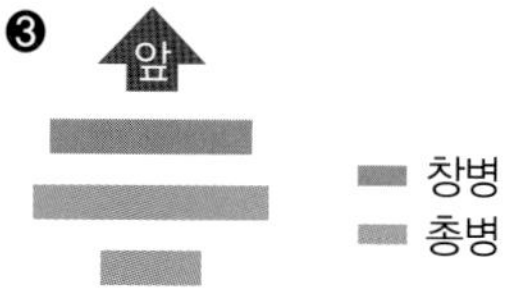

17세기에는 총병에게 플린트록 방식의 소총을 도입해 테르시오의 구성은 그림 ❹처럼 크게 달라졌다. 총병이 밀집 사격을 할 수 있게 되었기 때문이다. 네 모서리의 총병이 좌우 총병의 대형대열로 변경된다. 창병은 37 × 10, 총병은 27 × 9가 2부대다. 머스킷 총병(대형 플린트록 방식의 소총)은 27 × 3, 창병의 좌우에는 각각 6 × 10의 총병 부대가 붙어 있다.

❹

총병 부대는 창병 앞으로 나와 사격진을 형성하기도 하고, 창병 뒤로 숨기도 한다. 창병을 성새로 보고, 그 앞에 진을 치거나 창병이 만든 성에 숨는다.

084 Hachijin

팔진

+ 중국 영향 + 전술 + 일본 진형

팔진도(八陣圖)

일본의 진형은 중국의 영향을 많이 받았다. 삼국지에 나오는 팔진이 그러하다. 헤이안 시대에 중국에서 진형이 전해지고, 그 후 '교린([魚鱗], 어린)', '카쿠요쿠([鶴翼], 학익)' 같은 일본 독자적인 이름이 붙었다.

팔진은 진형이라 불리지만 단순한 부대의 배치가 아니라 부대를 움직여 적에 대처하는 전술을 포함한 개념이다. 진형과 전술이 한 세트인 셈이다.

- **어린:** 좌우 부대를 뒤쪽으로 물려서 중앙을 두껍게 하고, 전체는 물고기 비늘과 같은 형태로 본진을 맨 뒤의 중앙에 두는 진형이다❶. 그 목적은 두꺼운 중앙을 살린 중앙 돌파에 있다. 결점은 부대의 폭이 좁아 포위되기 쉽다는 점과 뚫려 있는 뒤쪽에서 들어오는 공격에 약하다는 점이다. 그러나 일본처럼 좁은 지형에서는 이 결점이 노출될 일은 적기 때문에 중앙이 두껍다는 이점을 살릴 수 있다.

❶ 어린

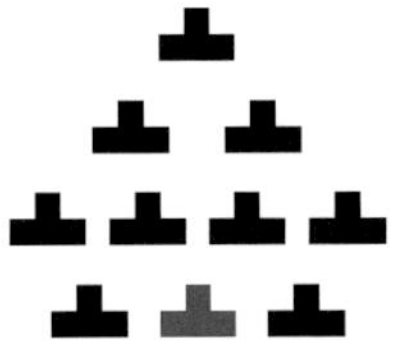

- **학익:** 학이 날개를 편 것처럼 진영을 좌우로 벌려 중앙을 뒤로 뺀 형태로, 어린진 같은 진형을 포위하기 위한 진형이다❷. 적보다 많은 병력을 이용해 학익진의 좌우 날개로 적의 후방을 막아 포위할 수 있다. 결점은 좌우 양 끝이 본진에서 떨어져 있어 긴급 시 연락을 취하기 어렵다는 점과 중앙은 그다지 두껍지 않아 적의 중앙 돌파에 약하다는 점이다.

❷ 학익

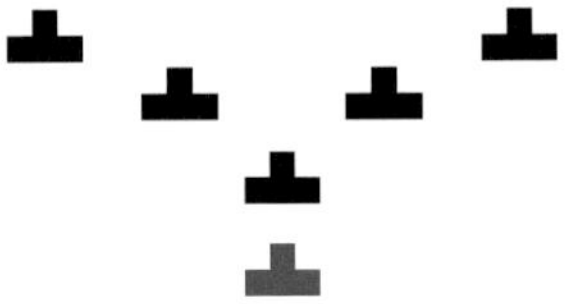

- **봉시(蜂矢):** 어린진을 더 극단적으로 만든 진형이다❸. 오로지 똑바로 나아가 중앙 돌파를 노리는 진형으로 상당히 강력하다. 결점은 그저 앞으로 나아가는 것밖에 할 수 없어 전혀 응용할 수 없다는 점과 뒤쪽이나 옆에서 공격을 받으

❸ 봉시

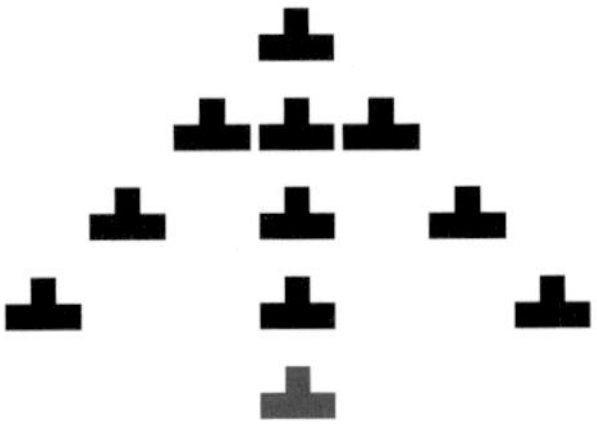

면 약하다는 점이다.

- **언월(偃月)**: 본진을 선두로 적을 돌파하는 진형이다❹. 이것도 돌파를 위한 진형의 한 종류다. 단, 봉시와 달리 본진이 선두에서 이끌어 뒤의 부대는 그저 따라가기만 하면 되기 때문에 어느 곳을 돌파할지를 지휘관이 자유롭게 결정할 수 있다. 결점은 본진이 가장 위험한 장소에 있다는 점과 본진이 맨 앞에서 전투 중인 상황이라 뒤를 지휘할 여유가 없다는 점이다.

❹ 언월

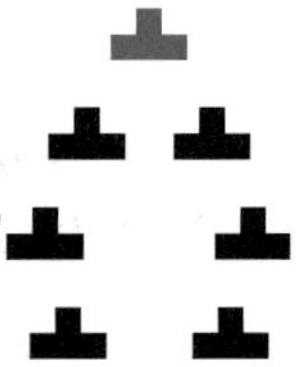

- **방원(方円)**: 본진을 모든 방향의 적으로부터 지키는 방어 진형이다❺. 단, 모든 공격에 강력한 반격을 할 수는 없기 때문에 적의 공격 방법을 파악하면 진형을 변경해야 한다. 결점은 이동력이 거의 없다는 점이다.

❺ 방원

- **장사(長蛇)**: 적군을 돌파해낸다는 의미에서는 상당한 효과가 있는 진형이다❻. 그러나 옆에서 들어오는 공격에 대해서는 방어력이 거의 없다.

❻ 장사

- **충액(衝軛)**: 2열 종대의 진형이다❼. 진군해서 적과 접촉했을 때 좌우로 갈라져 적의 포위를 노린다. 결점은 다른열에도 유능한 지휘관이 필요하다는 점이다.
- **안항(雁行)**: 선봉 부대가 적과 접촉하기 위한 진형이다❽. 안항 부대만으로는 전부 포위하지 못해 별동대가 남은 절반을 포위해주기를 기대하는 진형이다. 이것만으로는 완전히 포위하지 못한다.

유감스럽게도 이러한 진형은 실용성 면에서 의문이 생긴다. 학익과 어린은 실제로 사용되었지만 다른 진형들은 사용되지 않았을 것이라는 설도 있다.

❼ 충액

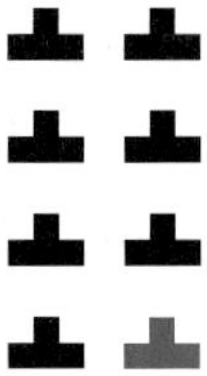

❽ 안항

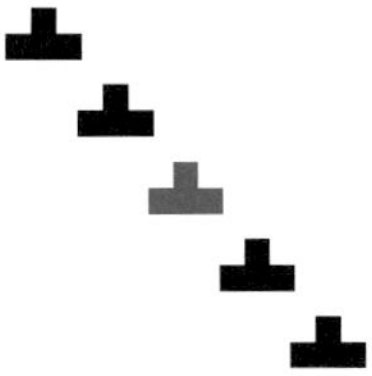

제병연합

✠ 창병 ✠ 기병 ✠ 총병

약점의 보완

제병연합이라는 말은 현대의 용어로, 16~19세기에는 '삼병전술'이라 불렸다. 삼병전술은 보병 · 기병 · 총병(포병)을 잘 조합해 싸우는 것을 말한다.

삼병의 병과는 시대에 따라 변화했다. 그러나 각 시대의 최신 병과를 결합해 최대의 전과를 올리려는 노력은 계속되었다. 여기에서는 17세기 전반에 가장 일반적이었던 스웨덴 왕 구스타브 아돌프의 창병, 기병, 총병(포병)의 삼병전술을 소개한다.

먼저, 삼병에는 다음 표와 같이 각각 이점과 결점이 있다.

병과	이점	결점
창병	• 비교적 방어가 단단하다. • 비용이 저렴하다.	• 공격력이 낮다. • 이동 속도가 느리다.
기병	• 돌격에 의한 공격력이 높다. • 이동 속도가 빠르다.	• 비용이 많이 들고 병력 보충이 어렵다. • (기마와 함께라) 크기 때문에 원격 무기의 표적이 되기 쉽다.
총병	• 화력이 세다.	• 발사 속도가 느리다. • 백병전 기능이 낮다.

이처럼 어느 병과에나 이점과 결점이 있다. 그래서 각 병과의 결점을 보완하고 이점을 강화한 것이 삼병전술이다.

본래 삼병전술이 만들어진 이유 중 하나는 총병이 병사로서 부족한 부분이 있었기 때문이다. 탄환이 명중하면 갑옷을 입은 기사조차 물리칠 수 있는 화력이 있지만, 발사 빈도는 1분에 1발에 지나지 않는다(이후 1분에 2발 정도로 상승했다). 게다가 백병전이 되면 패배한다. 초기 총병의 능력은 화력이 높은 크로스보 맨 수준에 그쳤다. 그래서 총병을 지키기 위해 창병이 필요했다. 총병은 창병의 보호 아래 안전하게 탄을 장전할 수 있게 되었다.

또, 기병에게도 문제가 있었다. 변화가 없는 기병 돌격 방법은 적의 총병과 창병이 만든 2단 자세 방어 앞에 제 기능을 하지 못했다. 그래서 적의 대열을 혼란에 빠뜨리기 위해 총병을 썼다. 총병의 사격으로 적의 대열은 혼란에 빠졌고 이어지는 기병 돌격에 희생물이 되었다.

창병은 다른 2개의 병과에 비해 공격력 면에서 떨어진다. 게다가 이동력은 기병에, 원거리 공격력은 총병에 뒤떨어진다. 그러나 안정된 방어력이 있어 총병을 그 방어력으로 계속 지키며 공격력을 보충받는다.

17세기 후반에 총검이 널리 퍼지면서 파이크 병이 더 이상 필요 없어지자 삼병전술도 사라졌다.

그리고 삼병이 아닌 전 병과의 통합 운용이 이루어지자, 삼병전술은 그쪽으로 흡수되었다. 현대에는 보병 · 전차 · 포병에 더해 공병이나 방공, 항공까지 포함하여 모든 것을 연합시켜 움직이기 때문에 제병연합이라 부른다. 그러나 각 병과의 약점을 보완하고 이점을 강화하기 위해 협력한다는 생각에는 변함이 없다.

19세기의 삼병전술

19세기가 되자 총검을 가진 총병(이것이 최대 전력), 기병총을 가진 기병, 바퀴 달린 야전포를 가진 포병을 이용한 삼병전술이 많이 쓰였다. 이로써 모든 병과에서 화력이 상승했다.

이 삼병전술은 먼저 가장 사정거리가 긴 원거리 무기를 가진 포병으로 공격이 시작된다. 포병은 총병보다 백병전 능력이 더 낮은 대신 화력은 높은 병과다. 총검이 등장하기 전 총병의 특징을 극단적으로 부각시킨 병과라고 일컬어지기 때문에 다른 병과에서 반드시 총병을 보호해주어야 했다. 하지만 포병의 보호 임무는 총병이 맡는다.

총병은 포병의 엄호 포화 아래 진군한다. 총병의 임무는 전선을 쳐서 적이 아군 포병에게 도달하지 못하도록 하는 것이다.

그리고 틈을 봐서 기병이 돌격하고, 돌격 직전에 기병이 총을 발사해 적을 혼란시킨 후, 사브르로 근접 공격을 가한다. 기병은 자력으로 총을 쏘고 적을 혼란시킬 수는 있지만 역시 총병의 엄호가 있어야 효과를 극대화시킬 수 있다.

만일 적의 총병을 돌파할 수 있다면 적 포병을 공격하겠지만 쉽지는 않다. 적의 총병이 혼란에 빠지면 아군 총병이 총검 돌격을 해 적을 격파한다. 이것이 기본적인 승리 패턴이다.

야전축성

✚ 방어시설 **✚ 공병(工兵)** **✚ 진지**

전투공병의 통로

야전축성이란 야전(성이나 요새 같은 방어 거점을 사용하지 않는 전투)에서 성의 이점을 얻기 위해 임시 방어 건조물(진지)을 만드는 것이다. 많은 이야기에서 주인공 측은 소수다. 그런 소수의 병력이 대병력을 상대로 싸울 수 있게 해주는 것이 야전축성이다.

방어 건조물의 목적은 크게 다음과 같이 다섯 가지로 나뉜다.

- **적군 저지:** 적군 병사의 전진을 저지하여 적군과의 백병전을 피한다.
- **적군 공격:** 전진해오는 적을 유리한 입장에서 공격할 수 있다.
- **사격 방어:** 적의 활이나 총 같은 원거리 무기로부터 아군을 지킨다. 아군만이 원거리 무기로 적에게 타격을 줄 수 있도록 한다.
- **아군 은폐:** 아군의 위치나 행동이 적군의 눈에 띄지 않게 숨긴다. 이렇게 하면 적이 예측하지 못하는 곳에서 반격의 병력을 내놓을 수 있다.
- **아군 통로:** 진지를 만들 때는 공사 작업 형편상 통로도 만든다. 진지를 만든 뒤에는 그 통로로 재빨리 이동할 수 있어서 병력을 지원하기 수월해진다.

이를 위해 빈 땅에 방어 건조물을 긴급히 세우는 것이 야전축성이다. 야전축성에서는 다음과 같은 구축물을 만들고 이를 조합해 적의 공격에 대응한다.

- **구덩이:** 사람이 기어 올라가기 어려운 깊이의 구덩이를 파서 적의 공격을 지연시킨다❶. 1.5 m 정도의 깊이만 되어도 충분히 공격 시간을 지연시킬 수 있다. 더욱이 턱이 진 곳을 오를 때는 방패를 들지 못한다. 무방비 상태가 된 적을 아군 부대는 사전에 구덩이 위치를 향해 조준해놓은 활이나 총을 쏘아 효율적으로 쓰러뜨릴 수 있다.
- **마방책:** 말이 돌파하지 못할 만한 높이의 튼튼한 목책❷으로, 적의 진군을 막아 백병전을 피할 수 있다. 마방책의 틈새를 이용해 창이나 화살 또는 총으로 공격할 수 있다.
- **성토:** 흙을 쌓아올려서 인간이 오르기 힘들게 만든 것❸으로, 구덩이와 한 세트로 만드는 게 일반적이다. 구덩이를 파낸 흙으로 성토를 쌓으면 급경사의 높이를 2배로 만들 수 있다.

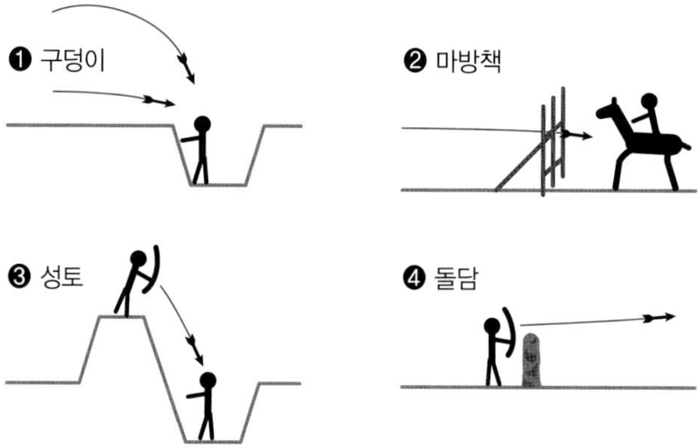

◎ **참호**: '참호' 065 를 참조. 구덩이와 비슷하나 아군이 들어간다는 점이 다르다. 사격 방어나 아군 은폐에도 사용할 수 있다.

◎ **돌담**: 성처럼 큰 게 아니라 가축 우리 정도 높이(1 ~ 1.5 m)의 돌담을 이용한다❹. 유럽의 농촌 지역에는 가축 우리로 쓰이는 돌담이 곳곳에 있다. 이 정도로도 적의 화살이나 총탄을 막을 수 있다.

일반적인 야전이라면 수가 많은 쪽이 유리하지만, 한쪽이 야전축성에 성공하면 그것을 공격하는 측은 3배의 전력 없이는 불리하다.

야전축성의 문제점

야전축성은 대단히 강력하지만 치명적인 약점이 있다. 적이 공격해 오지 않으면 아무런 쓸모가 없다.

야전축성으로 승리하기 위해서는 다음 네 가지를 충족해야 한다.

1. 적의 진군 코스를 예측할 수 있어야 한다.
2. 적보다 미리 그 땅에 진군해 있어야 한다(야전축성을 할 시간적 여유가 있어야 한다).
3. 적이 아군의 야전축성을 알아도 진군 코스를 바꿀 수 없는 경우여야 한다.
4. 적이 포기하고 철퇴하지 못하고 아군을 공격할 수밖에 없는 상황이어야 한다.

일본 센고쿠 시대의 합전인 나가시노 전투는 야전축성과 철포의 삼단 사격으로 승리했다. 그러나 승리의 요인은 그뿐만이 아니었다. 오다 노부나가는 다케다[武田] 군의 배후를 공격하여 자신의 군과 싸움을 하지 않고는 후퇴할 수 없게 만들었다. 어쩔 수 없이 다케다 군은 야전축성을 공격할 수밖에 없었다. 오다 노부나가의 뛰어난 지휘 능력을 살펴볼 수 있다.

도하전

✚ 다리　✚ 얕은 여울　✚ 분단

전장 선택

옛날부터 전쟁에서 도하(얕은 여울 따위를 이용해 강을 건너는 것)는 매우 어렵게 여겨졌다. 다음과 같은 이유 때문이다.

- **무방비 상태:** 도하 중에는 강을 건너는 데 힘을 쏟느라 다른 것은 아무것도 할 수 없다. 그래서 적의 원거리 공격에도 무방비 상태가 된다. 또, 강을 다 건넌 지점에서 적이 기다리고 있으면 적은 온전한 땅을 딛고 있지만 아군의 발은 아직 물속에 있는 불안정한 상태이기 때문에 상당히 불리하다.
- **아군의 분단:** 도하 시에는 아군끼리 강으로 분단된다. 이로 인해 적에게 각개 격파를 당할 우려가 있다.

가령 다리를 사용해도 무방비 상태가 되거나 분단의 위험이 발생하는 것은 별반 다르지 않다. 적에게 통째로 노출된 상태에서 좁은 장소를 이동하는 데 위험이 따르고, 또 적이 다리를 끊어버리거나 제거할 위험이 있기 때문이다.

즉, 적을 쓰러뜨리거나 자신감이 넘치는 주인공을 굴복시킬 때 도하전은 적절한 무대다.

물의 힘

배넉번 전투는 잉글랜드와 스코틀랜드의 전투였다. 잉글랜드의 에드워드 2세의 아버지 에드워드 1세는 웨일스와의 전투에서 롱보의 힘으로 승리하였다. 그 후 전국에서 롱보 맨을 모아 롱보 부대를 조직한 우수한 전술가였다. 그 당시 스코틀랜드는 잉글랜드와의 전투에서 계속 패하고 있었다.

배넉번 전투에서도 병사의 질이나 양 모두 잉글랜드의 전력이 월등히 뛰어났었다.

잉글랜드 에드워드 2세	중장 기병 2,000명 보병 15,000명(대부분이 롱보 맨)
스코틀랜드 로버트 1세	기병 500명 보병 7,000명(대부분이 창, 검, 도끼 같은 무기를 사용하는 백병전 부대)

그러나 스코틀랜드의 로버트 1세는 서로의 전력 차를 알고 강이나 호수가 많은 습지대의 배넉번(작은 강)을 전장으로 택했다. 다행히 잉글랜드는 진군로로 이곳을 선택하였다.

개전 첫날 로버트 1세는 직접 적의 지휘관과 싸워 상대를 물리쳤다. 이로써 스코틀랜드군의 사기는 크게 높아졌다.

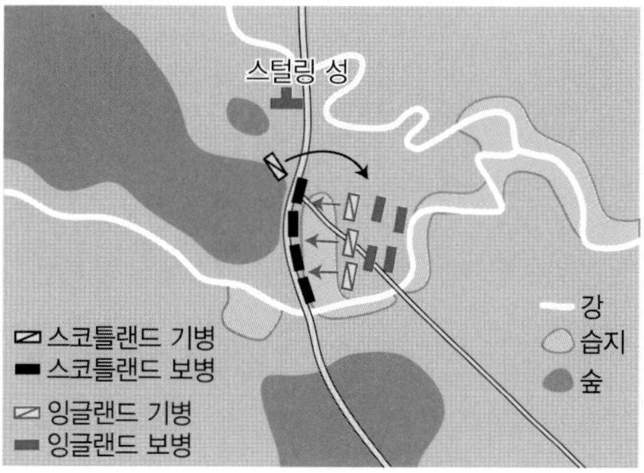

사기가 오른 스코틀랜드군은 다음 날 이른 아침부터 움직이기 시작했다. 이에 놀란 잉글랜드군은 중장 기병을 투입하는데, 그 앞에 습지가 펼쳐졌다.

사기가 오른 스코틀랜드 보병은 수렁에 발이 빠져 움직일 수 없게 된 잉글랜드 기병을 공격했다. 아무리 중장 기병이라 해도 이동 속도가 걷는 것보다 느리다면 거대한 표적에 지나지 않는다. 중장 기병 부대는 어쩔 수 없이 괴멸되었다.

잉글랜드 보병(롱보 맨)은 어떻게든 아군을 지원하고자 했으나 이때 500명에 불과한 스코틀랜드 기병이 돌입했다. 적은 수이지만 스코틀랜드 기병은 그 땅을 잘 알고 있었기 때문에 단단한 지면을 골라 속도를 떨어뜨리지 않고 돌입했다. 잉글랜드의 롱보 맨은 아군 기병 등으로부터 지원을 받지 못한 채 상대 기병의 돌격에 노출되었다.

백병전에 취약한 롱보 맨은 기병이 돌격하자 도망치고 말았다. 그리고 접적한 보병도 아군이 도망치는 모습에 사기가 꺾여 도망쳐버렸다.

스코틀랜드의 승리 요인은 습지를 전투에 활용한 점이다. 하지만 로버트 1세의 가장 뛰어났던 점은 이 승리에 교만하지 않고 이후로는 전투를 피해 외교로 해결하는 길을 선택한 점이다. 잉글랜드 롱보 맨의 진정한 위력을 알았던 그는 스코틀랜드가 불리하다는 사실을 정확히 이해하고 전투에 임했다.

보급전

+ 보급 물자 + 보급선 + 이선급 부대

승패가 갈리는 곳

작전에서 보급선(아군에게 보급 물자를 보내는 경로)은 상당히 중요하다. 전선 부대나 요새, 성 등지로 보내는 모든 보급 물자는 병사들의 생사를 결정하는 중요한 요소이기 때문이다. 그럼에도 보급 부대는 이렇다 할 무장을 갖추지 못하고 그 호위 부대도 싸움에 익숙지 않은 이선급 부대인 경우가 많아서 일선 병력보다 수월하게 쓰러뜨릴 수 있다.

게다가 보급선을 차단하면 다음과 같은 이유로 쉽게 큰 전과를 올릴 수 있다. 이처럼 보급을 둘러싼 전투를 보급전이라 한다.

- **많은 병력에 영향:** 보급 부대 1,000명은 일선 병력 10,000명분 이상의 식재나 탄환을 운반한다. 즉, 보급 부대 1,000명을 쓰러뜨리면 10,000명의 적이 굶주리거나 탄환 부족으로 제대로 싸울 수 없다.
- **사기 저하:** 보급이 차단된다는 것은 후방에 적이 있음을 뜻한다. 이렇게 될 경우, 병사들은 불안해져 사기가 떨어지기 쉽다. 또, 양식이 줄어들면 병사의 사기는 뚝 떨어진다.

보급은 근대로 올수록 중요해졌지만 중세 판타지의 등장인물 중에는 보급을 경시하는 인물들도 있었다. 이는 새로운 사고를 가진 주인공이 전장에서 이긴다는 사실을 일깨워주고 있다.

보급선 차단만을 위해서라면 싸울 필요가 없는 경우도 있다. 적의 보급 부대가 지나는 도로에 진만 치고 있어도 적은 그 도로를 운송로로 이용할 수 없다. '다리 끊기', '함정 파기', '도로 붕괴', '바위 떨어뜨리기', '지뢰 묻기' 같은 방법을 쓰면 부대가 도망친 뒤에도 보급선을 계속 차단할 수 있다.

그러나 이것은 적과 아군 모두의 보급선을 차단할 가능성이 있다. 그 대책으로는 다음과 같은 것이 있다.

- **호위 부대 편제:** 보급 부대는 군의 후방에서 활약한다. 적의 보급선 차단 부대는 아군의 후방으로 몰래 침입해야 하는데, 대군이면 발각되기 쉽기 때문에 소규모 부대가 잠입한다. 이때

보급 부대를 어느 정도 규모의 호위 부대가 지켜준다면 공격당할 염려가 없고, 적이 호위 부대의 규모를 보고 공격을 포기하는 경우도 많다.

- **보급선의 복선화:** 보급선을 여러 개 마련해두어 한쪽이 차단되어도 다른 쪽을 통해 보급할 수 있도록 해둔다. 지형적인 문제로 보급선을 하나밖에 쓸 수 없다면 공격하는 쪽의 표적이 된다. 이러한 경우 보급선을 지키기 위해 더 강한 부대로 호위해야 한다.
- **여유분 확보:** 보급 부대가 한둘쯤 괴멸해도 전체 보급에는 문제가 생기지 않도록 만든다. 보급 부대가 적의 공격을 받을 것을 감안해 전제로 보급 계획을 세운다.
- **비효율적 운반:** 전장의 효율은 평상시의 효율과는 다르다. 보급 부대별로 필요한 물자를 한데 실어 날라야 한다. A물자는 제1 운송대로, B물자는 제2 운송대로 운송하는 방식은 운송 효율을 높이지만 이것은 평상시의 효율일 뿐이다. 제1 운송대가 괴멸하면 A물자를 모두 잃게 되어 무사히 나른 B나 C까지 무용지물이 될 수 있다. 탄환은 왔는데 가솔린은 오지 않아 전차를 쓰지 못하는 꼴이 나지 않도록 해야 한다.

그러나 가장 효과적인 대책은 보급선이 길어지는 전투를 하지 않는 것이다. 나폴레옹이 러시아에 원정을 나갔을 때 겨울철 광대한 러시아 대지에 진군한 프랑스 대륙군은 겨울철 장비와 식량 부족에 시달리다가 괴멸했다. 보급선이 너무 길어져서 패배한 전쟁으로 유명하다.

보급전 중 병사의 식량을 공격당하면 가장 힘들다. 완전히 포위되어 보급이 완전히 차단된 성안에서는 식량이 점점 줄어든다.

이때 가장 좋은 대항책은 포위를 돌파하는 싸움이다. 굶주려서 약해지면 전투조차 할 수 없기 때문에 식량이 남아 있을 때 교전을 벌인다.

두 번째 대항책은 외부에서 원군이 올 가능성에 의지해 견디는 것이다. 이 경우, 기아의 한계에 이르기 전까지는 참을 수 있지만 한계에 달하면 항복한다.

가장 어리석은 선택은 굶주리다 약해질 대로 약해진 상태로 포위 돌파 전투를 벌이는 것이다. 이것은 전멸로 가는 길이다. 그러나 역사상 많은 성주가 이 선택을 했다.

기동전

+ 이동 + 유리한 위치 + 전략과 전술

전투의 일부

기동이란, 전투에서 전투 병력의 이동을 뜻한다. 특히 전투를 유리하게 끌고 가는 데 의미가 있는 이동을 말한다. 예컨대 적의 포위, 우회에 따른 적의 후방으로의 진군, 적의 전선 돌파 따위다. 기동으로 아군을 유리하게 하려는 전투를 기동전이라고 한다. 기동전에서 하는 기동은 주로 세 가지다.

- **전력 집중:** 기동을 통해 전장에 적보다 많은 부대를 모아 적을 격파한다.
- **유리한 진형 · 위치:** 기동을 통해 적보다 유리한 진형과 위치를 점령한다. 포위 · 배후 공격 같은 유리한 위치에서 하는 공격은 오직 아군의 재빠른 기동을 통해서만 이루어진다.
- **후방 차단:** 기동을 통해 적의 후방을 차단한다. 적의 전투 병력을 분산시켜 고립시키고 약해진 적을 쓰러뜨린다.

이러한 기동으로 위험에 빠질 것을 두려워하는 적을 심리적으로 동요시키는 것이야말로 기동전의 진짜 목적이다. 적이 이동하면, 항상 뒤쪽이나 옆에 주의를 기울여야 한다. 적의 옆이나 뒤쪽에 경계 부대를 두고 정면을 무력화시키거나, 적이 이쪽 아군이 있는 방향으로 주의를 돌리는 틈에 다른 방향으로 심리적 기습을 하는 등 적의 예상에서 벗어난 공격을 한다.

군에서 기동의 근본이 되는 이동 속도는 가장 중요한 전력 요소다. 이동 속도가 제곱 치로 영향을 줄 만큼 중요하다고 보는 관점에서, 군의 전투력(f)과 화력(m)과 속도(v)의 관계는 $f = mv^2$이라는 식으로 나타낸다.

기동도 그 규모가 다양하다. 각 기동의 특징과 주의점을 알아보자.

- **전략 기동:** 전투를 하지 않는 부대를 현재 있는 지역에서 다른 지역으로 이동시켜, 각 지역의 전력을 조정하는 전략이다.
  - 적의 주 공세가 이루어지는 장소를 지원할 원군으로 활용한다. 순차로 투입하는 어리석음을 피하기 위해 지원군은 어느 정도 모아서 이동한다.
  - 아군의 주 공세를 위해 전력을 모은다. 적이 주 공세로 아군을 뚫지 못하도록 적군의 배치를 감시한다(그림 ❶에서는 동쪽의 예비 부대를 서쪽으로 이동시켰다).

◎ **접적 기동:** 전술 기동의 한 종류다. 현재 적과 전투 중이 아닌 부대가 적과 유리하게 맞붙기 위해 이동하는 기동이다.

- 적 전력을 우회해 적의 뒤쪽으로 이동한다. 이동하는 부대는 본대 전력의 일부이기 때문에 전선의 전력이 줄어든다. 때문에 우회 중에 본대가 밀리지 않도록 하고, 우회 도중 적에게 포착되지 않도록 해야 한다(그림 ❷에서는 전장을 우회하여 뒤쪽으로 나가려고 한다).
- 부대가 서로 격돌하는 경우, 충돌의 방향이나 병과의 성격에 따라 유불리가 달라진다. 기동으로 적의 옆에서 격돌할 수 있으면 유리해진다.

❶

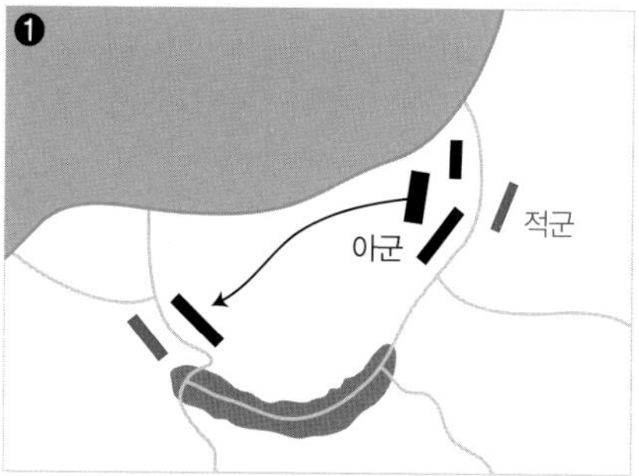

❷

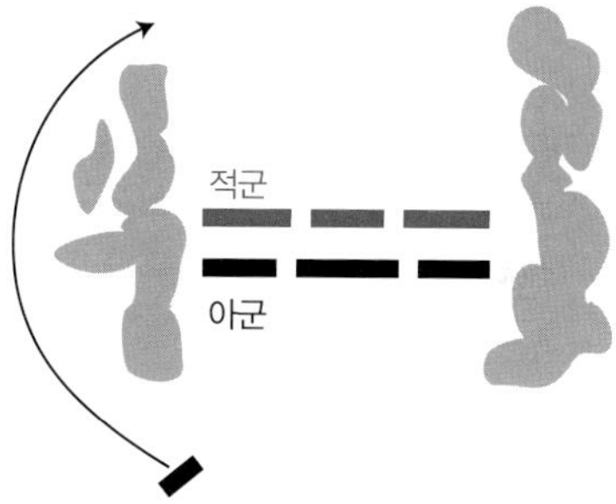

◎ **전장 기동:** 역시 전술 기동의 한 종류다. 적과 전투 중인 부대가 적을 상대로 유리한 위치와 전투 우세를 유지하면서 이동하는 기동이다.

- 적의 전선을 돌파하여 뒤쪽으로 이동한다.
- 그림 ❸과 같이 싸우면서 조금씩 옆으로 이동해 아군의 예비 부대를 투입할 공간을 만든다.
- 새로운 투입된 부대와 기존에 있던 부대에 적의 대응을 맡기고, 옆으로 이동한 부대는 다른 전술(그림 ❹에서는 측면 공격)을 쓴다.

❸

❹

공성전(목적)

+ 성 공격권 + 포위 + 보급

성은 무엇을 위해 존재하는가?

성이란 방벽이나 구덩이 따위로 둘러싸여 적이 쉽게 공격하지 못하도록 만든 건조물이다. 성이라고는 하나 용도별로 분류하면 다음과 같이 세 가지로 나눌 수 있다. 단, 이 분류 명칭은 필자가 분류한 것으로, 원래 정해져 있는 것은 아니다. 실제로는 요새를 'ㅇㅇ성'이라 부르는 등 통일된 명칭 없이 사용한다.

- **성새:** 영주 따위가 살며 그 지역의 중심이 되는 건물. 방위용 건조물 안에 군의 주둔소가 있으며, 영주의 가족 및 부하가 거주하고 정치의 중심이기도 하다.
- **성새 도시:** 도시 자체가 성벽 따위로 둘러쳐져 있어 도시의 기능(생산, 교역 따위)을 수호한다. 성새 도시 내에 영주와 정치 기능이 존재하는 경우도 있고, 때로는 성새 도시 안에 성새가 있는 경우도 있다. 중국이나 유럽의 도시는 성새 도시로 이루어진 곳이 많고 일본의 경우는 성새 도시로 된 도시가 없다.
- **요새:** 군사 기능만 하는 성으로 군의 주둔지 기능과 방위 기능만 한다. 인접국과의 경계 등 변방이기는 하나 군을 두기에 좋은 교통의 요지에 자리 잡는 경우가 많다. 만리장성은 이 요새를 옆으로 길게 늘인 것이다. 요새가 발전해 후세에 성새 도시가 되기도 한다.

일본의 경우, 성새 도시가 발달하지 않은 것은 도시의 약탈이 적었기 때문이다(없었다고 하기는 어렵다). 같은 민족이며 공략한 뒤에 자신의 영지로 만들려는 계획 때문에 과도한 약탈은 오히려 손해였다. 때문에 도시의 주민은 자신들을 지키는 성벽의 필요성을 느끼지 못했다. 반면 중국이나 유럽에서 성새 도시가 발달한 것은 공략당한 도시에서 약탈이 많이 이루어졌기 때문이다.

공성전의 목적

공성전이란 성을 공격해 무너뜨리는 전투다. 현대는 대포나 미사일의 발달로 성새의 의미가 없어졌기 때문에 공성전은 더 이상 일어나지 않는다. 하지만 근세까지는 성을 함락시키는 것이 상당히 중요했다.

공성전은 방어 측이 성곽을 방패삼아 전투를 하고 공격 측은 성을 공략해야 하기 때문에 공격 측이 상당히 불리한 전투다. 이 때문에 최소한 방어 측의 3배가 되는 병력이 있어야 성을 함락할 수 있다.

성을 점령하면 다음과 같은 것을 얻을 수 있다.

- **성이 있는 지역 지배:** 성새 혹은 성새 도시는 그것을 중심으로 하는 지역의 상징이다. 많은 주민이 성을 지배하는 자가 그 주위 영토도 지배한다. 따라서 영토를 빼앗기 위해서는 성을 반드시 점령해야 한다.
- **교통의 요충지:** 성은 강의 합류점이나 좋은 항구, 고개 같은 교통의 요충지에 있는 경우가 많다. 그곳을 차지하면 그 지역 사람의 생활까지 지배할 수 있다. 또, 자국에서 보급하기도 편하고 재차 다른 성을 공략하기 위한 전초기지가 된다.
- **군사 거점:** 대규모 군대가 주둔하기 위해서는 어느 정도 크기의 성이 필요하다. 군이 주둔하는 성을 잃으면 군은 야영을 할 수밖에 없어서 휴식을 취하기 힘들다. 장기적으로 들판에서 생활하며 전투하기가 힘들다. 물론 사기도 떨어진다.
- **금품:** 성새 도시는 인구도 많고 돈과 물품도 모이는 곳이다. 그곳을 약탈하면 재정적으로 크게 윤택해진다. 또, 용병에게 약탈을 허용하면 사기가 올라가 충성도도 높아진다. 하지만 성새 도시를 지배할 계획이라면 약탈은 피하는 게 좋다. 주민의 반발을 사는 것은 당연하고 약탈당한 도시에서는 세금도 걷기 힘들다. 약탈로 얻는 금품보다 재건에 드는 비용이 훨씬 크다.
- **영주 · 왕:** 전쟁은 영주나 왕이 붙잡히면 종료되는 경우가 많다. 그리고 불리해진 영주는 성에서 최후의 방위선을 긋는다. 즉, 공성전으로 영주를 사로잡는 것이 전쟁을 승리로 이끄는 확실한 방법이다. 이 경우 영주의 탈출에 신경 써야 한다. 틈새로 도망쳐 다른 성에서 재기한다면 공성전은 허사가 되기 때문이다.

공성전에서 승리한 자는 정복, 지배, 금전 등의 많은 전과를 얻을 수 있다. 이런 이유로 공성전은 매우 중요한 전쟁이 된다.

091 Seige

공성전(공격 수법)

✚ 망루　✚ 포위　✚ 공사

단기 공성전

공성전의 전투는 단기전과 장기전으로 나뉜다.

단기전에서는 단번에 성벽을 넘어 적의 성 내부로 쳐들어가거나 몇 가지 방법으로 압박을 줘서 최대한 빨리 적이 항복하게 만드는 것을 목표로 한다. 적을 공격하는 방법은 크게 다섯 종류로 나눌 수 있다.

- **직접 공격:** 공성탑, 사다리 따위를 사용해 직접 성으로 들어가는 공격이다. 파성추(破城槌) 따위로 성문을 부수고 경로를 만들거나, 침입하는 병사가 적의 눈에 띄지 않게 연막을 치기도 한다.
- **원거리 공격:** 대포, 투석기 따위를 이용해 원거리에서 성을 공격해 그 방위 설비나 방위 병력을 파괴한다.
- **유인:** 방어 측의 인물, 특히 사령관이나 영주 따위를 비방하고 중상모략해 화나게 함으로써 성 밖으로 전투병력을 유인한다. 적을 성 밖으로 끌어내기 위해서는 입담이 능란하거나, 방어 측 인물이 상당히 욱하는 타입이 아니면 성공하기 힘들다.
- **사술(詐術):** 트로이 목마, 틈새로의 역주, 난민이나 상인으로의 분장 등을 통해 전쟁 전부터

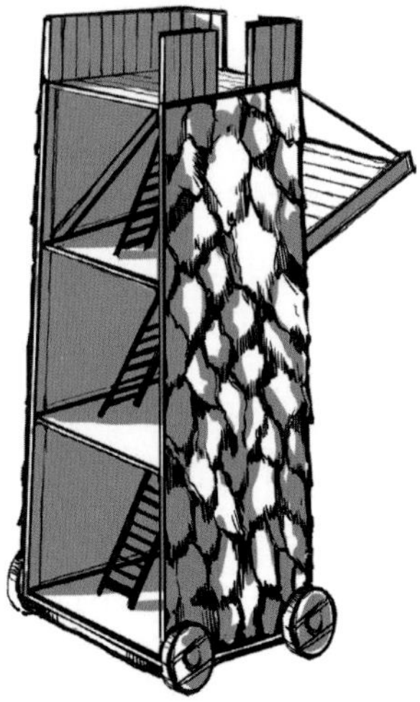

대형 공성탑: 불화살을 막기 위해 바깥쪽에 물에 적신 날가죽(막 벗겨내어 축축한 가죽)을 붙여놓는다. 널다리를 이용해 병사가 적의 성벽 위로 직접 오를 수 있다. 공성탑의 높이는 성벽의 높이에 따라 달라진다.

바퀴가 달린 파성추: 말뚝을 앞뒤로 밀어 성문에 부딪치게 한다. 공성탑과 같이, 젖은 날가죽을 붙여 불화살을 막는다. 거대한 말뚝을 여럿이 안고 돌격하는 것보다 높은 효과를 기대할 수 있다.

적의 성내에 아군을 잠입시켜놓고 파괴 공작 따위로 성을 공격한다. 때로는 영주나 사령관을 인질로 잡는 경우도 있다.

- **교섭:** 앞의 네 종류는 공격 수법이고, 저항은 무의미하다는 사실을 이해시켜 적을 항복시키기 위한 것이 교섭이다.

물론 이러한 공격은 개별적으로 하는 것이 아니라 병행한다. 예컨대 원거리 공격으로 적병의 수를 줄이고 병사를 침입시켜 직접 공격이 쉬워지도록 한다. 또, 원거리 공격이나 침입으로 적의 방어력을 약화시키고 교섭으로 항복시킬 가능성이 높아진다.

장기 공성전

장기전에는 포위전과 토목 공사전이 있다.

- **포위전:** 성을 포위하고 보급을 중단시켜 방어 측을 고립하고 지원군과의 연락을 차단한다. 그러면 시간이 지나면서 병사들은 자신들이 버려졌다는 생각에 사로잡히고 식량 또한 부족해지기 때문에 사기가 떨어진다. 그렇게 약화시킨 뒤 단기전으로 들어간다. 거꾸로 말하면 보급과 연락을 끊지 않은 경우는 포위해도 그다지 효과가 없다. 예컨대 물자의 항공 투하와 무선 연락이 가능해진 근대전에서는 포위의 효과가 적다. 물론 항공 투하로 보급 가능한 물자는 소량이기 때문에 길어지면 보급 부족으로 패배할 수 있다.
- **토목 공사전:** '참호로 성벽에 접근하기', '성벽 지하 굴착으로 성벽 파괴하기', '강의 흐름을 바꿔 급수로 끊기', '우물의 지하수를 막아 급수 봉쇄하기' 등 시간이 걸리는 토목 공사로 성의 방위력이나 전투를 계속할 능력을 잃게 하는 전법이다. 방어 측은 공사를 저지하기 위해 성 밖으로 출병하는데, 이렇게 되면 야전이 되기 때문에 방어 측의 이점을 잃게 된다.

물론 두 가지 전법은 병행해서 쓴다. 토목 공사전으로 적의 방위력을 파괴하는 것에 대해 자재 보충까지 막으면 유리해지기 때문이다.

장기전에서도 성내 병력을 조금이라도 줄이고 사기를 떨어뜨리기 위해서 아군 병력을 소모하지 않는 범위에서 공격한다. 죽은 말을 투석기로 던져 돌림병을 일으키거나 식료 창고에 불화살을 쏴서 식량난을 발생시키는 등 장기전다운 공격도 있다.

이와 같은 전투를 계속하다가 약체화되었을 즈음에 설득해서 성을 열게 하는 것이 목표다. 장기전의 경우는 최종적으로는 교섭으로 마무리되는 일이 많은데, 히데요시는 돗토리 성 전투에서 교섭으로 성문을 열었지만 이미 성 안의 대다수가 굶어 죽었다.

고대의 해전

+ 해양 지배 + 갈리선 + 충각(衝角)

해전과 그 목적

해군(강이나 호수 같은 담수에서 활동하는 해군도 포함)의 목적은 다음과 같다.

- **영해 유지:** 자국의 영해를 유지하고 적국이 쳐들어오지 못하게 한다. 어장이나 (현대의 문제이지만) 해저 자원 확보 따위도 영해를 유지하는 이유 중 하나다.
- **해로 확보:** 해로에는 통상로(상선 이용)와 진군로(해군 함선이나 육군의 운송선 이용)가 있어서 이를 확보해야 한다.

이 두 가지 목적을 달성하기 위해 적의 해군을 섬멸해야 한다.

해군은 육성하는 데 시간이 걸린다. 군함 건조에는 많은 비용과 노하우가 필요하며, 해군 군인 한 사람이 제 역할을 하기 위해서는 많은 기술을 가르쳐야 한다. 그럼에도 군함이 침몰하면 병력과 함께 그 기술을 잃는다. 한번 괴멸한 해군은 부활하기 힘들다. 그런 의미에서 해군은 활용이 어려운 군대다.

그러나 나라를 키우고 해양의 지배권을 얻기 위해서는 해군이 반드시 필요하다.

갤리선 시대의 전술

판타지라 하더라도 육전과 해전 어디든 시대 배경에 맞는 병사를 사용해야 한다.

기원전의 군선은 여러 사람이 노를 젓는 갤리선이다. 바람이 약하고 불안정한 지중해(당시의 선진 지역)에서 범선은 바람이 멎으면 움직이지 못할 위험이 매우 높았다. 갤리선은 돛을 병용하기도 했는데 항구에 정박할 때는 돛과 돛대를 내려 놓아야만 했다(불화살을 맞아 돛이 타면 금방 배가 탄다). 당시 배는 육지를 따라 나아갔기 때문에 육지에 들르는 것은 간단했다.

갤리선으로는 다음과 같은 전술을 펼쳤다.

1. **원거리전:** 활, 투창, 캐터펄트(배에 설치하는 대형 크로스보) 따위로 원거리에서 싸운다.
2. **충각(衝角)전:** 적의 배를 가라앉히기 위해서 배 선단의 수면 밑에 있는 충각(램)을 적의 배에 충돌시킨다. 충각이 발명되기 전에는 적의 배를 가라앉히지 못해 상대 배에 올라 육박전이 주류였다.

3. **등선육박전**: 적의 배에 올라타서 벌이는 백병전이다. '등선육박전' 094 참조.

원거리전에서는 가장 위험한 불화살 공격에 대한 대책으로 배 전체에 물을 뿌렸다.

충각전에서는 적선에 충각을 부딪치기 위해 배의 속도와 재빠른 방향 조정이 중요했다. 그러나 이 두 가지는 양립하지 못했다. 속도를 내려면 노와 노를 젓는 사람의 수를 늘려야 하는데, 그러면 배 전체의 길이가 길어진다. 그리고 긴 배는 좁은 곳에서 신속히 방향을 바꾸기 힘들다. 그래서 만들어진 것이 2단 도선(기원전 8세기)과 3단 도선(기원전 5세기)이다.

노를 젓는 사람과 노의 배치를 2단 혹은 3단으로 하여 사람을 많이 탑승시켜 배의 길이도 줄이는 데 성공했다❶. 속도와 빠른 방향 조정을 모두 수용하여 갤리선이 해전에 쓰이기 쉽게 진화했다.

❶

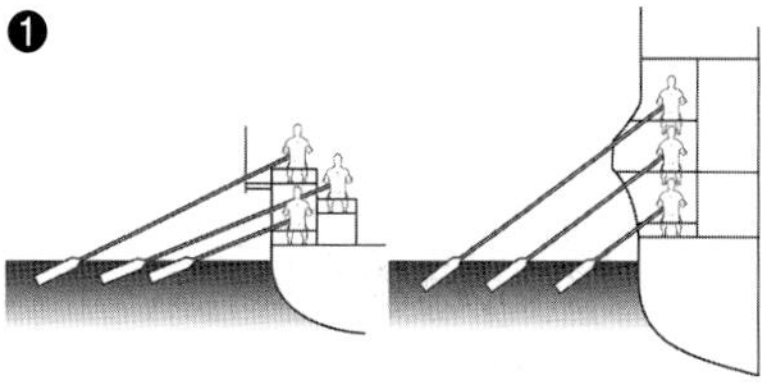

초기의 3단 도선은 오른쪽 그림과 같이 노를 젓는 사람을 수직으로 앉혔으나, 이렇게 하면 배 전체가 높아져서 안정성이 떨어진다. 그래서 왼쪽과 같이 서로 다른 자리에 앉힌 3단 도선이 만들어졌다.

당시 3단 도선을 복원한 올림피아스 호를 예로 들면, 전체 길이 36.9 m, 선폭 5.5 m로 돛을 올리고 달기 위한 돛대도 2개 있다(전투 시에는 육지에 둔다). 전투 속도는 노를 젓는 사람이 170명일 때를 기준으로 9노트(시속 17 km) 이상 나온다(승선 인원은 이들을 포함해 200명). 또, 1분에 180도 선회가 가능하며 선회 반경도 50 m 이하다. 순항 속도는 노 젓는 이를 절반씩 교대로 쉬게 해 몇 시간이고 4노트로 항해할 수 있다. 200 kg이나 되는 거대한 캐터펄트(크로스보)를 갖추고 원거리 공격도 할 수 있지만, 명중률은 높지 않았다. 최종적으로는 충각을 충돌시켜 해전의 승패가 결정되었다.

❷

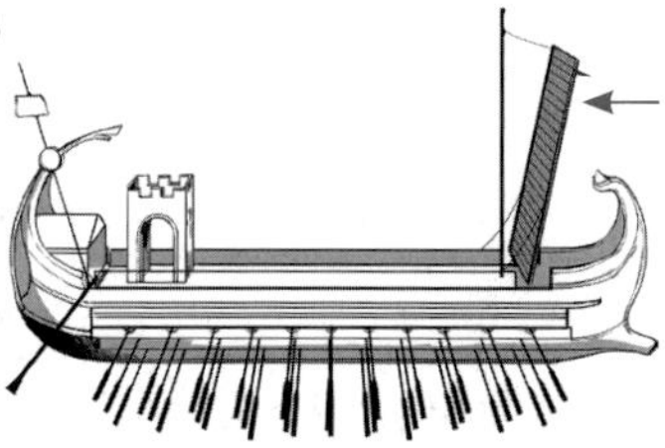

오른쪽 갑판 위에 있는 것이 코르부스. 적선을 향해 내리면 갈고리가 단단히 걸려 즉석 다리가 된다.

등선육박전에서는 적선에 직접 뛰어들거나 로프를 적선으로 던져 타고 들어가는데, 배를 타는 데 익숙한 사람이 아니면 어렵다. 그래서 기원전 3세기(이 시대에는 5단 도선까지 만들어졌다.)에 로마가 해양국가 카르타고와 싸우기 위해 만든 장비가 코르부스(corvus)다❷. 철구가 붙은 이 널다리를 적의 배에 걸치고 갑판으로 올라가 전투를 벌였다. 로마 육군의 힘을 해전에 써먹으려 한 것이다.

중세의 해전

✚ 범선 ✚ 바이킹 ✚ 그리스의 불

등선육박전의 부활

중세의 해전은 당시 육전과 마찬가지로 고대나 근세에 비해 소수의 전투였다. 그리고 '고대의 해전' 092 에 있었던 충각전은 줄어들었다. 이유는 두 가지인데, 모두 중세 유럽의 경제력 쇠퇴가 원인이다.

- **범주 군선의 증가:** 중세의 경제력으로는 노 젓는 사람을 대량으로 확보하기 어려워서 돛에 바람을 받아 항해하는 범주 군선이 증가했다. 범주 군선은 갤리선과 같은 미세한 회전이 불가능하기 때문에 충각전은 곤란했다.
- **선박의 귀중화:** 가난한 중세에는 배가 귀했다. 이 때문에 무작정 침몰시켜버리기는 아까워서 배를 서로 빼앗는 전투가 주류가 되었다.

이와 같은 이유로 해전은 다시 '등선육박전' 094 이 주류를 이룬다. 충각은 수면 위에서 충돌시켜 적선을 고정해 등선육박전이 수월해지도록 하는 도구가 된다.

바다에서 성벽을 공격하는 일도 있었다. 육지에만 뻗어 있는 성벽보다 해안선에 서 있는 성벽은 더 취약하고 높이도 낮은 경우가 많다. 성벽 바깥쪽에 공성탑이나 참호를 설치할 지면이 없으므로 그만큼 방어를 단단히 할 필요가 없기 때문이다. 하지만 인간은 끝없는 연구 결과, 배 2척을 나란히 하여 공성탑 선, 파성추 선 따위를 만들었다❶.

❶

공성탑 선

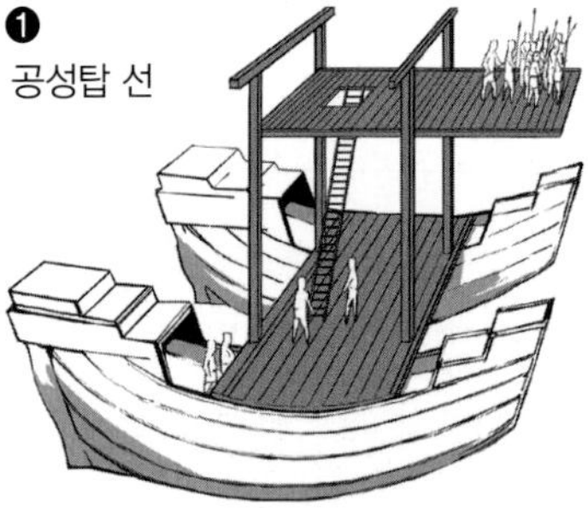

파성추 선

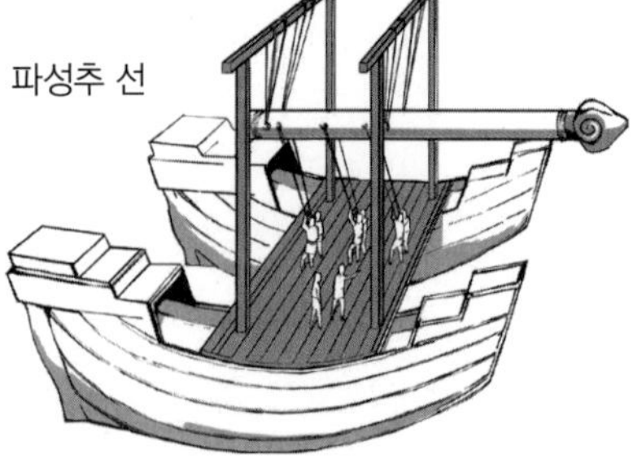

높으면서도 안정감 있도록 배 2척을 나란히 놓고 그 위에 공성탑이나 파성추를 설치했다.

바이킹

바이킹은 중세의 해적으로 유명하다. 바이킹은 롱십(longship)이라는 배❷를 사용했는데, 이 배는 군선으로서 우수하다고는 할 수 없다. 롱십은 노와 돛을 병용하는 흘수(수면 아랫부분)가 얕은 운송선이다. 배 그 자체로 싸우는 것은 고려되지 않았다.

롱십은 커봐야 30 m 정도밖에 안 되고, 충각도 붙어 있지 않다. 승원도 가장 큰 배일 때 100명 정도다(보통은 50명 정도). 지중해에서 갤리선과 싸웠다면 이기지 못했을 것이다. 그 대신 바람을 받으면 롱십은 20노트까지 속력을 낼 수 있다. 바람이 있는 대서양 연안부에서는 롱십이 유리하고 바람이 적은 지중해에서는 갤리선이 유리하다.

❷

바이킹의 롱십

또한, 갤리선으로는 강을 거슬러 오를 수 없지만 롱십은 가능하다. 대서양 연안 및 큰 강을 따라 있는 마을을 습격하고(싸우는 것은 육상) 약탈품을 가지고 돌아가는 용도에 딱 맞는 배가 롱십이다.

3세기 이후 지중해에 대규모 함대를 가진 세력이 사라지자 바이킹은 지중해로도 진출했다.

8세기 프랑스 국왕은 바이킹의 피해를 막기 위해 함대를 건조했고, 이로 인해 바이킹은 그곳을 피해 잉글랜드나 아일랜드를 겨냥했다. 잉글랜드도 10세기에는 상설 함대를 편제해 바이킹에 대항했다.

Column

그리스의 불

중세 시대의 해전에서 최강의 병기라 여겨진 것이 그리스의 불이다. 동로마 제국이 국가 기밀로 지켜오다가 그 붕괴와 함께 제조법이 사라졌기 때문에 더욱 비밀스런 병기로 여겨졌다. 그 실체는 지금의 화염 방사기로, 가열한 나프타(원유 성분의 일종)가 주성분인 연소액을 분사했던 것으로 추측된다.

당시 기술 수준으로 불꽃이 10 m 이상 뻗어나가는 현대의 화염 방사기는 제조하기 힘들었다. 그리스의 불의 분사 거리는 기껏해야 몇 미터 정도였을 것으로 추측되며 적선을 태울 만한 위력은 없었다. 그래도 적병을 공격하기에는 충분한 화력이었고, 해상에서 불꽃을 뿜어내면 그만큼 적병의 사기를 꺾을 수 있었다. 게다가 물 위에 떨어진 연소액이 수면 위에서 계속 타오르는 광경은 적을 두렵게 만들기 충분했다. 목조선에 돛을 이용하던 시대에, 불이야말로 배 타는 사람에게 가장 두려운 존재였기 때문이다.

094 Boarding

등선육박전

+ 나포 + 사략(私掠) + 수입원

벌이가 되는 등선육박전

해전에는 충각전, 원거리전, 등선육박전 세 가지가 있다. 충각전과 원거리전이 적선을 침몰시키는 것을 목적으로 했다면, 등선육박전은 적선의 나포를 목적으로 했다는 점이 다르다. 나포한 뒤에는 노획선을 아군으로 편입해 사용할 수도 있고(배 자체가 매우 고가), 또 상선이라면 탑재된 화물을 빼앗을 수도 있다. 노획선의 승선원이나 선객을 노예로 팔아버릴 수도 있다. 물론 불필요하다면 방화해서 가라앉힐 수도 있다.

해적이나 사략선(국가의 허락을 받고 적국의 배를 공격할 수 있는 배로, 자국에서는 합법이나 적국에 잡히면 해적으로 처형당한다.)은 적선을 가라앉히면 돈이 되지 않기 때문에 포전 따위로 위협은 해도 결국은 등선육박전으로 간다.

정규 군함들이 하는 일반적인 파괴전에서도 여유가 있으면 나포한 배를 자국까지 회송한다. 실제로 이렇게 나포한 배나 화물은 선원들에게 보너스로 돌아간다(물론 선장의 몫이 제일 많지만 선원도 상당한 벌이가 된다). 이 때문에 등선육박전은 사상의 위험이 높지만 선원의 사기가 높아지는 전투다.

등선육박전의 순서와 전술

원거리에서 등선육박전까지는 다음과 같은 순서로 이루어진다. 그리고 각 타이밍에 필요한 전술이 있다.

1. **원거리전:** 가능하다면 원거리에서 활이나 총, 대포를 이용해 적의 병력을 줄인다. 죽지 않아도 부상으로 전력을 떨어뜨릴 수만 있으면 상관없다. 또, 포탄 따위로 돛을 파괴해 도망칠 길을 막는다. 단, 당시 대포의 정밀도는 낮아서 500 m 이내까지 다가가지 않으면 맞힐 수 없었다.
2. **바람의 방향:** 원거리전을 행하면서 바람의 방향을 잡는다. 왜냐하면 범선은 바람의 방향대로 이동하기는 쉽지만 반대로 이동하기는 어렵기 때문이다. 바람이 불어오는 쪽에 있는 범선은 원할 때 바람이 가는 방향에 있는 적선에 접현 전투를 걸 수 있다. 아군에게 가장 유리한 타이밍에 가장 유리한 방향에서 적의 배에 붙일 수 있다. 갤리선은 바람이 없어도 움직일 수 있기 때문에 바람이 없을 때는 유리하다. 동력선이라면 바람을 무시하고 움직일 수 있기 때문에 한층 더 유리하다.

3. **접현:** 배를 접현하여 적선에 고정한다. 고정하는 방법에는 '수면보다 높은 위치에 있는 충각(손상되어도 가라앉지 않는다.) 충돌시키기', '갈고리가 달린 그물 걸기', '코르부스 등을 이용하여 다리 걸치기' 따위가 있다.
4. **올라타기:** '고정된 충각을 이용해 건너기', '코르부스로 건너기', '뛰어들기', '그물 위로 이동하기' 따위의 방법으로 적선에 올라탄다. 적선보다 갑판의 높이가 낮은 배는 적선에 갈고리가 달린 로프를 던져 오를 수밖에 없는데, 그렇게 건너는 동안은 무방비 상태가 되기 때문에 공격을 받는다. 갑판이 높은 갤리온선은 뛰어내리기만 하면 되므로 적선으로 이동하는 데 유리하다.

충돌한 충각을 통해 건너가 공격한다. 또, 적선이 이에 대응하는 틈에 적선의 현 측에 갈고리가 달린 로프를 걸쳐서 오른다.

5. **전투:** 갑옷을 입고 물에 빠지면 확실히 가라앉는다. 그리고 올라탈 때가 가장 물에 빠지기 쉽다. 또, 중세 말 무렵이 되면 총이 존재하기 때문에 얇은 갑옷은 효과가 없다. 그래서 갑옷은 거의 착용하지 않고 배에 올라탄다. 갑옷을 입지 않은 적을 무찌르기 위해서는 직검보다 곡검이 알맞으며 배 안은 좁기 때문에 너무 큰 무기는 오히려 불리하다. 그래서 해적은 무기로 커틀러스(cutlass, 길이 60 cm 정도의 곡검)를 쓴다. 그 밖에도 소형 사브르나 와키자시[脇差](우치카타나는 너무 크다.)는 등선육박전용 무기라고 할 수 있다. 또, 방패를 거의 사용하지 않은 이유도 흔들리는 배 위에서는 무언가를 잡아야 할 때가 많아서 한쪽은 맨손인 게 편하기 때문이다.
6. **점령:** 점령한 뒤에는 먼저 포로의 무기를 빼앗고, 배 안쪽에 전원을 가둔다. 노획선을 회항하는 경우, 회항 요원은 아군의 배에서 파견하는데 배의 운항에 필요한 최소한의 젊은 사람들로만 꾸린다. 포로의 수보다 수가 적어 방심하면 탈환당할 우려가 있기 때문에 반란을 일으키지 않게 주의해야 한다.

095 Naval Battle in Early Modern Period

근세 해전

✚ 대포 ✚ 원양 항해 ✚ 범선

화포의 발달 근세가 되면 유럽의 배는 지중해와 대서양 연안부에 그치지 않고 대서양에서 인도양까지 넓은 대양을 항행한다. 더욱이 대포가 발달하고 대량 생산이 가능해지면서 배에 무거운 대포를 여러 문 탑재할 수 있게 되었다. 이러한 이유로 튼튼한 대형선이 필요해졌다. 그리고 그 정점이라 할 수 있는 갈레아스 선과 갤리온 선이 개발된다.

선종	갈레아스 선	갤리온 선
기본 형식	돛 병용의 대형 갤리선	대형 범선
포문	전방에 십수 문, 좌우에 수 문	좌우에 10~100문(크기로 결정된다.)
그림		

또, 대포가 발달하면서 재차 원거리전이 해전의 주류가 된다. 물론 해전 전술도 대폭 변화했다. 대포를 다수 싣고도 바람이 없으면 움직일 수 없는 갤리온 선과 소수의 대포밖에 실을 수 없지만 언제나 이동 가능한 갈레아스 선이 우열을 다투었다.

갤리온 선은 현측(배의 측면)에 대포를 많이 줄지어 장착했기 때문에 쏠 수 있는 범위에 한계가 있다. 이 때문에 갤리온 선 부대는 그림 ❶처럼 종진을 짓고, 적에게 현측을 보이며 포격한다.

갈레아스 선은 현측에 노 젓는 사람과 노가 배치되기 때문에 대포는 주로 뱃머리에 장착한다. 포를 쏘는 사계(射界)가 앞이 되기 때문에 갈레아스 선 부대는 그림 ❷처럼 횡진을 짓고 적에게 돌진하면서 사격한다.

이와 같이 양자는 사격을 하기 위한 함대의 움직임조차 완전히 다르다. 이 두 종류의 우열 다툼은 결국 다음과 같은 이유로 갤리온 선이 승리한다.

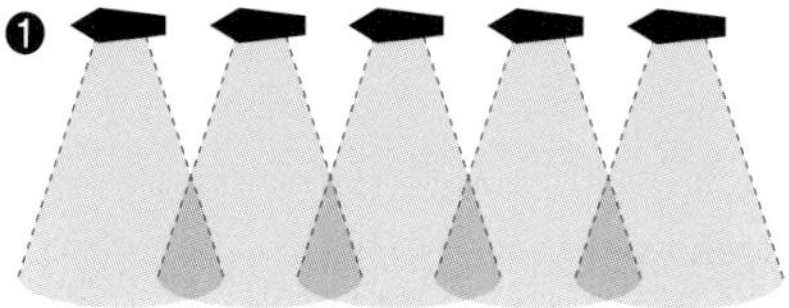

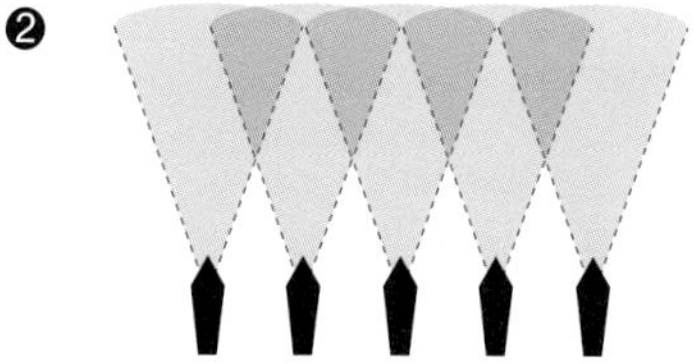

- **포가의 발명:** 포신을 얹는 포 받침틀이 개발되면서 대포의 앞뒤 이동이 편리해지고, 다음 탄을 빠르게 장착할 수 있게 되었다. 때문에 시간당 화력이 증가하였고 많은 포문을 실을 수 있는 갤리온 선이 유리해졌다.
- **돛의 발달:** 아주 적은 바람으로도 방향을 바꿀 정도의 미속 전진이 가능해졌다.

그렇지만 항상 갤리온 선이 승리한 것은 아니다. 바람이 없을 때 포의 사각지대에서 다가오는 갈레아스 선에 침몰당하는 갤리온 선도 많았다.

함정 간의 연락 수단

수많은 함정을 투입히여 싸울 때는 그 사이의 연락 수단이 항상 고민거리였다. 초기에는 큰 소리로 신호를 보내는 원시적인 방법을 사용하여, 들리지 않는 각 함장이 마음대로 행동하는 바람에 전체가 혼란에 빠지는 일이 비일비재했다. 시대별로 다음과 같은 방법이 발명되어 이로 인해 함대를 일괄적으로 움직일 수 있게 되었다.

- **수기 신호:** 18세기 말에 만들어진 연락 방법이다. 양손에 기를 들고 특정 자세를 유지하여 문자 따위를 표시한다. 기본적으로는 1 대 1의 주간 통신용이다.
- **국제 신호기:** 1530년에 한 제독이 돛대에 다양한 기를 내걸어 신호로 쓰기 시작했다. 그리고 1653년 영국해전에서 공식적으로 사용했다. 그것을 정리해 명확한 의미를 담은 것이 19세기에 제정된 국제 신호기다. 비록 주간용이지만 기함(旗艦)이 이를 내걸어 다른 함 전체에 한 번에 연락할 수 있게 되었다.
- **회광통신:** 19세기에 만들어진 연락 방법으로 빛의 명멸로 신호를 보낸다. 태양광을 이용하는 헬리오그래프와 인공광원을 이용하는 시그널램프가 있다. 시그널램프는 야간에도 신호를 보낼 수 있는 이점이 있다. 기본적으로는 1 대 1 통신용이다.

Column

장군 · 군사 · 참모

장군은 큰 부대의 지휘관을 말하며 원래 고대 중국에서 군을 통솔하는 관리직을 가리키는 의미로 사용되었다. 유럽의 군에 대해서 다양한 번역이 이루어지던 당시, 유럽 군의 지휘관도 장군이라 번역했다. 일반적으로는 "General"을 장군이라고 번역한다.

중세 군 지휘관에게 요구된 능력은 다음 세 가지다.

1. 무기를 써서 싸우는 능력
2. 부대를 올바르게 지휘하는 능력
3. 부하에게 명령을 준수시키는 능력

이 세 가지 능력을 모두 겸비한 인물이 적은 것은 당연하다. 그래서 세 가지 능력 중 일부라도 분담하자는 생각을 하게 되었다. 1번은 지휘관에게 호위를 붙이는 방법으로 해결한다. 3번은 인격 문제이므로 본인의 능력에 기대는 수밖에 없다. 그리고 2번을 맡기기 위해 생각해낸 관리직이 군사(軍師)다.

군사는 장군이나 왕을 받들며 전쟁에 대해 조언을 하는 직무로 군사 자체는 지휘권이 없다. 사실 군사라는 직무는 동아시아 특유의 것이다. 유럽에는 군사가 존재하지 않았기 때문에 군의 행동은 군 지휘관만이 결정할 수 있다. 무기를 다루지 못하고 부하를 복종시키는 위엄이 없는, 머리만 좋은 사람이 활약할 수 있는 장은 없었다.

유럽에서 이 문제가 해결된 것은 19세기 프로이센 참모 부대를 설립한 뒤 참모라는 직무가 생긴 뒤다. 초기에는 언제 폐지되어도 이상하지 않을 만큼 경시되었던 직무였다. 하지만 1858년에 대 몰트케(Moltke)가 참모 총장이 되고 우수한 참모 장교를 육성하여 프로이센 · 오스트리아 전쟁에서 승리하자 가치를 인정받아 다른 나라에서도 채용했다.

참모는 지휘관의 사령부 장교로서 지휘관을 보조한다. 그렇기 때문에 지휘관에게 진언할 권리가 있는데 직접 부대를 지휘할 권리는 없다(지휘관이 일시적으로 지휘권을 위양할 수는 있다). 부대에 명령을 내리는 것은 어디까지나 지휘관의 몫이다.

초기의 직무는 작전을 보조하는 것뿐이었으나 사령부의 사무 처리가 늘면서 업무가 확대되었다. 현재는 작전 참모 외에 정보 참모 · 보급 참모 등 임무별로 나뉘어 각 분야에서 지휘관을 돕는다.

제7장

Strategy and Politics

전략과 정략

전쟁 자체를 어떻게 실행할 것인지에 대한 책략이 전략, 개전할 것인지까지를 포함한 한 나라의 정치 책략이 정략이다. 이 장에서는 전략과 정략의 기본 개념에 대해 소개한다. 나라의 운명까지도 결정짓는 전략과 정략은 국가의 지휘자가 세워야 할 전쟁 계획이다. 이것이 잘 이루어지지 않으면 아랫사람들이 아무리 열심히 싸워도 최종적인 승리를 거머쥘 수 없다. 주인공이 왕인 경우에 사용해야 할 방책이 이 장의 내용이다.

전쟁 이익

✚ 총력전 ✚ 배상금 ✚ 몸값

군인은 전쟁을 바라지 않는다

전쟁을 일으키는 사람은 누구일까? 그것을 모르면 이야기 속에서 전쟁을 일으킬 수 없다.

전쟁에 대한 가장 큰 오해는 군인이 전쟁을 일으킨다는 생각이다. 조금만 생각하면 알 수 있는데, 대부분의 군인은 전쟁을 하고 싶어 하지 않는다. 전쟁을 하면 제일 먼저 사상하는 것이 자신들이기 때문이다. 지위가 높은 군인은 전장에 나가지 않는다. 전쟁이 없는 시기에 승진한 이들 중에는 이제 와서 전쟁에 참가했다가 실패해서 지위를 날리고 싶지 않은 이들도 있다. 즉, 무사안일주의에 빠진 관리직으로 볼 수 있다.

20세기 이후에 일어난 전쟁은 오직 손해를 보는 전쟁뿐이었다. 화력이 높아졌기 때문에 군이 받는 피해가 너무 커지고, 총력전이 벌어지면 국가 경제에 미치는 타격은 이루 헤아릴 수가 없다.

이 때문에 현대에는 어느 나라의 정치가도(하물며 군국주의 국가의 독재자도) 전쟁은 피하고자 한다. 이는 정치가가 윤리적으로 뛰어나서가 아니다. 그저 손해가 너무 크기 때문이다. 때때로 계산착오로 큰 손해를 입는 정치가도 있기는 하지만 말이다.

현대의 전쟁은 방치해두면 더 큰 손해(상당한 대손실)가 발생할 때만 어쩔 수 없이 하는 필요악에 지나지 않는다. 군은 가능한 한 사용하지 않으며 적국을 위축시키기 위해 전력을 보여주는 수단일 뿐이다.

득이 되는 전쟁

중세의 전쟁이 현대의 전쟁과 크게 다른 점은 이기면 득이 된다는 부분이다. 즉, 승산이 있다면 전쟁은 이득을 볼 수 있는 좋은 수단이었다. 이긴 쪽은 다음 페이지에 있는 표와 같은 이익을 얻었다.

반대로 지면, 동일한 손해를 입으므로 승산이 없을 때는 싸우지 말아야 한다. 제2차 포에니 전쟁에서 패배한 카르타고는 매년 200달란트(1달란트는 보통 사람 수입의 10년 치)나 되는 배상금을 로마에 지불했다. 16세기의 도적 기사였던 철의 손 괴츠는 기사 몇 명의 몸값으로 8,000길더(5억 원 정도)를 받아냈다.

이익	설명
영지	점령한 땅을 자신의 영지로 만들 수 있다.
식민지	멀리 있는 나라를 항복시킨 경우, 식민지로 지배할 수 있다.
배상금	적에게 배상금(명목은 다양)을 받을 수 있다.
몸값	똑똑한 포로들은 지위 높은 자들에게 높은 몸값을 받아낼 수 있다.
노예	신분이 낮은 포로는 노예로 팔 수 있다.
약탈	도시 따위를 공격한 경우, 점령 후에 약탈할 수 있다.

중세에 전쟁을 시작하는 이는 영주나 왕이었다. 왜냐하면 표의 이익은 대부분 영주나 왕의 손에 들어가기 때문이다. 몸값은 포로를 잡은 사람이, 약탈에서 나온 이익은 병사가 얻는다. 그래도 이익이 큰 영지나 식민지, 배상금은 전쟁을 주도한 영주(영지 간 전쟁)나 왕(국가 간 전쟁)의 것이 된다.

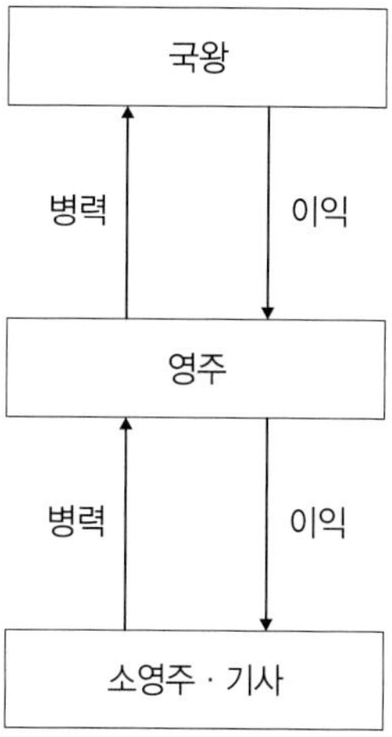

왕이 전쟁을 바란다고 해서 그 즉시 전쟁이 이루어지지는 않는다. 중세 국가는 봉건제였기 때문에 나라 안에 몇 명의 봉건영주가 존재한다. 그들은 나라 안의 작은 국가와 같은 존재로 독자 군을 보유하고 있다. 나라의 군이라 해도, 왕의 명령을 듣는 것은 왕의 직할지 소속 군뿐이며 영주 군은 영주의 명령이 우선이다. 이 때문에 영주들이(적어도 과반수 이상) 전쟁에 찬성해야 충분한 병력을 준비할 수 있다. 그들에게도 이익이라는 생각이 들게 해주어야 한다.

영주는 자기 밑의 소영주나 기사 들의 의향을 들어야 하고, 그들에게도 이익을 약속해야 한다. 또, 용병은 용병대로 금전 지급과 약탈 허가를 요구하며 전쟁에 참가한다.

결국 전쟁은 이익을 위해 하는 것으로, 실제로 당시 전쟁은 이기면 이익을 얻을 수 있었다. 이것이 현대의 전쟁과 크게 다른 점이라는 사실을 잘 알고 있어야 한다.

정전략과 전술

✚ 정치적 승리 ✚ 전략적 승리 ✚ 전술적 승리

승리를 위해 전투에 대한 계획은 그 규모에 따라 정략, 전략, 전술로 구분할 수 있다. 또, 정략과 전략은 합해 정전략이라고도 한다.

정략

가장 높은 단계의 책략이 정략이다. 국가의 목적을 달성하기 위해 정치적으로 세우는 계획을 정략이라고 한다.

정략 단계에서는 외교 · 내정 같은 국가의 결단과 관련된 모든 것이 대상이다. 전쟁조차 정략의 한 가지 수단에 지나지 않는다. 어느 나라와 동맹조약을 맺고, 어느 나라에 냉담히 대응할 것인지, 적대국이 있을 경우 그곳과 전쟁을 할 것인지, 아니면 외교적 연대를 끊을 것인지……. 이렇게 전쟁에 이르기 전, 국가로서 정치 레벨의 선택을 해야 한다.

또, 전쟁을 하게 되었을 때, 전쟁의 승리 조건(무엇이 충족되면 만족하고 전쟁을 멈출 것인지), 패배 조건(어디까지 무너졌을 때 패배를 인정할 것인지), 양보의 상한선(적과의 교섭에서 어느 선까지 양보할 것인지) 같은 전쟁을 끝내는 조건을 결정하는 것도 정략에 해당한다.

전략

전략은 전쟁 그 자체의 계획을 세우는 것이다. 최종적으로 자국을 승리로 이끌기 위한 방책을 생각하고 실행하는 것을 전략이라고 한다. 최종적으로 승리가 목적이기 때문에 개별 전투의 승패에는 구애받지 않는다. 오히려 전략을 위해 일부러 지기도 한다.

전술

전술은 전투에 이기기 위한 책략이다. 부대 배치나 진형, 기습이나 복병 따위의 책략 및 그 실행이 여기에 해당한다. 전쟁에서는 전략적 승리가 중요하며, 많은 경우는 전술적 승리를 거듭하며 전략적 승리에 이르는 것을 목표로 한다. 하지만 전술적 승리로 전략적 패배를 뒤집는 일은 99 % 이상 불가능하다. 그렇기 때문에 우선해야 할 것은 전략적 승리, 그다음이 전술적 승리다.

어긋난 전략과 전술 전술적 승리가 전략적 승리로 이어지지 못하는 경우는 다음과 같다.

- **소용 없는 승리:** 전략적 승리를 위해 반드시 힘을 쏟아야 할 싸움이 있으면 힘을 빼야 하는 전투도 생긴다. 힘을 빼도 이긴다면 상관없지만, 그 부분에서의 승리를 포기할 필요도 있다. 전술적 승리를 위해 전략적 승리를 잃는 것은 다음과 경우를 말한다.

  포에니 전쟁(카르타고와 로마의 전투) 당시 카르타고의 장군 한니발의 승리('파비우스 전략' 098)는 전술적 승리가 전략적 승리로 이어지지 못한 예다. 한니발이 점령한 도시가 한니발이 다음 도시를 공략하러 간 사이, 뒤에서 온 로마군에게 재점령당하고 만다. 한니발의 승리는 로마를 패배시키는 데 일조하지 못하고 본래 지켜야 할 스페인과 본국 카르타고를 로마에 공격당해, 최종적으로는 본국에서 공격 중지 명령을 내리고 말았다.
- **지나친 승리:** 전술적 승리를 계속 이어가며 적지의 점령을 반복하면 보급선이 길어진다. 보급선이 길어질수록 병참의 부담이 높아져 전략적으로 패배할 가능성이 생긴다. 무한정 진군을 계속한다고 좋은 것은 아니다.

70만 명이나 되는 병사를 이끌고 무적의 나폴레옹은 러시아 바클라이 장군과 쿠투조프 장군을 이기며 광대한 러시아 대지를 오로지 진군해나갔다('초토 작전' 099). 하지만 러시아는 패배를 인정하지 않았다. 9월 14일에 수도 모스크바를 점령당하고도 모스크바에 불을 지르고 더 후퇴했다. 나폴레옹이 화의를 제안했지만 무시되었고, 프랑스군은 10월 19일에 모스크바를 철수하기 시작한다. 러시아 최강 장군이라 일컬어지는 동장군(러시아의 맹렬한 추위)이 프랑스군을 습격했기 때문이다.

이렇다 할 방한 장비를 갖추지 못한 프랑스군은 굶주림과 추위에 쓰러지고 말았다. 결국 귀국한 병사는 2만여 명에 지나지 않았다. 이로써 프랑스 대륙군의 기둥이 꺾였다.

파비우스 전략

✚ 지구전 ✚ 로마의 방패 ✚ 국민

로마 최대의 위기

지구전은 아군의 전력 유지를 우선하고 결전을 피해 시간을 끌고 적이 지칠 때까지 버티는 전략이다. 이 전략은 성과가 잘 보이지 않기 때문에 민중에게 인기가 없다. 따라서 지구전에서 승리하려면 승리를 계속 기다릴 수 있는, 인내심 강한 정치가와 국민이 필요하다. 전성기의 공화제 로마에서도 그것은 어려운 일이었다.

기원전 219년에 로마는 개국 이래 최대의 위기에 처한다. 제2차 포에니 전쟁에서 카르타고의 명장 한니발 바르카에게 패했기 때문이다. 트레비아, 트라시메누스 호반에서 전체 5만 명에 가까운 병사가 사상을 당한 대패였다.

로마는 이 위기에 퀸투스 파비우스 막시무스를 독재관으로 선출한다. 그는 회전으로는 한니발을 이길 수 없다는 사실을 인정하고 그런 상황에서 로마가 지지 않을 방법을 생각했다. 그것이 파비우스 전략(또는 파비안 전략)이다.

한니발 군은 두려울 만큼 강했는데, 단 한 가지 병참 문제가 있었다. 본거지 스페인에서 멀리 떨어진 로마로 원정을 온 데다 본국 카르타고도 전혀 협조적이지 않은 상황에서 한니발은 보급을 약탈에 의지했다.

파비우스는 한니발의 진군처를 초토화하고 한니발이 이동한 뒤에 탈환한다는 소극적인 전략을 취했다. 이 전략에 대한 평판은 매우 나빠서 파비우스는 쿵쿠타토르(굼벵이)라 불렸다. 그러나 그 시간을 벌어 보병 8만 명과 기병 8,000명을 준비할 수 있었다.

파비우스 다음 집정관 바로는 한니발과의 전투를 바랐다. 한니발도 바로의 성급함을 알고 기다렸다. 그리고 전쟁사에서 예술이라고 일컫는 칸나에 전투(‘포위 섬멸전’ 080)가 벌어진다. 5만 명의 한니발 군과 싸운 7만 명의 로마군은 전멸(군사 용어로 전멸이 아닌, 글자 그대로 전멸)한다. 1만 명이 포로가 되었지만 그 외 대부분은 사상했다.

이기지는 못해도 지지 않을 전략

비로소 로마도 파비우스가 옳았음을 깨달았다. 쿵크타토르는 ‘신중’이라는 의미로 쓰이기 시작했다. 그리고 다음과 같은 방침을 실행한다.

- **한니발과는 싸우지 않는다:** 한니발과 싸우면 지므로 싸우지 않는다. 한니발 군이 다가오면 후퇴한다.
- **한니발 이외와는 싸운다:** 한니발 이외의 장수가 이끄는 적과는 적극적으로 싸운다. 한니발 군이 강한 것은 한니발이 이끌기 때문이다. 그 외의 장수라면 올바른 규율하에 훈련된 로마군이 더 강하다.
- **한니발 군에 보급 기회를 주지 않는다:** 한니발 군의 진군이 예상되는 땅에서 물자를 회수하고 사람도 피난시킨다. 도시에는 수비대만 남겨둔다. 다행히 한니발 군은 공성전 무기를 별로 지니지 않았기 때문에 점령에 시간이 걸렸다.
- **한니발이 떠나면 되찾는다:** 한니발이 새로운 점령지를 찾아 떠나면 그 땅을 다시 되찾는다.
- **적의 본거를 공격한다:** 한니발의 책원지인 스페인과 본국인 카르타고를 여유가 생길 때마다 공격한다. 로마를 공격하는 한니발은 본거지와 점령지 두 곳을 동시에 지키기란 불가능하다.

로마는 한니발과 총력전을 펴기로 결의했다. 그러나 카르타고는 어땠을까? 한니발은 로마를 멸망시키지 않는 한 카르타고에 내일은 없음을 충분히 인식했다. 그러나 카르타고 본국은 전혀 그럴 생각이 없었다. 용병을 이용해서 조금 싸우다가 유리해지면 양보를 구해 강화(講和)를 맺을 작정이었다.

카르타고가 나쁘다고만 할 수는 없다. 이는 당시 지중해 인접 국가들의 생존전략이었다. 국민개병으로 총력전을 펴려던 로마가 이상한 것이다.

로마는 그로부터 수십 년 전에도 똑같이 했다. 타렌툼의 용병 장군 피로스는 로마와 싸워 항상 이겼으나 로마는 강화에 응하지 않았다. 패할 때마다 새로운 병력을 내보내는 로마에 대해 그는 '또다시 로마에 이긴다면 우리는 괴멸할 것이다.'라고 했다. 이 전략을 상처뿐인 승리, 전략적으로 의미가 없는 승리를 '피로스의 승리'라고 말한다.

이와 같은 전략은 제2차 세계대전에서 사막의 여우라 불린 에르빈 롬멜(Erwin Rommel)과 싸운 영국군이 사용했다. 영국은 천재 전술가 롬멜을 상대로 방어와 보급 차단의 방법을 써서 결국 타파했다.

초토 작전

✚ 보급 ✚ 자기희생 ✚ 방위

살을 갈라서 뼈를 절단한다

초토 작전은 적에게 공격당한 방어 측이 취하는 전략이다. 단, 자국민에게도 고통을 주는 전략이기 때문에 실행에 옮기기 쉽지 않았다.

적국을 침략하는 공격군은 적의 다음과 같은 재산을 이용하려고 한다.

- **식료 · 물:** 식료를 현지에서 조달하는 것은 근세까지 군의 상식이었다. 식량을 운송하게 된 현대에도 물은 현지에서 조달하는 것이 보통이다.
- **도시 · 건물:** 병사가 휴식 · 숙박하기 위해 이미 있는 건물을 이용한다. 그 외에도 창고에 군수 물자를 보관하고, 교회를 아군 병사용으로 사용하거나 상점에서 물건을 압수하는 등 점령한 도시의 다양한 시설을 효과적으로 이용한다.
- **삼림:** 삼림은 장작이나 목재를 채취할 수 있을 뿐만 아니라 식료도 얻을 수 있다.
- **인재:** 점령지의 사람을 이용한다. 병사를 위한 취사 · 청소 · 세탁 같은 가사를 맡기고, 운송을 돕게 하며 참호를 파는 인부로 쓰는 등 전투에 직접 관계되지 않는 일을 시키면 그만큼 병사는 전투에 집중할 수 있다.
- **연료:** 한랭지에서는 병사에게 온기를 주는 장작도 현지 숲에서 베어오고, 목조 건조물을 해체해서도 얻는다. 극심한 한랭지에서는 물이 얼기 때문에 연료가 없으면 물도 마실 수 없다. 현대에는 차량용 연료가 필요한데 일반적으로 부족하기 때문에 현지에 있는 주유소에서 얻는다.
- **운송:** 적국의 도로를 이용해서 진군한다. 짐마차 따위가 고장 나면 현지에 있는 것으로 대체해 활용한다. 현대에는 적국에 있는 선로를 이용해 물자를 운송한다.

이러한 것을 이용할 수 없으면 공격군의 진군은 그만큼 늦어진다. 예컨대 점령한 곳에 식료가 전혀 없다면 공격군은 식량 부족으로 굶주린다. 더구나 우물에 독이라도 들어 있으면 물조차 마실 수 없어 굶주림과 갈증으로 눈 깜짝할 새에 붕괴한다. 도로를 갈아엎고 고갯길을 붕괴시켜 터널이 막힌면 그만큼 공격군의 진군 속도는 절반 이하로 떨어진다.

반대로 물자를 남겨두면 점령군에게 이용당한다. 가령 제2차 세계대전에서 독일군은 프랑스 침공 시 전차 부대의 진군 속도가 너무 빨라서 보급 부대가 따라가지 못해 연료 부족에 시달렸다. 그러나 프랑스 내에 남아 있던 주유소를 점거해 거기서 연료를 공급할 수 있었다. 프랑스군은 그것을 예상하지 못했고, 결과적으로 독일 전차 부대의 발빠른 진군을 허용했다.

자국의 인프라를 파괴해 적군의 진군을 늦추고 보급 부족으로 괴멸하도록 노리는 게 초토 작전이다. 그러기 위해서는 다음과 같은 세 가지 조건을 충족해야 한다.

- **넓은 국토:** 초토 작전은 종심 방어의 한 종류다. 종심 방어란, 적을 타도하여 전진을 막는 게 아니라, 적의 진군을 늦춰 시간을 벌고 영토와 바꿔 적에게 많은 손해를 입히는 전략이다. 당연히 별로 싸우지 않고 후퇴를 반복한다. 이를 위해서는 후퇴를 반복할 수 있을 만큼 넓은 국토가 필요하다. 또, 자연 환경이 온화한 땅에서는 초토 작전이 효과를 발휘하기 어렵다. 한랭지나 사막처럼 인간이 맨몸으로 생존하기 어려운 가혹한 땅일수록 초토 작전의 효과가 크다.
- **강권:** 점령 후, 적은 주민에게 일을 시키고 식료나 물을 징발한다. 초토 작전에서는 주민을 강제로 분산시켜 도시를 공백화하는 동시에 그들에게서 물자를 얻을 수 없도록 종심 깊이 이동시키거나 그러지 못하면 파기(태우거나 독을 뿌리는 등)해야 한다. 주민은 당연히 이를 싫어하므로 강제할 권한이 필요하다.
- **강한 의지:** 초토 작전은 자국 국민에게로 막대한 손해를 안긴다. 그렇기 때문에 주민의 거주를 놔두거나 물자 파기를 어설프게 하는 경우가 생긴다. 그러면 초토 작전이 실패하여 적군을 승리로 이끈다. 자국에 어떤 손해가 있더라도 초토 작전을 완수하겠다는 강한 의지가 필요하다.

나폴레옹과 대결한 러시아 제국이나 제2차 세계대전 중 독일과 싸운 소비에트 연방은 초토 작전 실행에 이상적인 환경이었다. 국토가 넓고 한랭지였다는 점, 황제 전제나 공산당 독재였다는 점, 알렉산드로스 1세나 스탈린이라는 강렬한 지도자가 있었던 점 등 초토 작전을 위한 세 가지 조건을 모두 갖췄다.

카이사르의 갈리아 전쟁에서는 적인 베르킨게토릭스(Vercingetorix)가 초토 작전을 실행했으나, 불태우는 데 실패한 마을을 로마군이 기지로 이용함으로써 이 작전에 패배했다. 초토 작전을 성공하려면 철저하고 가혹해야 한다. 역사가 알려주는 교훈이다.

외선 작전

✚ 포위 ✚ 이동거리 ✚ 각개 격파의 위기

포위 섬멸을 노린다

외선 작전이란 적을 여러 방향에서 공격해 전세가 불리해지도록 만들어 포위 섬멸을 노리는 작전이다❶. 대규모 외선 작전은 강국의 공세 이상의 효과가 있었다. 또, 다수의 나라가 펼치는 공동 작전 이상의 효과를 낸다. 외선이란 아군의 이동 경로가 적의 외부에 있음을 의미한다.

❶

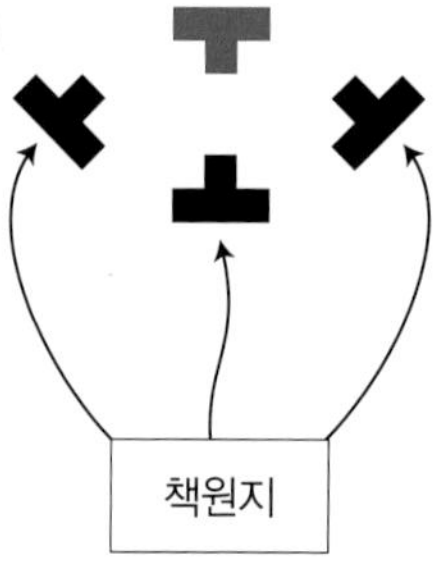

모든 군은 정면의 적과는 싸울 수 있어도 옆이나 뒤쪽에 있는 적에게는 약점을 보인다. 그렇기 때문에 정면 측의 아군은 무리하지 말고 적의 움직임을 구속하는 데 머물되 다른 부대로 약점이 되는 옆이나 뒤쪽을 공격한다. 이렇게 해서 비교적 아군의 손해를 줄이고 적을 타도할 수 있다.

외선 작전의 이점은 다음과 같다.

- **주도권 획득:** 복수의 군대로 공격하기 때문에 작전 정면이 여러 곳 있다. 부대 연계로(한 군데에서 공격을 강화하면 적은 다른 쪽에서 원군을 빼내어 그쪽이 약체화되기 때문에 그곳을 공략하는 등) 작전의 주도권을 쥘 수 있다.
- **포위 가능성:** 진행이 잘 이루어지면 적을 포위할 수 있기 때문에 섬멸하기 쉽다.
- **부담이 적은 보급선:** 각 부대가 서로 다른 진군로를 이용하기 때문에 각 진군로에 드는 보급량이 적어 보급이 원활하다. 특히 책원지를 여럿 두면 개별 보급로가 짧아져 보급이 한층 편리해진다❷.

❷

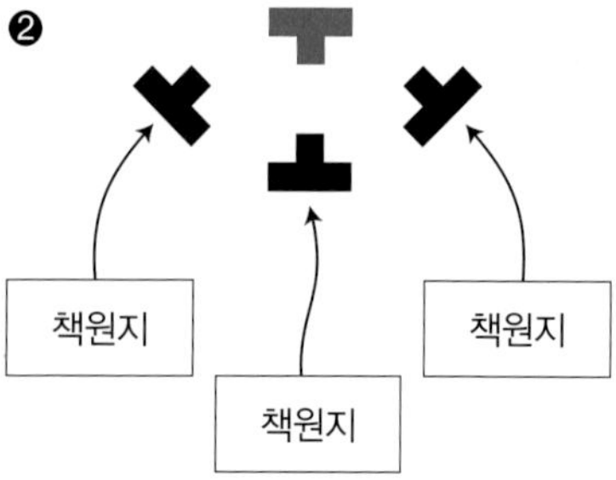

이와 같은 이점 때문에 대군 측은 외선 작전을 취하는 경우가 많다.

외선 작전의 문제점

외선 작전에도 문제가 없는 것은 아니다. 외선 작전에는 다음 네 가지가 필요하다.

- **많은 병력:** 적보다 많은 병력이 필요하다.
- **높은 이동력:** 우회하여 이동하기 때문에 이동력이 높아야 한다.
- **다수의 유능한 장수:** 많은 부대가 동기화되어 움직여야 하기 때문에 유능한 장수가 여럿 필요하다.
- **부대 간 연락:** 많은 부대가 동기화되어 움직이기 위해 무선 기술(통신 마법이나 텔레파시 같은 수단도 가능)을 이용한 신속한 연락 수단이 필수다.

이동력과 연락 수단 문제 때문에 중세에는 외선 작전을 성공할 수 없는 작전이라고 여겼다. 이후 독일의 몰트케는 철도와 통신을 이용하면 이 작전을 실행할 수 있다고 생각했다.

한편, 외선 작전에 대한 대책은 다음과 같다. 외선 작전의 약점을 이용해 적을 타도하는 방법이다.

- **각개 격파:** 외선 작전이 성립할 때까지 개별 부대는 비교적 소수로 이동한다. 그래서 외선 작전이 성립하기 전, 개별적으로 움직이는 적 부대를 각개 격파한다.
- **진군로 방해:** 진군 스케줄이 가장 빡빡한 적 부대를 노려 발을 묶는 공작을 펴서 아주 적은 노력으로 적의 계획을 틀 수 있다.
- **부대 간 연락 저해:** 외선 작전을 수행하는 적 부대 간의 연락을 몇 가지 방법으로 저해할 수 있다면 적의 작전은 동기화되지 못해 파탄 난다.
- **장수의 능력 차 이용:** 한 명이라도 무능한 장수가 있으면 그 부대는 예정대로 진군할 수 없기 때문에 작전이 실패로 돌아간다. 그래서 적 내에서 가장 무능한 장수를 상대로 발을 묶는 공작을 편다.
- **장수 간 협력 방해:** 장수끼리 사이가 나빠 서로 협력하지 못하면 부대의 연동이 늦어진다. 그래서 모략으로 장수 사이를 깨뜨리거나 야심을 불태우는 장수에게 눈앞의 전과를 슬쩍 제시해 다른 길로 가게 만드는 공작을 편다.

모든 대책이 외선 작전 성립 전에 개별적으로 격파하는 것을 노린다. 외선 작전으로 이기는 방법은 그뿐이다. 그렇기 때문에 이러한 대책 이외에도 외선 작전의 개개 부대를 독립시켜 개별적으로 싸우게 할 대책이 있다면 그 작전을 쓰면 된다.

내선 작전

+ 각개 격파 + 신속한 이동 + 소수의 군

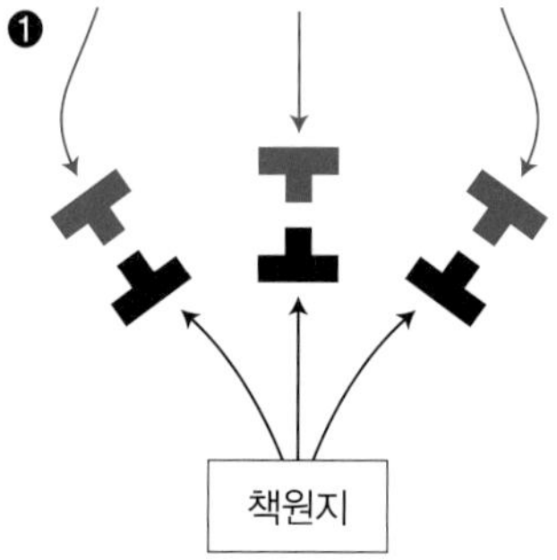

나폴레옹의 전투

내선 작전이란, 외선 작전을 취해서 산개해오는 적에게 아군을 집중해 운용하고, 내선의 이점을 이용해 격파하는 작전이다. 비교적 소수인 군이 취하는 경우가 많다. 내선이란 아군의 이동 경로가 적에게 둘러싸이게 된 상태를 의미한다❶.

내선 작전은 이동거리가 짧고 집중해서 운용할 수 있다는 점에서 다음의 이점을 얻을 수 있다.

- **적은 피로감:** 이동거리가 짧아서 그만큼 부대의 에너지 소모와 피로가 적다.
- **전장에 먼저 도착:** 출동해서 전장에 도착하기까지 오랜 시간이 걸리지 않는다. 전장에 적보다 먼저 도달할 수 있어 유리한 위치를 차지하기 쉽다. '야전축성' 086을 하는 경우에도 유리하다.
- **전력의 집중:** 전력을 균등하게 나누어 적에 대응하는 것이 아니라, 한 부대가 집중적으로 적을 격파하고 나머지 부대는 적의 발을 철저히 묶어 시간을 버는 작전도 쓸 수 있다.
- **연락의 용이함:** 부대 간 거리가 짧기 때문에 서로 연락이 빨리 되고 정확도도 높다.

나폴레옹은 대프랑스 동맹을 맺은 유럽 제국에 내선 작전으로 대항했다❷. 제4차 대프랑스 동맹(1806년 프로이센, 러시아, 영국, 작센, 스웨덴이 결성)을 상대로 프랑스군은 프로이센 국왕의 뒤처진 전쟁 준비와 타국에서 아직 원군을 보내지 않은 상황을 이용해 프로이센으로 진군한다. 그리고 단독인 프로이센군을 재빠르게 격파한다(예나 · 아우어슈테트 전투). 다음으로 프로이센군의 잔존 병력과 뒤늦게 원군으로 나타난 러시아군을 상대로 싸운다(아일라우 전투). 프로이센군이 퇴각하자 마지막에 남은 러시아군은 격파당하고(프리틀란트 전투) 프로이센은 완전히 패배한다.

내선 작전의 문제점

내선 작전에도 약점은 있다. 그 약점을 공략해 내선 작전을 허사로 만들 수 있다.

- **포위 위기:** 외선 작전이 성립하면 내선 측은 포위되어 버리기 때문에 공격을 서둘러야 한다. 적은 진군을 서둘러 빨리 포위하려 들 것이다.
- **주도권 상실:** 내선 작전의 경우, 외선의 모든 적에 대응하려고 하면 소극적인 방어 작전이 되고 만다. 그렇게 되면 주도권을 잡지 못하고 결국 포위당한다. 내선을 이용해 각개 격파를 노릴 필요가 있다. 적이 자신의 부대 전체가 중요하다고 인식하게 해서 미리 대처시켜 주도권을 잡지 못하게 한다.
- **보급원의 위험:** 내선 작전의 경우, 책원지는 보통 한 곳이다. 적의 공격으로 책원지의 기능이 파괴되면 병참 지원이 끊어지기 때문에 책원지의 방어는 완벽하게 한다. 적은 내선 작전의 책원지를 미리 조사해 유사시에 공격할 수 있도록 대응할 것이다.

짙은 회색 부분은 프랑스와 그 동맹국. 단, 프랑스를 제외하면 명목상의 동맹국으로, 군을 명목상 파견했거나 나폴레옹에 의해 왕위에 오른 국왕(나폴레옹의 형 조셉이 왕이 된 나폴리 왕국 따위)으로 실질적 속국이라서 대군을 파견할 여유가 없었다.
색깔 부분이 대프랑스 동맹으로 당시 스웨덴은 핀란드를 포함한 대국임에도 여기에는 군을 조금밖에 보내지 않았다. 영국은 강한 해군으로 프랑스를 대륙 봉쇄(교역 저지 등)하였으나 육군은 거의 보내지 않았다. 작센은 소국이라서 소수의 병사밖에 보내지 않았다.

내선 작전과 외선 작전을 비교하면 표준 레벨의 지휘일 경우 내선 작전이 간단하다. 전군이 가까이에 있어서 명령을 내리기 쉽기 때문이다. 외선 작전은 직졸 부대가 아니고는 다른 장수에게 맡긴 부대가 어떤 상황인지 알 수 없다. 그리고 상황을 알 수 없는 부대에 명령을 내려야 한다. 빗나간 명령을 내릴 가능성도 높다. 단, 고도의 정밀한 지휘를 한다면 내선 작전이나 외선 작전이나 연락이 지연되는 한 곤란하기는 마찬가지다.

슐리펜 계획

✚ 내선 작전 ✚ 시간차 공격 ✚ 각개 격파

독일의 곤경

슐리펜 계획은 19세기 독일 제국의 참모총장 알프레트 폰 슐리펜(Alfred Graf von Schlieffen)이 계획하고 소(小) 몰트케(Helmuth Johann Ludwig von Moltke)가 개량한 독일의 군사 전략이다. '내선 작전' 101 의 한 종류다.

독일은 유럽 중앙에 위치한 평원 국가로 당시 주변국이 모두 가상 적국이었다. 프랑스와 러시아는 러 · 불 동맹을 맺고 독일과 대립했다. 즉, 독일은 동서 양쪽에 적을 뒀다.

그 이전에는 프러시아의 수상 비스마르크의 정책으로 프러시아, 러시아, 오스트리아는 삼제 동맹을 맺었다. 러시아와 오스트리아의 대립으로 삼제 동맹이 파기된 뒤에도 오스트리아와는 독 · 오 동맹, 러시아와는 독 · 러 재보장조약을 맺었다. 이 조약으로 독일 통일전쟁 동안 동쪽이 안정되어 프러시아는 안심하고 독일 통일을 이룰 수 있었다(통일 후 국명이 독일 제국). 독일의 적은 서쪽의 프랑스뿐이었다.

그러나 비스마르크가 실각한 뒤 독일은 독 · 러 재보장조약의 갱신을 거절한다. 거절당한 러시아는 프랑스와 러 · 불 동맹을 맺는다. 독일은 스스로를 곤경에 빠뜨렸다.

시간차 공격

프랑스와 러시아는 동맹을 맺었기 때문에 한쪽을 공격하면 다른 한쪽에서도 선전포고를 받을 수 있었다. 독일은 이정면 작전(二正面作戰)에 직면했다.

그러나 슐리펜은 러시아 국가체제의 허점을 발견했다. '러시아의 넓은 국토'와 '낮은 교육 수준' 및 '제대로 갖춰지지 않은 통신 · 교통 인프라'였다. 이러한 허점들 때문에 러시아가 선전포고한 뒤에 군인을 징병해 총 사용법을 가르친 다음 독일에 진군시키기까지는 최소 6주의 시간이 필요했다.

슐리펜은 이 시간차를 이용해 계획을 세웠다.

1. **러시아 방치:** 러시아군이 실제로 진군하기까지는 몇 개월 이상의 시간이 필요하므로, 그때까지 놔둬도 공격해오지 못할 것이다. 일단은 러시아를 방치해도 문제없다. 발을 묶어둘 최소한의 부대만 남기고 동부전선 부대를 서쪽으로 이동시킨다❶.
2. **프랑스 공격:** 전 병력을 서부전선에 모아 프랑스를 전력으로 공격한다❷. 러시아가 병력을 모아 독

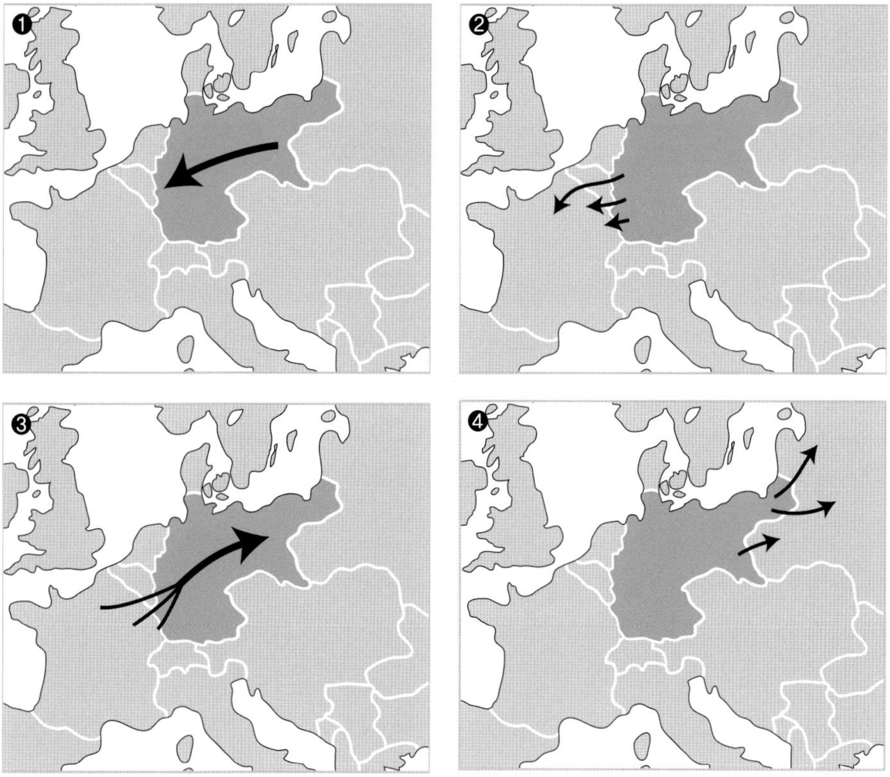

일을 공격하기 전에 프랑스를 패배시킨다. 1개월 반 만에 프랑스를 함락시킨다.

3. **군의 대이동:** 서부 방면에서 싸우고 있던 부대를 동쪽으로 모두 이동시킨다❸. 이동 전에 러시아군의 공격이 시작되는 경우, 발을 묶어둘 부대로 시간을 번다.
4. **러시아 공격:** 동부전선으로 병력을 모두 이동시키면 러시아군에 총공격을 개시한다❹. 그 후 러시아와 강화를 맺는다.

그러나 이 계획은 실패로 돌아갔다. 프랑스의 맹점을 찌르기 위해 벨기에를 통과할 예정이었으나 조용히 넘어갈 것이라 생각했던 벨기에가 격한 저항을 보였다. 안 그래도 이동이 늦어졌는데 러시아군의 전쟁 준비까지 예상 밖으로 일찍 끝났다. 결국 계획이 무너져 독일 제국은 패배했다.

슐리펜 계획은 공세의 조기 달성에 계획의 성패를 모두 걸어 예상 시간이 실제와 어긋나면 단번에 어그러지는 위험한 계획이었다. 군사작전이란 이러한 위험을 수반해서는 안 된다.

전격전

✚ 돌파　✚ 후방 차단　✚ 심리전

전차로 인해 생겨난 전략

전격전(電擊戰)은 전차와 항공기라는 새로운 병과의 탄생과 무선통신의 발달로 생겨난 전략이다. 이렇게 말하면 새로운 전략처럼 느껴질지 모르지만 그 실체는 고전적이라 할 만한 전선 돌파와 배면 전개를 조합한 산물이다.

전격전은 빠른 속도를 이용해 적을 포위하고, 그 전력을 무력화하는 전략이다. 예컨대 다음과 같은 요소를 조합해 적을 무력화한다.

- (가능하다면) 근접 항공 지원을 통해 적의 약점이 될 만한 장소를 공격한다.
- 약체화된 부분에 집중 공격을 가해서 적의 전선에 구멍을 뚫는다.
- 전선의 구멍에 전차 및 자동차화 보병을 투입시켜 크게 배면 전개를 한다.
- 적에게 포위당할 것이라는 공포를 심어줘 패닉에 빠뜨린다.
- 적의 후방으로 계속해서 빠른 속도로 이동해, 적에게 포위될 수 있다는 압력을 끊임없이 준다.

전격전의 좋은 예가 제2차 세계대전에서의 독일 대 프랑스 전쟁이다. 독일의 프랑스 침공은 공정 부대로 벨기에의 요새를 포위 · 무력화하여, 아군 부대를 쉽게 통과할 수 있게 했다❶.

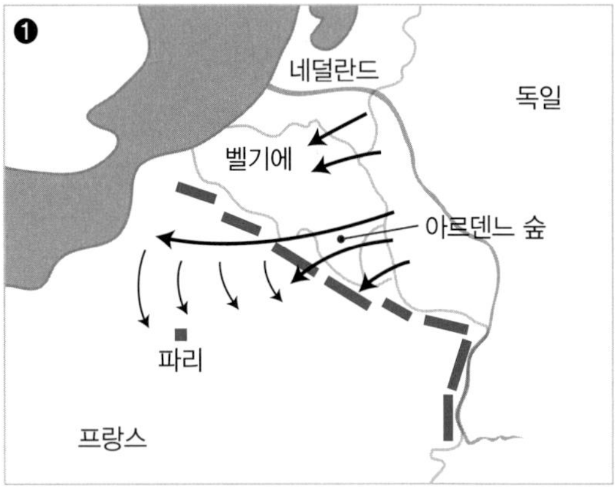

독일 제국의 전격전 계획: 아르덴느 숲을 뚫고 바다까지 돌진해 그곳에서 북쪽 부대를 포위한다. 그 뒤 남하해 파리로 진군한다.

전격전에서 중요한 것은 '적의 격파를 목적으로 하지 않는다'는 점이다. 전격전에서는 다음과 같은 것을 목적으로 한다.

- **보급 차단:** 적의 보급을 차단해 탄약 · 연료가 부족한 상태에 빠뜨린다.
- **이동 저지:** 적 부대의 이동을 막아 전

력이 필요한 장소로 가지 못하게 한다.

- **전의 상실:** 포위하여, 심리적으로 패배시킨다.

전격전의 목적은 적의 타도가 아니라 보급과 이동을 저해해 심리적으로 패배시키는 것이다. 전격전에서는 적의 주 전력과 싸우지 않을수록 작전이 잘 진행된다. 포위한 뒤 정말로 적을 포위 섬멸하는 것은 어디까지나 최악의 경우다.

전격전을 행하는 경우, 전력을 진격 부대와 구속 부대로 나눈다. 진격 부대는 돌파력과 이동력이 중요하다. 그 역할은 적의 후방으로 이동해 적의 약점을 공략하는 것이다(후방 차단, 사령부 공격, 수도 공략 따위). 구속 부대는 전선의 적군을 구속해 후퇴하지 못하게 한다(후퇴하면 추격당해 큰 타격을 입는다).

중세의 전격전

전격전에는 전차가 꼭 필요할까? 그렇지는 않다. 돌파력과 기동력이 뛰어난 병과가 있으면 중세에도 기병을 사용해 실현할 수 있다. 단, 중세의 전투는 전격전의 목적 중 다음 두 가지를 달성하기 힘들다.

- **보급을 차단하기 힘들다:** 중세의 군은 탄약과 연료가 필요하지 않았다. 식료는 점령지 안에 농촌이 있다면 그곳에서 징발할 수 있다.
- **이동 저지에 의미가 없다:** 각 영주는 독립해 있어서 각 영주의 군은 자신의 영지로부터 이동하지 못하더라도 특별히 곤란하지 않다.

적을 포위해 심리적 압박을 줘서 전의를 상실시킬 수는 있다. 포위 섬멸은 가능하지만 그렇게 되면 전격전이라고는 부를 수 없다. 이처럼 전격전의 세 가지 주된 목적 중 두 가지는 그다지 기능하지 못한다. 중세 무렵에 전격전이 이루어지지 못한 이유다. 단, 중세에 어떤 것을 활용해서 '적국의 왕도(王都)로 돌격해 적의 왕을 사로잡는다'는 것을 목적으로 한 전격전은 생각해 볼 수 있다.

게릴라전

✚ 비정규전 **✚ 자국** **✚ 주민**

약자의 전략

공격을 받아 자국을 점령당한 약자(자국이 공격받은 것만으로 약자라는 것은 명백하다.)가 자국을 무대로 취하는 최강의 전략이 게릴라전이다. 나폴레옹을 상대로 스페인 국민이 벌인 게릴라(작은 전쟁)에서 유래한 말이다.

게릴라전의 기본은 '정규군과는 정면에서 싸우지 않는다'는 것이 전부다. 왜냐하면 정규군끼리 회전을 하면 분명히 질 것을 알고 있는 쪽에서 펴는 전략이기 때문이다. 게릴라전을 펴는 측에는 다음과 같은 이점이 있다.

- **천시(天時):** 적군이 자국을 공격하는 데는 성공했지만 아직 지배가 완전히 이루어진 상태는 아니다.
- **지리(地利):** 지형이나 기후 따위에 대해 적보다 상세히 파악하고 있다.
- **인화(人和):** 사상의 차이가 있어도 점령군보다는 낫기 때문에 주민들이 지지해준다.

거꾸로 말하면 이 세 가지 없이는 게릴라전에서 승리할 수 없다. 아시아나 아프리카에서도 독립 후에 사회주의 혁명을 지향하는 게릴라가 발생했으나 대부분 실패했다. 독립이라는 큰 목적이 없어졌기 때문에 주민의 지지를 잃었다.

자국이 적군에 점령당한 상황이 게릴라전의 시작이다. 지형에 대한 이해와 주민의 지지를 활용해 소규모 부대를 편성하고, 점령군 중에서 이길 만한 대상(이동 중인 적의 소부대나 운송 부대, 휴식 중인 병력 따위)을 골라 잠복해 있다가 기습하거나, 후방 지원조직을 공격하거나 파괴한다. 이렇게 해서 적의 군사 조직을 혼란시키고 보급 차단이나 사기 저하를 노리는 것이 게릴라전이다. 공격을 끝내면 재빨리 사람이 없는 땅으로 피신한다.

점령군은 게릴라를 정규 군인으로 인정하지 않고 비정규군, 테러리스트로 간주한다. 정규 군복을 입지 않은 게릴라는 헤이그육전조약(1899년 채택)상 병사로 인정받지 못하므로, 시대에 따라서는 그들을 테러리스트라고 주장하는 점령군에게도 나름의 법리적 근거가 있는 셈이다(1977년의 제네바 조약에서 게릴라를 병사로 인정했다). 즉, 잡히면 포로가 아닌 대량 살인 범죄자로 즉시 처분당할 가능성이 높다.

점령군이 게릴라를 찾아내기란 어렵다. 주민 전체를 탄압할 수는 있지만 그렇게 하면 주민의 원한을 사서 게릴라에 대한 협력만 왕성해질 뿐이다. 이 때문에 피점령국 사람들에게는 상당히 효과적인 전투법이다.

게릴라전을 계속하기 위해서는 다음과 같은 조건을 유지해야 한다.

- **주민의 지지:** 주민은 게릴라전을 일으키는 가장 큰 기반이다. 마을을 약탈해 주민의 원성을 산다면 게릴라들은 성공하지 못한다.
- **인내:** 게릴라전으로 큰 성과를 거둘 수 없다. 시간을 들여 잦은 공격으로 적을 약하게 만드는 전략이다. 효과가 좀처럼 눈에 띄지 않는 상황을 참아내야 한다.
- **진중한 행동:** 점령군은 덫을 놓아 게릴라를 일망타진한다. 따라서 매사에 신중할 필요가 있다. 조금이라도 의심스러우면 공격을 중지하고 도망가야 한다.
- **정보 은닉:** 게릴라의 최대 이점은 그 모습이 적에게 잘 드러나지 않는다는 점이다. 거점 · 인원 · 협력자 · 교통로 · 무기 공급원 · 자국 내 적대세력, 그 외 온갖 정보를 비밀로 해야 한다.
- **정보 우위:** 게릴라가 적보다 유리한 점은 전투 지역이 자국 내이기 때문에, 얻을 수 있는 정보 면에서 우위에 있다는 점이다. 정보 면에서라도 앞서지 못하면 승산이 없다. 적의 정보, 특히 아군에게 불리한 정보수집에 집중해야 한다.

이와 같은 조건을 유지하는 한 게릴라는 압도적으로 유리하다. 정규군으로 게릴라를 쓰러뜨리려면 게릴라의 5~10배의 병력이 필요하다.

게릴라전은 정보전이다. 게릴라는 기본적으로 모습을 드러내지 않기 때문에 점령군은 게릴라가 공격하고 싶어 하는 부대(호위가 적은 운송부대나 사령부의 이동 등)의 거짓 정보를 어렵게 손에 넣게 하고(쉽게 손에 들어오면 함정임을 눈치채므로) 매복하여 기다린다. 거꾸로 게릴라는 진짜 정보를 찾는다. 나아가 덫을 설치하기 위해 부대가 나갔을 때 허술해진 곳을 노리거나, 일부러 정보를 흘려 적을 유도하는 등 점령군의 뒤를 치고자 한다.

작품 속에 게릴라전을 넣으면 속고 속이는 전투를 그리게 된다. 전투 자체는 적을 잘 속이는 쪽이 압승하기 때문이다. 나머지는 패배해 살아남은 이들이 도망칠 수 있는지 없는지의 차이 정도다.

105 Fog of War

전장의 안개

+ 불안 **+ 예측** **+ 잘못된 판단**

불확정 요소로 이야기를 뒤흔든다

게임이나 이야기 속에서 지휘관은 많은 정보를 손에 넣고 그것을 바탕으로 옳은 판단을 내린다. 그러나 현실에서 지휘관이 얻을 수 있는 정보는 더 적고 더 단편적이며 확실성이 낮아서 판단을 그르치는 일도 많다. 이러한 잘못된 판단의 원인이 되는 상황, 그리고 수집한 불확실한 정보, 거기에 싸움의 불운까지 포함해서 전투 속 모든 불확정 요소를 독일의 군인이자 군사 평론가인 클라우제비츠(Karl Clausewitz)는 '전장의 안개'라고 이름 붙였다.

전장의 안개는 주인공의 불안을 부채질하며 독자에게는 스릴을 준다. 그렇기 때문에 그것을 극복하고 승리했을 때 더 큰 성취감을 얻을 수 있다.

전장의 안개에는 운처럼 인간의 힘으로는 어찌할 수 없는 요소가 있는가 하면 인간의 노력으로 경감할 수 있는 것도 있다. 전장의 안개에는 다음과 같이 다양한 원인이 있다.

- **정보 지연:** 즉시 연락 가능한 수단이 없는 경우, 적군을 정찰한 병사는 본대까지 돌아와 보고한다. 이동시간이 걸리기 때문에 지휘관에게 정보가 전달되었을 때는 이미 쓸모없는 정보인 경우가 있다.
- **명령 지연:** 즉시 연락 가능한 수단이 없는 경우, 지휘관이 내린 명령은 전령이 부대로 전달한다. 이동시간이 걸리기 때문에 명령한 시점에서는 옳았다 해도 명령을 받은 시점에서는 이미 오래된 정보를 바탕으로 한 쓸모없는 명령인 경우가 있다.
- **정보 부족:** 지휘관에게 정보가 없다. 예컨대 정찰대를 파견하지 않은 지역의 정보는 입수할 수 없다. 거기에 적군이 있어도 알 길이 없다.
- **정보 수집 불능:** 짙은 안개가 끼어 있는 상황 때문에 정보 수집 자체가 불가능하다.
- **정보 오인:** 정찰원이 잘못 보거나 전달 실수 따위를 하는 바람에 잘못된 정보로 바뀐다.
- **정보 기만:** 적이 아군을 조종하기 위해 일부러 잘못된 정보를 흘린다. 거짓 정보를 믿게 하기 위해 올바른 정보와 잘못된 정보를 섞어 흘리기도 한다.

아무리 올바른 판단을 내리려 해도 잘못된 정보는 결국 잘못된 판단을 내리게 한다. 역사상이 잘못된 판단으로 패배한 전쟁은 무수히 많다.

특히 중세 전쟁에서는 레이더, 무전기, 공중 정찰 같은 기술이 없었기 때문에 현대의 전쟁보다 전장의 안개가 훨씬 짙고 실수가 발생하기 쉬웠다.

전략적 안개

전장의 안개라는 말은 적 부대가 어디에 있는지, 적 부대의 규모가 어느 정도인지 같은 전술적인 불명확함만을 나타내는 말처럼 보인다. 그러나 원래는 "Fog of War"로 전쟁의 안개를 뜻한다.

즉, 다음 표와 같은 전략 정보가 부족하거나 잘못된 경우도 전장의 안개에 해당한다.

전쟁 목적	적은 무엇을 목적으로 이 전쟁을 시작했는가.
공세 방면	적은 어느 방면에서 공세를 취할 것인가.
방위선	적은 방위선을 어디에 치는가.
승리	적은 어떻게 전쟁에서 승리할 계획인가.
승리 조건	적은 어떤 조건이 갖춰지면 승리했다고 만족할 것인가.
패배	적은 어떤 상황에서 패배를 인정할 것인가.
양보 조건	적은 패배한 경우 어느 선까지 양보할 것인가.
동맹	적은 어느 나라와 동맹 혹은 비밀 동맹을 맺고 있는가.
기술	적은 어떤 무기를 쓸 것인가. 전쟁 기술은 어느 정도 발달해 있는가.
전쟁 준비	적은 전쟁의 결정부터 실제 개전까지 얼마만큼 기간이 필요한가.

제2차 세계대전에서 일본은 미국이 어떻게 하면 전쟁을 멈출 것인지를 잘못 간파하여 패전했다.

적으로 하여금 이러한 전략 정보를 오해하게 하면 큰 이점을 얻을 수 있다. 전쟁 준비가 부족하다고 오해하게 만들어 방심하고 공격해온 적에게 큰 타격을 줄 수도 있다.

그러나 잘못된 전략 정보는 전쟁을 더 비참하게 만든다. 적의 양보 조건을 잘못 알고 전쟁을 더 확대하면 무익한 싸움이 되고 만다. 전략 정보 중에는 상대가 반드시 알고 있어야 하는 것도 있다.

병참

+ 보급 + 운송 + 정비

전쟁의 승패를 결정하는 것

우수하고 강한 군사를 육성하는 것도, 뛰어난 병기를 개발하는 것도 승리를 위해서는 효과적인 수단이다. 그러나 그것은 '전투의 승리'를 위한 것이지 '전쟁의 승리'로 직결되지는 않는다.

전쟁의 승리에 가장 큰 영향을 끼치는 요소는 무엇일까? 바로 병참이다.

병참이란 다음 네 가지 능력을 말한다.

- **보급 능력:** 군대에 필요한 자재를 공급한다. 자재 보관과 배분도 포함한다.
- **운송 능력:** 병력 · 자재 · 그 밖에 모든 군수품을 나른다.
- **정비 능력:** 부대의 전력을 유지하기 위해 장비를 유지 관리하고 수선한다.
- **관리 능력:** '보급', '운송', '정비'를 효율적으로 행하는 관리 부문의 능력이 필요하다.

병참 능력이 낮은 군은 용맹한 병사와 출중한 장수를 갖추었더라도 시간이 지나면 버티지 못한다. 이기는 방법은 단기 결전뿐인데 무리하다 실패할 가능성이 높다.

예컨대 제2차 세계대전에서 미국의 전차는 독일 전차에 비해 성능이 평범하고 특별히 뛰어난 부분도 없었다. 그러나 미국은 그 평범한 전차를 독일의 몇 배나 준비하여 가동시킬 수 있었다. 독일은 우수한 전차를 개발했지만 그것을 전 부대에 배치할 수 없었다.

또, 비슷한 시기에 미국 공군은 B-29라는 고성능 폭격기를 개발했다. 그러나 당시 기술 수준에 비해 너무 고성능이라 가동률이 50 % 이하인 무리한 기체였다. 미국은 필요한 기체 수의 2배를 제조하는 강한 패로 이 문제를 해결했다. 그리고 가동되지 않는 50 %를 정비할 정비병도 준비했다.

미국의 병참 능력이 대단함을 알려주는 에피소드다. 미국이라는 나라가 제2차 세계대전에서 이길 만했음을 보여주는 대목이다.

어떤 군대도 병참 없이는 활동할 수 없다. 중세의 군대 또한 마찬가지였다. 연료나 탄약은 쓰지 않았지만 무기나 호구도 파손되고 화살 역시 쓰면 줄어든다. 또, 식사를 하지 않고 활동할 수 있는 병사는 없다. 즉, 군은 병참 능력에 따라 사용할 수 있는 최대 병력이 결정된다. 그리고 특별한 일이 없는 한 병력이 많은 쪽이 승리한다. 병참 능력이야말로 전쟁의 승패를 좌우하는 가장 큰 요소다.

보급 내역 병참 중에서도 특히 중요한 보급은 다음 세 가지 임무를 종합한 것이다.

- **비축 관리:** 보급 물자를 보급 기지에서 보존하고 관리한다. 물자를 분실하거나 소모하면 안 된다.
- **운송:** 보급 물자를 보급 기지에서 전선으로 운송한다. 물자별로 보내야 할 부대가 정해져 있기 때문에 실수로 다른 부대에 보내지 않도록 신경 써야 한다.
- **배분:** 보급 물자를 각 부대에 적절히 배분한다. 각 부대에는 부대가 나를 수 있는 양 이상의 물자를 배분해서는 안 된다.

물자도 부대별로 필요한 물자가 다르다. 여물은 기마부대만 필요하고, 창보병에게 화살을 공급한들 무의미하다. 보급은 단순히 물자를 나르는 것이 아니라 다음과 같은 전략 수준의 사고가 필요한 중요한 기능이다.

- **소비 예측:** 각 부대가 무엇을 얼마만큼 필요로 하는지를 예측한다(필요해지기 전에 운반해주지 않으면 전선에는 물자 부족 상태가 닥친다). 너무 많아도 전선에 있는 장병이 나를 수 없다.
- **운송 리스크:** 운반할 행로에 어느 정도의 리스크(적의 공격이나 운송로의 장해 따위)가 있는지를 추측하고 필요한 만큼 호위병을 붙인다. 물자는 여유분을 두어 운송한다.
- **우선순위:** 물자가 부족하면 어디를 자르고 어디를 우선할 것인지를 정한다.

이러한 보급 과정에 적을 공격해서 보급 기능을 마비시키면 적군 전체를 수월하게 약체화할 수 있다.

특히 보급 물자는 본국 보급기지 → 연락지역(본국도 적국도 아닌 지역) 보급기지 → 전선 보급기지 → 각 부대의 보급대 → 각 부대의 병사 순으로 몇 단계를 거쳐 전투 부대까지 보급된다. 이 과정에서도 보급을 노리는 공격을 당할 수 있다.

해양 전략

+ 해상권 + 해상 지배 + 통상 파괴

해상권

바다의 전투는 선상에서 이루어지는 전투만 말하는 것은 아니다. 그리고 전투를 언제, 어디서, 어느 정도의 규모로 행하는가 하는 전략 수준의 사고가 있어야 비로소 바다를 제압할 수 있다. 그러한 이유로 해상권이나 해상 지배, 시 파워 같은 다양한 해양 전략이 고안되었다.

해상권이란 바다의 지배를 나타내는 전략 개념이다. 이것은 두 가지 조건으로 성립한다.

- **항해의 자유:** 자국의 선박은 그 바다에서 안전하고 자유롭게 항해할 수 있다.
- **적 세력 배제:** 적대 세력의 선박은 그 바다에서 배제된다.

그러나 역사상 100 %의 해상권을 가진 나라는 존재하지 않았다. 대영 제국의 전성기에도 상대적인 해상권밖에 가지지 못했다. 적 함선이 활동하지 못하고 자국 선박이 위협을 받는 일이 없는 정도였다.

해상권은 다음 두 가지 방법으로 손에 쥘 수 있다.

- **적해군 격파:** 결전해서 적의 해군을 격파하거나 침몰시킨다. 그러면 바다에 있는 것은 아군뿐이므로 해상권을 얻을 수 있다.
  여기서 중요한 것은 해군이란 바다에서 싸우는 군인들이 모인 그룹이라는 점이다. 배를 운항하고 전투를 행하려면 고도의 지식과 기술이 필요하다. 그렇기 때문에 해군이 괴멸해 해군사관을 잃으면 그 구멍을 메우는 데 상당한 시간이 걸린다. 그래서 적군이 약체화 상태일 때 몇 번이고 공격을 가한다. 특히 적의 중요 항로를 위협하면 적은 나올 수밖에 없다. 그리고 약체인 적을 쓰러뜨린다. 이를 반복하면 아무리 시간이 지나도 적은 강력한 해군을 가질 수 없다. 즉, 영원히 해상권을 되찾을 수 없게 된다.
  일단 해군을 잃으면 10년 정도 준비를 해도 원래 전력대로 되돌리기가 어렵다. 역사상 해군의 재건에 성공한 것은 일본의 해상 자위대뿐이다.
- **해상 봉쇄:** 지정된 항만에 선박이 출입하는 것을 저지한다. 민간선에는 임검과 나포를, 군함에는 당연히 공격을 가한다. 또, 기뢰가 발명된 이후에는 기뢰로 항만의 입구를 봉쇄했다. 이

리하여 적 해군을 꼼짝 못하게 할 수 있다.

해군이 약체화되어갈 때는 '함대를 준비해두고 유사시에 공격할 수 있는 상황'을 유지하는 전략을 취하는 경우가 있다. 우세한 측은 언제 나올지 모르는 적 때문에 해군을 넓게 분산 배치해야 하므로 재정 부담이 커진다. 이 약자의 전략을 '함대 보전 전략'이라 한다. 이 전략에 대항하여 함대가 나오지 못하게 하는 것이 해상 봉쇄다.

해상 지배와 시 파워

자국의 선박이 통과할 때만 안전을 확보하면 된다는 해양 전략도 있다. 이것을 '해상 지배'라고 한다. 선단 호위도 이 해상 지배의 한 종류다.

반대로 적의 선박 운송을 저지하는 전략을 '통상(通商) 파괴'라고 한다. 선박은 다른 수단에 비해 한 번에 운송할 수 있는 양이 많아, 그만큼 적은 연료와 인원으로 해결되기 때문에 선박 운송을 저지당하면 타격이 매우 크다. 육상 운송으로 전환할 수 있더라도 연료 소비가 많아지고 다수의 인원이 필요한 데다가 운송량도 줄어든다.

현대에 이르러 '시 파워', 즉 해양력이라는 새로운 해양 전략이 제창되었다. 해군만으로는 바다를 효과적으로 활용할 수 없다고 판단하고 바다를 이용하는 상선, 그 밖의 민간 해양세력을 포함한 다음과 같은 항목을 담은 폭넓은 개념이 시 파워다. 이로써 영해부터 공해까지 자국의 영향력을 뻗을 수 있다.

- **해군:** 해상권 혹은 해상 지배를 행사하는 군사력.
- **선박:** 상선 · 어선처럼 바다를 경제적으로만 이용하는 선박.
- **항만:** 선박을 효율적으로 활용하기 위한 항만.
- **공업:** 충분한 선박을 만들고 또 보수하는 조선 능력.

해군력이 약하고 육군이 기본인 나라는 전 세계에서 해상권을 잡는 외양 해군이 되는 것을 처음부터 포기하고 자국의 연안 및 주위를 지키는 지역 해군에 철저를 기하는 방법도 있다. 왜냐하면 대해군과 대륙군을 동시에 가지기란 어렵기 때문이다. 물론 제2차 세계대전 당시의 미군 같은 예외는 있다.

베게티우스의 ≪군사학 논고≫

✚ 준비 ✚ 훈련 ✚ 평화

군사(軍師)다운 명언

로마 시대부터 19세기까지 전투에 가장 큰 영향을 미친 병서로 베게티우스의 ≪군사학 논고≫가 있다. 각국어로 번역되어 샤를마뉴, 마키아벨리, 리처드 1세 같은 많은 장수와 군사 사상가에게 영향을 주었다. 유럽풍 판타지에는 ≪손자병법≫보다 적합하다.

≪군사학 논고≫에는 많은 잠언이 있다. 여기서는 저명한 잠언을 몇 가지 소개한다.

- **평화를 바라거든 전쟁을 준비하라:** 잘 훈련된 군사력이 없으면 평화는 얻을 수 없음을 가르쳐 주는 잠언이다. "평화를 바라는 자는 전쟁 준비를 해야 한다. 승리를 바라는 자는 병사를 단련시켜야 한다. 결과를 얻고자 하는 자는 우연에 의존하지 말고 스스로 기량을 쌓아 싸워야 한다."라는 글의 일부다. 맨 첫 절은 군사력으로 지키는 평화, 즉 적에게 공격받지 않는 나라를 만들라고 주장한다. 제2절은 결국 승패는 병사의 능력에 따라 결정된다는 뜻이다. 물론 병사의 수가 중요하다는 것은 모두 알 것이다. 그리고 마지막 절은 행운에 의존하지 말라고 조언한다. 전체적으로 볼 때 군사 행동에 대해 사전 준비의 중요성을 설명하고 확실한 승리를 얻으라는 경구다.
- **태어날 때부터 용감한 사람은 없다. 대부분이 훈련과 군기를 통해 용감해진다:** 훈련과 규율의 중요성을 이야기한 잠언이다. 용맹한 자의 혈통 같은 건 존재하지 않는다고 단언한다. 용맹자는 훈련과 군기로 단련된 인물로, 아무런 훈련도 하지 않고 용맹자가 될 수는 없다. 가령 판타지물처럼 용맹자의 혈통이 존재하는 이야기가 있기는 하지만 훈련 없이는 그 힘을 발휘할 수 없다고 주장한다. 베게티우스에게는 용맹자의 혈통조차 훈련이 필요한 한 가지 재능이었을지도 모른다.

  또, 훈련이나 군기는 전쟁에서 병사의 도망률의 차이로 이어진다. 항상 도망치지 않는 병사가 뛰어난 것은 아니다. 좋은 병사란 도망치지 말아야 할 때(힘든 상황이나 지금 잘 버티면 승산이 있을 때) 도망치지 말고, 도망쳐야 할 때(패배해서 전장을 뜨는 편이 좋을 때) 도망칠 줄 아는 병사를 말한다. 덮어놓고 도망치는 병사는 겁쟁이지만, 도망쳐야 할 때에도 도망치지 않는 것은 만용이다.

◎ **위급할 때 필요한 것은 평상시 꾸준히 준비해야 한다:** 평소 준비의 필요성을 설명한 잠언이다. 위급할 때는 당황해서 무엇을 하려 한들 실패한다. 평온한 시기에 꾸준히 준비해두면 위급할 때에도 평상심으로 대처할 수 있다.

◎ **용맹은 숫자보다 우월하다:** 사기의 필요성을 설명한 잠언이다. 전투는 수가 중요하지만 특히 중세의 전투에서는 사기가 큰 영향을 미친다. 그래서 수적으로 차이가 별로 없을 때는 용맹한 측이 승리하기도 한다.

◎ **전쟁에서 우연은 용기 이상으로 전쟁을 지배한다:** 전쟁에서 우연의 두려움을 설명한 잠언이다. 용기는 중요하지만 전쟁에서는 우연의 영향도 크다. 그렇기 때문에 병사는 운이 좋다고 알려진 장수를 선호한다. 여기서 우연이란 천재지변 등을 말한다.

◎ **지형은 종종 용기 이상의 영향을 미친다:** 유리한 지형 이용의 중요성을 설명한 잠언이다. 전쟁에서 지형의 영향은 생각보다 크다. 부대의 사기보다 큰 영향을 미친다.

◎ **적을 알고 나를 아는 장수를 타파하기란 쉽지 않다:** ≪손자병법≫의 "적을 알고 나를 알면 백 번 싸워도 위태롭지 않다."라는 말과 유사한 말이다. 베게티우스의 주장 역시, 아군과 적군의 상태를 정확히 파악하고 있는 장수는 만만한 상대가 아님을 뜻한다. ≪손자병법≫보다 단편적인 주장에 그친 것은 어찌할 수 없는 영향(용맹, 우연, 지형 따위)의 무게를 보다 크게 보았기 때문이다.

◎ **땀을 흘리는 군대는 강해지고 나태한 군대는 약해진다:** 훈련의 중요성을 설명한 잠언이다. 평소 땀을 흘리며 제대로 훈련하는 군대는 강해지지만 게으른 군대는 약해진다.

◎ **좋은 장수에게는 좋은 기회가 얼마든지 있지만, 부득이한 경우가 아니면 전면전에 들어가면 안 된다:** 전투 기회를 잡는 것을 중요시한 잠언이다. 일단 전면전에 들어가면 누가 이기든 상호 피해가 크다. 따라서 작은 싸움으로 시간을 벌어 좋은 기회를 기다리는 게 유리하다.

◎ **검은 베는 게 아니다. 찌르는 것이다:** 잠언이라기보다 실용적인 조언이다. 검은 끈적끈적한 피 때문에 잘 베어지지 않고 단단한 것에 부딪혀 부러지기도 한다. 따라서 베기보다 찌르는 편이 검을 확실하게 오래 쓸 수 있는 방법이다.

마키아벨리의 ≪군주론≫

✚ 정략 ✚ 군주 ✚ 악덕

군주가 악을 행할 때

마키아벨리는 ≪군주론≫의 저자로 르네상스 시대의 이탈리아 사람이다. 그는 이 외에도 ≪전술론≫, ≪정략론≫ 등 많은 저서를 남겼다.

그는 이상주의가 퍼져 있던 르네상스 시대에 철저한 실용주의를 주장했다. 이 때문에 마키아벨리즘은 윤리와 도덕을 무시하는 냉혹한 정치 사상으로 오해받았다.

그러나 마키아벨리의 가장 핵심이 되는 주장은 다음과 같다. "조국의 존망이 걸려 있는 경우 그 수단이 올바른가 그렇지 않은가, 관용인가 잔혹한가, 칭찬받을 일인가 수치스러워할 일인가는 일체 고려할 필요가 없다. 무엇보다 우선되어야 하는 문제는 조국의 안전과 자유를 유지하는 일이기 때문이다." 그의 주장에 따르면 아무리 훌륭한 이상이 있어도 자국민을 망국의 백성으로 만드는 지도자는 최악이다.

이것은 마키아벨리가 살던 당시 이탈리아를 생각하면 이해할 수 있다. 당시 이탈리아는 소국으로 분열되어 주변 대국으로부터 끊임없는 위협에 시달렸다. 그래서 자국을 지키는 것을 최우선시할 수밖에 없었다.

마키아벨리가 지도자에게 요구한 세 가지 재능은 비르투(능력), 포르투나(행운), 네체시타(시대성)다. 아무리 능력이 있어도 운이 나쁘거나 시대에 뒤떨어진 지도자는 패배한다. 혼미 국면인 이탈리아를 구하기 위해서는 이 세 가지 재능이 절대적으로 필요하다고 생각했다.

그의 주장은 많은 책에 다음과 같이 쓰여 있다.

- **군주는 악덕도 배워야 하며 필요에 따라 사용해야 한다:** 군주는 필요하다면 악덕해져야 한다고 주장한다. 그러나 마키아벨리가 악덕을 칭송하는 것은 아니다. 필요 없을 때 악덕을 행하는 것도 잘못이라고 주장한다.
- **역사상 자유를 가진 나라만이 영토를 확장하고 경제적으로도 풍요로워졌다:** 마키아벨리는 국가에는 자유도 필요하다고 생각했다. 사람들에게 자유가 있는 나라가 발전한다고 주장했다.

권력에 대한 현실주의 마키아벨리는 어디까지나 현실적인 사람이었다. 이상은 이상으로서 인정하지만 현실에서는 그것이 실현될 수 없음을 그는 알았다.

- **개인 간에는 법이나 계약이 신의를 지킨다. 그러나 권력자 간에는 힘에 의해서만 신의가 지켜진다:** 이것은 나라와 나라 사이에서도 마찬가지다. 최종적으로 나라가 약속을 지키는 것은 약속을 깸으로써 받는 타격(전력뿐만이 아니다.)을 피하기 위해서다. 현재는 선진국이 약속을 깨면 신용을 크게 잃게 되므로 깨는 일이 드물다. 그러나 테러국 등은 원래 신용 따위는 개의치 않기 때문에 아무렇지 않게 약속을 깬다. 중세 국가 간의 조약에서는 한층 더 노골적이었다. 계약이란 지키면 유리한 사이에서만 지켜졌으며, 불리해지면 그 자리에서 배신했다. 단, 신의 이름으로 약속한 경우는 (지옥행이 두려워서) 비교적 지켰으나 그마저 절대적이지는 않았다.
- **정신 무장이 강한 병사는 어떤 상황에서도 굳건하다:** '싸우는 것 이외에는 길이 없다.'라고 믿는 장병은 다소 불리하더라도 무너지지 않는다. 도망칠 수 있다고 생각하면 장병은 사기가 저하되면 꺾이고 만다.
- **일군의 지휘관은 한 사람이어야 한다:** 전투의 원칙이기도 한 '지휘의 통일'을 마키아벨리도 주장했다.
- **타국을 강하게 만드는 원인을 제공하면 자멸한다:** 먼저 자국이 강력해져야 하며 타국을 강하게 만들면 상대적으로 자국이 약해진다.
- **자국의 안전을 스스로 지킬 의지가 없으면 어떤 국가도 독립과 평화를 지킬 수 없다:** 이러한 의지가 없었던 국가가 모두 멸망했음을 역사가 가르쳐주고 있다.
- **최근에 베푼 은혜로 과거의 원한이 사라졌다고 생각하는 사람은 실수를 범하고 만다:** 인간은 은혜를 입었다고 해서 원한을 잊지는 않는다.
- **군주에게 적은 안팎에 있다. 적에게서 몸을 지키는 데 필요한 것은 방위력과 우호관계다:** 전력과 국가 간의 우호는 양쪽 모두 필요하다. 우호관계를 잃으면 쓸데없는 전쟁이 일어나고, 전력을 잃으면 참담한 패배가 기다린다.

≪손자병법≫

+ 전략 + 전술 + 동양 사상

세계 최고의 전략서

≪손자병법≫은 손무가 쓴 세계 최고의 전략서로 ≪손자≫, ≪오손자병법≫, ≪손무병법≫이라고 불리기도 한다. 총론, 각론 82편, 도록 9권으로 구성되었다고 전해진다. 현재 많은 나라에서 번역되어 읽히는 것은 조조가 주해를 단 ≪위무주손자≫로 총론 13편이다. 추상적인 내용도 있지만 현대까지 가장 많이 통용 되고 있는 병법서이다.

다음 세 가지는 전략 수준의 지혜다. 물론 전술 수준에서도 응용할 수 있다.

- **전쟁은 나라의 대사로 생사와 존망이 걸렸으니 잘 생각해야 한다:** 전쟁은 나라의 존망을 결정짓는 중대사이기 때문에 신중하게 생각해야 한다. 많은 전략가가 주장하는 진리이며, 전쟁을 진지하게 생각하지 않는 국가는 멸망해도 도리가 없다.
- **전쟁은 속이는 것이다:** 전쟁은 서로 속이기다. 상대를 속인 쪽이 승리한다. '가능해도 불가능한 척한다.', '가지고 싶은 것은 필요 없는 척한다.', '가까운데 멀어 보이게 한다.', '먼데 가까워 보이게 한다.', '유리하다고 생각하게 하여 꾀어낸다.', '혼란시켜 쓰러뜨린다.', '적의 수가 많을 때는 이쪽도 병력을 준비한다.', '강한 적은 피한다.', '화나게 하여 꾀어낸다.', '비굴함을 보여 방심하게 한다.', '휴식 중인 적을 피곤하게 한다.', '친한 자들을 이간질한다.', '무방비한 쪽을 공략한다.', '불시에 돌격한다.'와 같은 방법이 효과적이다.
- **적을 알고 나를 알면 백 번 싸워도 위태롭지 않다:** 적과 나에 대해 잘 알면 전쟁에 질 리 없다. 덧붙여 자신만 알고 있으면 이기기도 지기도 하며 자신을 모르면 항상 진다.

이와 같은 방침을 토대로 한 작전 · 전술 수준의 책이다.

- **전쟁은 어설프더라도 빨리 끝내야 한다는 말은 있어도, 교묘하게 오래 끌라는 말은 없다:** 전쟁은 미흡하더라도 빨리 끝낼 수 있다면 그 편이 득이다. 장기전으로 가서 잘된 예는 없다.
- **실을 피하고 허를 친다:** 전쟁에서는 적의 실한 부분은 피하고 허한 부분을 공격한다. 즉, 적의 두터운 부분은 피하고 얄팍한 부분, 심리적으로 취약해 보이는 부분을 공격한다.
- **전세는 기정(奇正)뿐이지만 기정의 변화는 무궁무진하다:** 전쟁의 방법은 기습이나 정공법 중

하나뿐인데 그 변화는 무한하다. 전법에는 무한한 변화가 있으므로 그것을 알고 싸우라고 가르친다. 그리고 피해야 할 8가지가 있다.

- 고지에 있는 적은 공격하지 마라.
- 언덕을 등지고 있는 적도 공격하지 마라.
- 도망치는 적을 쫓지 마라.
- 정예 부대는 공격하지 마라.
- 미끼에 달려들지 마라.
- 철수하는 적을 막지 마라(뒤에서 공격한다).
- 포위한 경우에는 반드시 도망칠 길을 터주라(죽을 각오로 저항할 것이므로).
- 궁지에 몰린 적을 너무 몰아넣지 마라(궁지에 몰린 쥐는 고양이를 문다).

다음은 전술적인 위험에 대한 경고다.

◎ **전쟁과 전투에서 꼭 살펴야 할 것에 주자(走者), 이자(弛者), 함자(陷者), 붕자(崩者), 난자(亂者), 배자(北者)가 있으니, 이 여섯 가지는 하늘이 내린 재앙이 아닌 장수의 잘못이다:** 전쟁에서 패배하는 원인으로 '10배의 적과 싸운다.', '병사는 강한데 간부가 바보', '간부는 강한데 병사가 약병', '왕과 장수가 따로따로', '무른 장군이라 병사를 통솔하지 못한다.', '왕이 적의 정보를 모른 채 공격을 명한다.' 따위가 있는데 이것은 천재가 아닌 인재다.

◎ **싸움에 능한 자는 타인을 조종하되 타인에게 조종당하지 않는다:** 싸움에 능한 사람은 주도권을 쥐고 타인의 조종에 의존하지 않는다.

◎ **십즉위지(十則圍之), 오즉공지(五則攻之), 배즉분지(倍則分之), 적즉능전지(敵則能戰之), 소즉능도지(少則能逃之), 부약즉능피지(不若則能避之):** 병사가 10배라면 포위하고, 5배라면 공격하고, 2배라면 분할해서 운용한다. 같은 수라면 필사적으로 싸우고, 적으면 퇴각하라. 승산이 없을 만큼 적의 수가 많으면 처음부터 싸우지 마라.

◎ **지혜로운 장수는 노획에 힘쓴다. 적의 양식 1종을 먹는 것은 본국의 양식 20종을 먹는 것과 같다:** 현명한 장군은 적의 물자를 약탈한다. 적에게 빼앗으면 (아군의 보급에 따른 기회비용 등을 고려하면) 아군의 비축을 사용하는 것의 20배의 가치가 있다.

이와 같이 고대서임에도 현대에 충분히 적용할 수 있다는 점이 ≪손자병법≫은 대단한 병서이다. 얇은 책이므로 잘 인용하면 현명한 장수나 군사(軍師)를 그릴 수 있다. 특히 동양문화를 배경으로 한 이야기에 적합하다.

용어 해설

〈가나다순〉

- **게릴라:** 자국을 점령한 적군을 상대로 펴는 유격전 혹은 그 유격전을 펴는 소속원을 말한다. 파르티잔(빨치산)이라고도 한다. 소규모 부대로 적군의 약점을 찔러 괴롭히고, 전의를 잃게 하여 적을 약체화한다. 보통은 일반 주민 틈에 몸을 숨긴다. 게릴라는 제네바 협약 제1 의정서의 체결(1977년) 전까지는 교전자 자격이 없어 체포되어도 포로로 인정받지 못하고 범죄자로 분류되어 처형되는 일이 많았다. 현대에도 조약이 지켜지고 있는지에 대해서는 의심의 여지가 있다.
- **경장 보병:** 얇은 갑옷(갑옷의 종류는 시대별로 다르다.) 혹은 갑옷을 입지 않은 보병으로 원거리 공격이나 교란작전을 수행한다.
- **곡사:** 원거리 무기가 포물선을 그리며 날아가 적을 공격하는 것. 포물선 궤도를 예측하기란 어렵기 때문에 대략적인 위치로만 발사할 수 있다. 위에서 대각선으로 떨어지는 궤도이기 때문에 적은 방패로 앞을 막아도 공격을 피할 수 없다.
- **공세:** 적을 쓰러뜨리기 위해 공격을 가하는 것. 공세 측은 수비 측의 3배가 되지 않으면 불리하다고 하는데 이쪽에서 공격 지점을 결정해 그곳으로 부대를 모으는 등 싸움의 주도권을 잡을 수 있다.
- **공세의 한계:** 공세를 취함으로써 얻을 수 있는 전과는 공세를 계속할수록 커진다. 그러나 공세가 계속 이어지면 공세 부대의 전력은 점차 떨어진다. 전투로 인한 부대의 소모, 전진에 따라 길어지는 보급선 문제 따위가 원인이다. 이 때문에 어느 시점에 가면 공세를 이어갈 수 없게 된다. 이것이 공세의 한계다. 이 한계를 넘어 공세를 취하면 오히려 적의 역습을 받아 전과를 잃는다.
- **국민군:** 그 나라의 국민으로 구성된 군대. 고향이나 가족, 나아가 국가를 지키고자 하는 마음이 있어 사기가 높다.
- **군규:** 군대의 규칙.
- **군기:** 군대의 풍기와 규율을 뜻한다. 군기가 바로 선 군대는 금지된 약탈이나 겁탈 따위를 하지 않는다. 단, 중세 군대에서는 보상으로 약탈을 허용하는 경우가 있었는데 이 경우 약탈은 부대의 권리이므로 군기와는 관계없다.
- **기관총(머신 건):** 연속해서 탄환을 발사할 수 있는 총으로, 보통 거치형이다. 기관총이 발명되면서 전열을 짓고 싸우는 전법은 완전히 시대착오적인 전법이 되었다. 손에 들고 쏠 수 있는 것은 단기관총(서브 머신 건)이라는 다른 총이다.
- **기동:** 전쟁에서 부대의 이동을 말하며, 전력이 필요한 때, 필요한 위치로 이동시키는 것을 말한다. 특히 적의 포위나 우회 같은 공격에 도움이 되는 이동을 한다.
- **기동력:** 전장 이외에서 부대의 기동 능력. 전투 중이 아닐 때는 이동을 위한 대열을 취하거나 철도 같은 이동 수단을 이용하기도 한다. 이러한 상황에서의 이동 속도를 기동력이라고 한다. 단, 기동력과 이동력을 합한 종합 능력을 기동력이라 부르는 경우도 있으므로 주의하자.
- **기마민족:** 중앙아시아에서 유목 생활을 하던 민족으로, 탈것으로 말을 이용했기 때문에 기마민족이라 부른다. 태어나자마자 말을 타기 시작해 말 위에서 산다고 할 만큼 하루 종일 말을 탄다. 따라

서 말 타기에 상당히 능하며 기병으로서 자질이 뛰어나다.

- **기병:** 동물을 타고 이동하여 동물을 타고 싸우는 병사. 검이나 창을 사용하는 기병 외에 활을 쓰는 궁 기병도 있다. 대개는 말을 타는데 사막 등지에서는 낙타를 타는 기병도 있었다. 판타지에서는 전혀 다른 생물을 타는 기병도 생각할 수 있다.
- **기사(騎射):** 말을 달리며 화살을 쏘는 것. 안장이나 등자가 발명되기 전에는 기마민족이 아니면 구사할 수 없는 기술이었다. 발명 후에도 몇 년이나 훈련을 해야 가능했다.
- **나포:** 적의 배 따위를 봉쇄 위반(군이 정한 봉쇄 해역으로 침입)이나 전시금 제품(적국으로 유입이 금지된 물자. 군수 물자가 많으며, 의료품이나 아기 우유 따위는 제외)의 수송 따위를 이유로 포획하는 것.
- **노획:** 전투에 이겨 적의 보급 물자 따위를 갈취하는 것. 빼앗은 물건은 대개 '노획○○'라고 부른다. 배를 빼앗으면 노획선이 된다.
- **다코쓰보[蛸壷]:** 한 명만 들어갈 수 있는 개인용 참호.
- **도하:** 강을 건너는 것. 군사 용어로 도하라 하면 다리를 건너는 경우와 얕은 여울을 발견하여 부대가 강을 가로지르는 경우를 말한다. 다리를 건널 때는 부대가 길게 늘어지고 얕은 여울을 건널 때는 이동이 느려지기 때문에 도하 중에 공격을 받으면 상당히 불리하다.
- **등자:** 말에 올라탈 때 발을 딛고 버틸 수 있도록 만든 승마 기구.
- **라이플링:** 강선이라고도 한다. 총신의 내측에 나선형의 홈을 파서 탄환에 회전을 주어 직진 안전성을 높이고자 한 것.
- **라이플 총:** 총신에 라이플링을 설치한 총. 유효 사정거리 300 m 정도, 최대 사정거리 1,000 m 정도까지 늘어났다.
- **란츠크네히트:** 중세 독일의 용병. 스위스 용병을 본보기로 신성 로마 제국의 황제 막시밀리안 1세가 만들었다.
- **로마군:** 로마에는 아주 초창기의 왕국 시대, 이어지는 공화국 시대, 카이사르 이후의 제국 시대, 분열한 뒤의 동서 로마 제국 시대가 있는데, 주로 제국 시대의 로마군을 말한다. 이 시대의 로마는 지중해 지역을 제패한 강국이었다.
- **머스킷 총:** 총구 장전식 총으로 총신에 라이플이 달려 있지 않은 것(활강식). 화승총 시대부터 19세기 중반까지 사용되었다. 활강식이라 명중률이 낮고 저격 따위에는 사용하기 힘들다. 단, 16세기 중반 대형 화승총을 머스킷이라고 부른 시대도 있었다.
- **면제압 사격:** 일정 면적을 노려 원거리 무기를 발사하는 것. 이를 통해 해당 영역에 있는 적을 격파하거나 행동을 못하게 만든다. 꼭 사상시키는 것이 아니라 참호나 다코쓰보 따위에 숨어 꼼짝하지 못하게 만드는 것도 포함한다. 면제압을 하는 원거리 무기는 정밀도가 별로 필요하지 않으나 적이 영역 전체가 공격을 받고 있다고 느낄 수 있을 만한 병력과 위력이 필요하다.
- **무연 화약:** 19세기 말에 흑색 화약을 대신해 사용된 화약으로, 초기에는 주성분이 니트로셀룰로오스였으나, 후에는 니트로글리세린이 많이 사용되었다. 흑색 화약과 달리 연기가 나지 않고 발사 후 청소할 필요가 없으며 위력도 더 커서 매우 유용하다. 이것을 안정적으로 제조할 수 있게 되자 군에서 대대적으로 사용해 전용 총과 총탄이 개발되었다.
- **민병:** 병사가 아닌 사람이 임시로 병사가 되는 것 혹은 그 병사. 단, 평상시에는 민간인으로 생활하지만 유사시에 대비해 민병이 조직되어 있는 경우도 있다. 현재도 미국에는 민병과 민병 조직이 많

이 있다. 넓은 의미의 민병은 사병과 의용병 따위를 포함한다.

- **밀집대형:** 병사가 가까이 붙어서 대열을 형성하는 것. 그 간격은 몇십 센티미터 정도다.
- **백병전:** 검이나 창 같은 근접 전투용 무기로 싸우는 것.
- **병과:** 병사의 분류. 기병이나 보병 등 큰 분류 외에 궁 보병이나 창 보병 등 작은 분류도 있다. 병과에 따라 장비나 전술이 다르다.
- **병량 공략:** 성 따위를 둘러싸고 일체의 보급을 막아 적이 굶주리기를 기다리는 작전. 식량을 빨리 소비시키기 위해 일부러 병사의 가족이나 인근의 주민 따위를 성으로 몰아넣기도 한다. 병량 공략이 성공하기 위해서는 적에게 아군의 포위를 풀 만큼의 전력이 없어야 하고, 적이 보급을 전달받을 방도가 없어야 하며, 외부에서 원군이 구출해주러 오지 않아야 한다는 세 가지 조건이 따른다.
- **병참:** 군을 유지하는 시스템. 보급, 운송, 정비, 관리 등 직접 전투에 관여하지 않는 거의 모든 것.
- **보급선:** 보급 물자를 나르는 경로. 도로나 선로 및 그 부대시설(주유소나 역), 나아가 그곳에서 활동하는 보급 부대 등 전선으로 보급을 보내기 위해 필요한 모든 요소를 포괄한다.
- **보급전:** 보급을 둘러싼 전투. 아군에 필요한 보급 물자를 운송하는 것, 거꾸로 적의 보급을 저지하는 것 따위. 군이 실제로 싸울 수 있는지는 보급의 유무에 따라 정해지므로 별것 아닌 것 같아 보이지만 상당히 중요하다.
- **보병:** 말 따위를 타지 않고 걸어서 이동하며 싸우는 병사. 무기는 창이나 검 같은 백병전 무기, 활이나 스태프 슬링 같은 원거리 무기를 쓴다. 무기가 아닌 큰 방패를 들고 걷는 보병도 있다. 현대에는 차를 타고 이동하여 전투 시에 하차하는 자동차화 보병이 주류를 이룬다.
- **부관:** 장군과 같은 고급 장교에 따라붙어 비서 역할을 하는 군인. 부관은 단순한 비서이므로 부대에 대한 지휘권은 없다. 또 지위도 상당히 낮다(소장의 부관이 중위 정도).
- **부장(副長):** 군함에서 함장 다음으로 지휘권을 가진다. 함장이 부상을 당해 지휘를 하지 못할 때 부장이 지휘권을 넘겨받아 군함의 지휘를 맡는다. 지위는 함장보다 한 단계 낮은 정도.
- **부장(副將):** 부대에서 장군 다음으로 지휘권을 가진다. 가령 장군이 부상을 당해 지휘를 맡을 수 없는 경우, 부장이 지휘권을 넘겨받아 부대의 지휘를 맡는다. 지위는 장군과 동등하거나 한 단계 낮은 정도. 대장에 대해 부대장이라고 하는 경우도 있다.
- **사기:** 병사의 심리적 강도, 내구력을 의미하는 말로, 사기가 높은 병사는 위기가 닥쳐도 패닉에 빠지지 않고 냉정히 대처할 수 있다. 필요하다면 그 장소에서 버틸 수도 있고 도망가야 할 경우에도 부대를 지키면서 철퇴할 수 있다.
- **사략선:** 해적의 일종인데 국가에서 적국의 배를 습격해도 좋다는 사략면장을 받고 약탈을 한다. 적국에서 잡히면 해적으로 간주되어 처벌받으나 자국에서는 합법이므로 체포되지 않는다. 영웅시되는 경우도 많다. 영국의 영웅 프랜시스 드레이크 경(Sir Francis Drake)도 사략선장 출신이다.
- **사병:** 국가가 아닌 조직이나 사람이 자신의 이익을 위해 만든 군대 및 그 병사를 말한다. 기업 · 상회나 범죄 조직이 가진 병력이 사병이다. 봉건 국가 영주의 병사는 국가 시스템의 일부이지만 영주 개인의 배하에 있는 것이기도 해서 정규군과 사병의 중간이라 할 수 있다.
- **사정거리:** 원거리 무기가 적에게 타격을 주는 범위. 화살이나 총알은 사정거리 이상으로 날아갈 수 있다. 그러나 명중 정밀도의 문제나 공기 저항에

따라서 위력이 떨어지므로 도달했다고 해도 타격을 주지 않는 거리는 사정거리 외로 본다.

- **산병**: 병사 간에 거리가 있는 상태로 최소한 몇 미터 이상 떨어져 있다. 혹은 그와 같이 흩어져서 행동하는 병사를 말한다.
- **선단(船團) 호위**: 자국의 배를 제각기 움직이는 것이 아니라 선단을 조직하여 자국의 함대로 호위하는 것. 선단의 규모가 클수록 호위 영역도 넓어지므로 안전도가 높아진다. 그러나 대선단은 수송 효율을 떨어뜨리기 때문에 균형을 맞추기 어렵다.
- **수세**: 공격을 하지 않고 적의 공격을 방어하는 것. 전투의 주도권을 잡을 수 없다는 결점도 있지만 수비 측은 공격 측보다 소수여도 충분히 싸울 수 있다는 이점이 있다.
- **숙련도**: 병사가 훈련이나 실전에서 얼마나 능력이 높은지를 나타낸다. 같은 수의 인원이 같은 무기를 쓴다고 가정했을 때 숙련도가 낮은 병력이 높은 병력을 이기기는 어렵다.
- **스위스 용병**: 중세 스위스 용병으로 파이크(상당히 긴 창)로 기병 돌격을 막고, 그 창을 들고 적의 보병을 공격하여 무찌른다. 당시 최강이자 충실한 용병으로 높은 평가를 받았다.
- **스태프 슬링**: 돌을 멀리까지 세게 던지는 도구. 지름 몇 센티미터에서 10 cm 정도의 돌이라도 명중하면 다칠 수 있다. 단순하지만 무기로서의 역할을 충분히 한다.
- **시전(矢戰)**: 원거리전을 말한다. 화살 이외의 원거리 무기를 사용한 원거리전도 시전이라 부른다.
- **시 파워**: 해군력뿐 아니라 민간 선박 따위를 포함해 그 나라가 바다를 이용해 타국에 미칠 수 있는 군사력 · 경제력 · 정치력 따위를 통틀어 말한다.
- **아시가루**: 일본 센고쿠 시대의 보병. 창을 든 창 아시가루와 활을 든 궁 아시가루가 있다. 드물게 말을 탄 말 아시가루도 있다.
- **안장**: 말을 탈 때 사람이 앞뒤로 쏠리지 않도록 만든 승마 도구.
- **야전**: 요새나 성 따위가 없는 땅(평원이나 산지 어디든)에서의 전투.
- **야전축성**: 야전에서 공성전의 성 측과 같은 이점을 얻고자 지면에 굴을 파거나 울타리를 쳐서 임시로 방어 설비를 만드는 것.
- **야전포**: 야전에 사용하기 위해 바퀴를 붙여 이동하기 쉽게 만든 포.
- **예비역**: 이전에 군대에 복무하다 퇴역했지만 때때로 훈련을 하며 능력을 어느 정도 유지하고 있는 일반인. 유사시에 군무로 복귀한다. 예비역을 둬서 평상시에는 군의 규모를 줄일 수 있다.
- **외양 해군**: 전 세계에 군함을 파견할 수 있는 해군을 뜻한다. 세계 유수의 해군국이 아니고는 외양 해군을 보유할 수 없다.
- **용병**: 돈만 받을 수 있으면 어느 나라에든 고용되어 그 나라의 병사로 싸우는 군대. 돈을 위해 싸우기 때문에 지급금이 밀리면 배신한다. 또, 다치면 일을 할 수 없기 때문에 패전 시에는 재빨리 도망치려 한다.
- **원시**: 유효 사정거리의 거의 끝까지 간 화살. 당연히 속도가 떨어져 위력이 약하다.
- **의용병**: 전쟁을 하고 있는 나라에 타국의 국민이 병사로서 자주적으로 참가한 것. 일반적으로는 개인의 뜻에 따른다. 단, 직접적인 전쟁을 벌이고 싶지는 않기 때문에, 군의 일부를 의용병이라는 명목으로 타국에 보내기도 한다. 예컨대 중 · 일 전쟁에서 미국 의용군 플라잉 타이거즈는 전투기 100대를 보유한 당당한 공군으로 미군에서 인원을 모으고 미군이 기재를 제공했으나 어디까지나 의용군이라고 주장했다.
- **이동력**: 전장에서 부대의 이동 능력을 말한다. 전투 시에 부대는 전투 대열(싸우기 위한 대열)을 취

한다. 이 전투 대열 상태에서의 이동 속도, 선회 속도 따위를 통틀어 이동력이라 한다. 대열에 따라서는 앞으로는 빨리 나아갈 수 있지만 뒤로 물러가는 것은 느린 경우도 있고, 이동 방향에 따라 이동 속도가 달라지는 일도 많아서 하나의 수치만으로 이동력을 나타낼 수 없다.

- **이정면 작전**: 군사적 정면이 두 곳 있는 전투. 당연히 전력이 양분되어 불리해진다.
- **작전 정면**: 전투가 일어나서 부대와 부대가 맞붙었을 때 주요 전투가 일어나는 곳.
- **전략 폭격**: 적의 국력 자체를 공격하는 폭격을 말한다. 군수 물자를 생산하는 공장뿐 아니라 공장에서 사용하는 전기 · 자원 따위를 생산 · 운송 · 보관하는 곳, 나아가 그와 같은 곳에서 일하는 사람(민간인)까지, 나라의 경제를 움직이는 모든 것이 폭격의 대상이 된다.
- **전력 비**: 적 아군의 전력을 비교한 것. 1만 명과 5,000명이 싸우면 전력 비는 2:1이 된다. 물론 전력 비는 사람 수의 차이뿐 아니라 무장이나 숙련도의 차이 따위도 영향을 주므로 간단히 계산할 수는 없다.
- **전멸**: 군 용어로 전멸은 모든 병력이 사상하는 것을 뜻하지 않는다. 사상자가 나오면 그들을 돌보기 위한 병력도 필요하다. 따라서 전선에서 싸울 수 있는 병력이 없어지는 것을 전멸이라고 한다. 중세 전투에서는 절반, 현대 싸움에서는 30 %가 사상하면 그 부대는 전멸한 것으로 본다.
- **전선(戰線)**: 1. 적에게 후방을 둘러싸이지 않기 위해 아군 부대의 병력 및 방어 시설 따위로 친 선. 적은 이 선을 넘어 아군 후방으로 돌아 들어오려고 하기 때문에 아군은 그것을 저지한다. 이 때문에 전선에서 전투가 발생하는 경우가 많다.

  2. 1의 전선이 존재하는 지역을 전선이라 부르기도 한다. 전선별로 사령부를 만들어 담당을 나누기도 한다. 이렇게 영역을 나눠두면 전략이나 작전을 세울 때 이해하기 쉽다.
- **전선(前線)**: 적과 싸우고 있는 지역을 말한다. 어디까지가 전선이고 어디까지가 후방인지는 사람이나 시대에 따라 차이가 있으므로 일치하지 않는다. 무기를 사용하여 싸우는 곳이 전선이며 일절 무기를 가지고 있지 않은 민간인이 사는 지역이 후방이라는 점은 일치한다. 그러나 (좁은 의미의) 군수 물자를 전선으로 운송하는 부대가 있는 지역이나, 보급 물자의 집적소 따위를 전선의 일부로 볼 것인지 후방으로 볼 것인지는 사람과 시대마다 다르다. 일반적으로 현대에서는 이러한 지역도 후방이 아니라고 보는 경우가 많다.
- **전술 폭격**: 전선에서 아군 부대와 싸우는 적의 전력을 향한 폭격을 말한다. 특히 전술 폭격 중에서도 육상 부대의 요청으로 지정된 장소에 하는 폭격을 근접 항공 지원이라 하며, 포병이 하는 포격보다 정밀성이 높고 효과적이다.
- **전차**: 말이 끄는 마차에 병사를 태우고 이동하면서 전투가 가능하도록 만든 것. 대포가 붙은 장갑 자동차를 뜻하지 않는다. 한자로는 같은 '전차(戰車)'이지만, 영어로는 전자가 "Chariot", 후자가 "Tank"다.
- **정면**: 군사 용어로 말하는 정면은 군이 각각 정면에서 마주 보고 대치하는 전선을 말한다. 싸움 중 주된 전투는 정면에서 발생하는 경우가 많다.
- **제국**: 복수의 나라나 민족을 지배하는 대국을 제국이라고 한다. 판타지 작품에서도 거대한 적으로 등장하는 경우가 많다. 역사상 모델이 되는 제국은 두 개 있다. 하나는 지중해 세계 전체를 제패한 로마 제국. 합병한 국가를 수중에 넣은 대국의 모델로 간주된다. 또 하나는 전 세계에 많은 식민지를 두었던 시대의 대영 제국(영국 국왕이 황제인 것은 인도 황제를 겸했기 때문이다. 따라서 현재 영국 여왕은 황제가 아니다). 대영 제국은 전 세계에 식

민지를 두고 식민지 사람들을 갈취하는 제국의 모델이 되는 경우가 많다. 물론 여기에 속하지 않는 자칭 제국도 있다.

- **중장 보병:** 두꺼운 갑옷을 입은 보병으로 방패를 들고 있는 경우가 많다(어떤 갑옷을 두꺼운 갑옷으로 보는가는 시대별로 다르다). 적과 정면에서 맞붙는 임무를 지는 때가 많다.
- **지역 해군:** 자국의 연안 및 주위를 지키기 위한 해군을 말한다. 해군 예산이 적어도 운영할 수 있다. 원양까지 갈 필요가 없기 때문에 함정의 항속 거리를 줄여도 되고, 그만큼 성능을 높일 수 있기 때문에(같은 성능의 배라면 조금 싸게 만들 수 있다.) 해군 전체의 비용이 적게 든다.
- **지체 전투:** 적의 이동을 방해하기 위한 전투. 아군이 도망칠 때 적 본체가 쫓아오지 못하게 하거나 회전에서 적 부대의 일부를 섬멸하는 동안 다른 적 부대의 행동을 늦추는 등 다양한 지체 행동이 있다.
- **직사:** 직선이나, 중력에 의해 약간 처지는 정도의 궤도를 그리는 원거리 무기로 적을 공격하는 것. 궤도를 예측하기 쉽기 때문에 저격도 가능하다.
- **직졸(直卒) 부대:** 지휘관이 직접 이끄는 부대를 말한다. 보통 군대는 부대 지휘관 아래 소부대 지휘관을 둔다. 부대 지휘관이 각 소부대 지휘관에게 명령을 내리고 각 소부대 지휘관이 배하의 소부대를 이끈다. 그러나 그중에는 부대 지휘관이 하나의 소부대 지휘관을 겸하기도 한다. 이런 경우 그 소부대를 직졸 부대라고 한다.
- **책원지:** 전선으로 향하는 부대에 물자를 공급하는 후방 기지, 즉 보급 기지를 말한다. 보통은 자국 내에 있으며 보급 물자를 보관한다. 또는 군에 물자를 공급할 수 있는 영지 자체를 뜻한다.
- **총검:** 소총 끝에 붙인 단검. 총병이 백병전에서 몸을 지킬 수 있도록 고안되었다.
- **총병:** 총을 든 병사. 중세에는 화승총이나 머스킷 총을 가진 병사를 말한다. 현대로 보면 구식이지만 당시로서는 획기적인 성능의 무기를 가진 매우 강력한 병사였다.
- **추격전:** 도망치는 적을 쫓아가서 공격하는 전투. 대체로 추격하는 쪽이 유리하다.
- **침투 전술:** 소수의 인원으로 적의 후방으로 이동해 '보급선 파괴', '연락선 저해', '사령부 습격' 따위를 통해 적의 군 조직 운용을 어렵게 만드는 전술.
- **콘도티에르:** 중세 이탈리아의 용병. 콘도티에르는 특히 용병 대장을 지칭하는 경우가 많다. 훗날에는 이탈리아 인 이외의 용병 대장까지도 콘도티에르라 부르게 되었다.
- **크로스보:** 활 부분과 총신에서 십자가로 보이는 부분을 따서 만든 이름이다. 화살을 얹는 데 손이 가지만 초보자도 원하는 방향으로 비교적 쉽게 쏠 수 있으므로, 징병된 농민 따위를 재빠르게 전력화할 수 있는 이점이 있다.
- **통상 파괴:** 적국의 상업 수송을 저지하거나 상품을 탈취함으로써 적국의 경제에 타격을 입히는 전투. 많은 경우 바다에서 적군 상선을 침몰시키거나 나포한다. 육로에서 행하는 통상 파괴도 이론적으로는 생각할 수 있으나 현실에서는 적의 육상 통상로로 군을 보내기가 어렵기 때문에 거의 이루어지지 않는다.
- **플린트록 방식 총:** 부싯돌로 불꽃을 내어 화약에 불을 붙이는 총. 비가 와도 불을 붙일 수 있으며 화승이 없기 때문에 총병끼리 근접해 있어도 위험하지 않아서 화승총을 사용할 때보다 총병을 밀집시켜 화력을 집중할 수 있다. 그 대신 부싯돌이 충돌하는 충격으로 총신이 다소 흔들리므로 저격에는 적합하지 않다.
- **함대 보전 전략:** 약자의 해군 전략이다. 함대를 적의 공격이 미치지 않는 자국의 항이나 만에 두고, 유사시에 출항하여 공격할 수 있는 상태를 유지한

다. 때문에 강자인 해군(제해권을 가진 측)은 함대를 제해권이 있는 해역으로 넓게 분산하여 약자 측 해군이 어디에서 공격해도 대응할 수 있도록 해야 한다. 이것은 강자 측 해군에 재정적으로 큰 부담이 된다.

- **해상권:** 영어로는 "Command of the Sea". 특정한 해역에서 자국 선박의 안전을 확보하고, 적국 선박의 격파 · 나포가 이루어지는 경우 이를 '해상권을 가진다.'라고 말한다.
- **해상 봉쇄:** 적국의 배가 이동 · 출동하지 못하도록 군함이나 기뢰 따위를 이용해 바다를 봉쇄하는 것. 항의 입구가 좁거나 해협이 있으면 봉쇄하기 쉽다. 함대 보전 전략에 대한 대항책이다.
- **해상 지배:** 영어로는 "Sea Control". 제해권 중 적의 배제와 관련된 부분을 제외하고 자국의 안전한 통행만을 확보한 것.
- **화력:** 부대의 공격력을 뜻한다. 특히 총이나 포격을 이용한 공격력을 화력이라고 한다.
- **화승총:** 불을 붙인 심지(이것을 화승이라고 한다.)를 이용해 화약에 불을 붙여 총탄을 발사하는 총. 비에 약하며 불똥이 튀는 등 여러 가지 결점이 있다.
- **흑색 화약:** 초기(19세기까지)의 총에 사용된 화약. 현대의 무연 화약에 비해 화력이 다소 떨어지는 데다가 연기가 많이 나서 총을 일제히 발사하면 시야가 잘 보이지 않는다. 현대에도 불꽃놀이에는 흑색 화약을 사용한다.

참고 문헌

- Die Ringer–Kunst des Fabian von Auerswald/Fabien von Auerswald, G.A.Schmidt, Wassmannsdorff, Karl WilhelmFriedrich, Cranach, Lucas
- Fencing: A Renaissance Treatise/Camillo Agrippa/Italica Press
- Jakob Sutor's kunstliches Fechtbuch zum Nutzen/Soldaten, Studenten und Turner
- Knightly Arts of Combat/David Lindholm & Peter Svärd/Paladin Press
- Polearms of Paulus Hector Mair/David James Knight & Brian Hunt/Paladin Press
- Polish Armies 1569–1696(1) Men–at–Arms 184/Richard Brzezinski/Osprey Publishing
- Saladin and the Saracens Men–at–Arms 171/David Nicolle Ph.D/Osprey Publishing
- SSガイドブック/山下英一郎/新紀元社
- Talhoffers Fechtbuch/Gustav Hergsell
- The Greek and Persian Wars 500–323B.C. Men–at–Arms 69/Jack Cassin–Scott/Osprey Publishing
- The Knight of Christ Men–at–Arms 155/Terence Wise/Osprey Publishing
- The Medieval Longsword Mastering Arts of Arms 2/Guy Windsor/The School of European Swordmanship
- The Swordman's Companion: A Modern Training Manual for Medieval Longsword/Guy Windsor/The School of European Swordmanship
- The Swordman's Quick Guide/Guy Windsor/The School of European Swordmanship
- The Venetian Empire 1200–1670 Men–at–Arms 210/David Nicolle Ph.D/Osprey Publishing
- イギリスの古城/太田静六/吉川弘文館
- 絵解き戦国武士の合戦心得/東郷隆/講談社
- 絵解き雑兵足軽たちの戦い/東郷隆/講談社
- 陥落攻城戦/田村二郎, 野田克哉, 木村知音/新紀元社
- 図説 剣技・剣術/牧秀彦/新紀元社
- 図説 剣技・剣術二/牧秀彦/新紀元社
- 古代ギリシア人の戦争 会戦事典800BC–200BC/市川定春/新紀元社
- 十字軍騎士団/橋口倫介/講談社
- 戦術 名将称たちの戦場/中里融司/新紀元社
- 戦術と指揮/松村劭/PHP研究所
- 戦争・事変 全戦争・クーデター・事変総覧/溝川徳二/教育社
- 戦闘技術の歴史1　古代編3000BC–AD500/サイモン・アングリム, フィリス・G・ジェスティス, ロブ・S・ライ

ス，スコット・M・ラッシュ，ジョン・セラーティ，松原俊文，天野淑子/創元社
- 戦闘技術の歴史2 中世編AD500−AD1500/マシュー・ベネット，ジム・ブラッドベリー，ケリー・デヴリース，イアン・ディッキー，フィリス・G・ジェスティス，浅野明，野下祥子/創元社
- 戦闘技術の歴史3 近世編AD1500−AD1763/クリステル・ヨルゲンセン，マイケル・F・パヴコヴィック，ロブ・S・ライス，フレデリック・C・シュネイ，クリス・L・スコット，浅野明，竹内喜，徳永優子/創元社
- 戦闘技術の歴史4 ナポレオンの時代AD1792−AD1815/ロバート・B・ブルース，イアン・ディッキー，ケヴィン・キーリー，マイケル・F・パヴコヴィック，フレデリック・C・シュネイ，浅野明，野下祥子/創元社
- 戦略ゲームのはなし 必勝のテクニック/大村平/日科技連出版社
- 戦略思想家事典/前原透，片岡徹也/芙蓉書房出版
- 戦略の歴史 上下/ジョン・キーガン，遠藤利國/中央公論新社
- 続・中世ヨーロッパの武術/長田龍太/新紀元社(국내 번역: 속・중세 유럽의 무술/에이케이커뮤니케이션즈)
- 中世ヨーロッパの武術/長田龍太/新紀元社(국내 번역: 중세 유럽의 무술/에이케이커뮤니케이션즈)
- 鉄腕ゲッツ行状記 ある盗賊騎士の回想録/ゲッツ・フォン・ベルリヒンゲン，藤川芳朗/白水社
- 武器 歴史 形 用法 威力/ダイヤグラムグループ，田島優，北村孝一/マール社
- 武器と防具 西洋編 Truth In Fantasy 20/市川定春/新紀元社(국내 번역: 무기와 방어구 서양 편/들녘)
- 武器と防具 日本編 Truth In Fantasy 15/戸田藤成/新紀元社(국내 번역: 무기와 방어구 일본 편/들녘)
- 武器屋/Truth In Fantasy 編集部/新紀元社
- 幻の戦士たち Truth In Fantasy 2/市川定春/新紀元社(국내 번역: 환상의 전사들/들녘)
- 明府真影流手裏剣術のススメ/大塚保之/BABジャパン
- ヨーロッパの古城 城郭の発達とフランスの城/太田静六/吉川弘文館
- 歴史図解戦国合戦マニュアル/東郷隆/講談社

찾아보기

완벽한 게임 시나리오를 위한 전투 전략 사전

초판 1쇄 발행 2018년 1월 10일
초판 3쇄 발행 2023년 1월 20일

지은이 야마키타 아쓰시
옮긴이 장은정
발행인 조승식
발행처 (주)도서출판 북스힐
등록번호 제22-457호
주소 01043 서울 강북구 한천로153길 17
홈페이지 www.bookshill.com
전자우편 bookshill@bookshill.com
전화 02-994-0071
팩스 02-994-0073
값 18,000원
ISBN 979-11-5971-100-8